琼瑶

禾田 主编

诉于正案始末

中国电影文学学会 编著

西北大学出版社

目录 CONTENTS

序

王兴东　比剧作法更值得一读的编剧必修教材 / 001

壹　纪实

大事记 / 003

救济呼声：琼瑶写给广电总局的一封公开信 / 005

启动诉讼：琼瑶正式委托律师起诉于正侵权 / 009

正义之师：百余名编剧发表联署声明进行支援 / 012

一审判胜：一场"正义"与"非正义"之争 / 018

琼瑶心情：人已憔悴，心在煎熬 / 019

二审定谳：保护原创一次历史性、标杆性的宣判 / 020

独家访谈：琼瑶告于正胜诉后，心路历程从头细说 / 021

坚强后盾：琼瑶申请加入中国电影文学学会 / 030

回馈社会：照亮原创精神，琼瑶成立文化基金 / 032

整肃产业：致广电总局的信——行政处罚建议书 / 033

目录

汪海林：琼瑶诉于正案的庭上故事 / 055

余　飞：剧本比对中的轻与重——以"琼于案"为例探讨侵权认定标准 / 066

宋方金：文贼也是贼，该打必须打 / 072

王兴东：政协提案依法重拳打击抄袭剽窃，维护原创者权益的建议 / 074

王　军：琼瑶诉于正《梅花烙》著作权维权案之司法认定与侵权比对逻辑评析 / 081

叁　判决

一审判决书（影印件）/ 093

二审判决书（影印件）/ 183

附录

《影视编剧自律公约》/ 284

跋

艾克拜尔·米吉提　影视创作从保护原创开始 / 285

比剧作法更值得一读的编剧必修教材

王兴东，全国政协委员、中国电影家协会副主席、中国电影文学学会会长、国家一级编剧、北京电影学院客座教授。编剧电影有《建国大业》《辛亥革命》《黄克功案件》等31部。

琼瑶的小说和影视剧在华语世界具有广泛的影响力。然而，这本书的出版，让我们看到她进入了一场比戏剧更真实的冲突，她为捍卫其原创作品而起诉于正的隔岸斗法，比她创作一部剧本具有更加深远的意义。

当下，写剧本的人越来越多，很多人只关注剧作法，却不知《著作权法》是剧作法上之法。为了更好地普及《著作权法》和自律维权，让大家懂法、知法、守法和护法，中国电影文学学会把琼瑶诉于正案的所有公开文件、琼瑶的信件及起诉状、一审及二审的判决书汇编成册，发给会员学习，使其成为我们整个行业普及《著作权法》的必修教材，让我们以案为戒，以史为鉴。

人物和冲突是剧本的灵魂，细节的发现和情节的发明是编剧制胜的法宝，本书中也体现了原创细节决定成败的要素。法官是如何鉴定和判决这起由海峡两岸的两位编剧担任原告和被告角色的版权冲突的，必将进入法治时代的记忆。

一、琼瑶，勇撞《著作权法》保护原创的钟鼎

法律是口钟，不撞不响。即使再好的法律，没有司法实践的检验，也是一纸空文。版权是非，不争不明。77岁的琼瑶不能容忍抄袭者的侵权行为，勇敢地站出来维护自己的权利，在给国家新闻出版广电总局写信无果之后，毅然起诉于正《宫锁连城》抄袭其原创著作《梅花烙》。经过600个日夜的等待，琼瑶最终赢得了法律的尊严。

驱散侵权雾霾需要强力的清风，撕破侵权乌云需要强烈的闪电，弱势突围需要勇于亮剑的先锋。我们不仅声援琼瑶，还要学习她的骨气、才气和勇气。

在全面推进依法治国，治理文化产业的今天，琼瑶为我们点燃了照亮前程的火炬，成功地树立起保护原创者智力成果的典范，在北京法院赢得了坚固的盾牌。

中国电影文学学会副会长汪海林作为法庭的专家辅助人，参与了一审9小时的庭审工作，以学会的名义声援并发动编剧签名，声援琼瑶维护权益。副会长余飞公开了两个剧本的比对鉴定，以专业的经验和细致的分辨，查明原创智力成果基因被剽窃的经脉与走向，体现了学会维权的职能。

我曾在2015年全国政协会议上做了提案，要求保护原创作品，重拳打击抄袭剽窃现象。国家新闻出版广电总局给予了答复，答复函也收集在本书中。

二、宋鱼水，敲响依法整治影视产业的重槌

判决书是法院的脸，是法官的心；简单地说，是理解了原创者的甘苦，原则上说，是忠诚于《著作权法》的体现；是经过复杂的审理过程所下的最终结论，大布于天下，彰显其依法治理文艺的威力。

我阅读了以宋鱼水为审判长，冯刚、张玲玲法官组成合议庭的判决书，该判决书归纳理清了六个焦点问题：一、剧本《梅花烙》著作权的归属；二、小说《梅花烙》与剧本《梅花烙》著作权的关系；三、原告主张被改编和摄制的内容是否受《著作权法》保护；四、《宫锁连城》是否侵害了《梅花烙》剧本

及小说的改编权；五、《宫锁连城》是否侵害了《梅花烙》剧本及小说的摄制权；六、侵害改编权及摄制权的主体及其民事责任的认定。其中对剧本的定义、改编与借鉴的关系、侵害改编权的相似性判断标准，依法有理地进行了阐述，确定了被告于正抄袭琼瑶原创作品的情节。

判决结果令原告琼瑶发自肺腑地感叹："原创胜利了，正义胜利了！"

1. 未经原创编剧授权，抄袭故事情节内容，侵害了改编权；未经原创编剧授权而拍摄抄袭剽窃他人成果的剧本，制片方侵害了原创的摄制权。本案被告侵害了原创作者的两种权利——改编权和摄制权。要害是未经原创者许可授权。

2. 赔礼道歉并罚款500万元，突破了《著作权法》第49条规定的50万元以下的限制，超过了以往。这是对"侵权成本低、维权成本高"的跨越性进步，警诫制片方以后不敢轻易采用侵害原创权益的剧本。

3. 侵权影片被封，"停止播放"，这是最值得称道的历史性的判决，驳斥了某些人关于要求修改掉抄袭的"那几段情节"照样可以播放的谬论。

判决书突出了原创者对影片思想内容的表达始终保有控制权。判决书共近79页，明确了改编不得侵犯原作者的合法权利。"由此可知，原告陈喆作为在先作品的著作权人，对其作品权利的控制力及于其作品的演绎作品，包括对演绎作品的改编、复制、摄制、发行等行为。"判决书中指明原创者权利的控制力可以直达禁止摄制和发行影片之力度，这符合《伯尔尼公约》第14条第2款的原则，充分体现了原创者作为最高权利人不可动摇的地位，这是《著作权法》所保护的核心权利。

4. 此案没有追究导演的责任，说明法律上不承认导演拥有作品的版权。

读这样的裁判文书，才能透彻地理解中国的《著作权法》的功用，重温法律的本义。依法治理当今影视界无法无天的侵权盗版行为，令我感受到在党的十八届四中全会《决定》发布后，由党的十八大代表宋鱼水法官敲响的重槌。

有的人心惊肉跳，有的人心花怒放。热爱剧本创作的编剧们，应该读一下这份兼具文理和法理的判决书。琼瑶诉于正的一审判决书，是影视界普及《著作权法》的范本，是知识产权交易的戒尺，是著作权人可借鉴的参照。

这是我们能看懂的判决书。判决书第74页中表述道："著作权作为权利

人所享有的一项独占排他性支配其作品的权利,是一种类似于物权的专有权利。当著作权遭受侵害时,即使行为人的过错较轻,权利人亦有权提出停止侵害的诉讼主张。停止侵害这一民事责任形式能迅速阻却即发的侵权行为,防止侵权损害扩大,有效维护权利人的著作权权益。损害著作权权益的行为,本质上将损害作品创新的原动力;强化对著作权的保护,不仅可以有效维护著作权人的私人利益,更重要的是符合社会公众的普遍的公共利益。"

以上论述,直指中国电影原创疲软的症结所在:对原创作品保护力度不够,对抄袭剽窃行为惩罚力度太弱,严重地损害了创新的原动力。因果相连,只有提高惩罚抄袭侵权行为的力度,才能提升保护原创的温度。

我创作我拥有,保护了我的拥有,我才能更多地投入创作。本案的判决重拳打击了侵权者,对整个社会产生了巨大的影响。我们中国电影文学学会今天在这里与法官进行座谈的原动力,就是为了落实中央关于繁荣文艺创作的意见,从依法保护原创剧本开始,推动中国影视产业健康有序地培育和保护发原创作品的生态环境。

我领导中国电影文学学会维权 11 年,并不是为了扩大编剧的权利,而是为了恢复编剧在影视创作中的合法地位,恢复法律赋予原创编剧的 15 种合法权利。无论是政协会议上的提案,还是法律诉讼,都无法达到这个判决的效果,这样的判决书彰显着"原创权利至高无上,依法守护不可侵害"。

这是中国自有《著作权法》以来,对于影视著作权侵权的划时代的和历史性的里程碑式的裁判。判决文书将法理和事实讲述得清楚而精练,对双方当事人依法进行说理,细查和比对了双方情节的独创性,做了大量去伪存真认定事实的鉴定。法官的文学素养体现在字里行间,逻辑非常严密,审理思路清晰,树立起司法的权威性,赢得了我们编剧的信服。此案判决书应该也是当今知识产权裁判的一个金字塔,其质量之高,必将影响后人。

三、判决书,树起严格保护原创版权的标志

北京市高级人民法院谢甄珂审判长二审再次认定事实,维持一审判决。历

经19个月，琼瑶诉于正案落槌定音，为中国知识产权审判留下了一个标尺，敲响了依法整治中国影视业的重槌。

这一槌，呈现了司法改革后知识产权审判中的突出成果：让审理者裁判，由裁判者负责。宋鱼水、冯刚、张玲玲严格履行《宪法》第125条、126条赋予的公开和独立审判的权利，不受任何干扰，慎思明辨，程序公正，审判独立，终生负责。

这一槌，落实了习近平总书记关于反对"千篇一律、抄袭模仿"的讲话精神，以法律的重器打击了文艺上的不法行为和不正之风，惩一儆百，将有力地扭转多年来影视界形成的千篇一律、抄袭模仿的风潮，原创将恢复法律赋予它的"王者"地位。这将有力地促进大批创作者走向社会生活，贴近实际搞原创。

这一槌，让全球华人感受到中国著作权法律的正义力量。台湾地区的作家诉大陆编剧抄袭剽窃，判决书向世人展示了中国著作权法律的公信力。中国电影文学学会是中国唯一合法的编剧行业社团组织，受邀派人参与了此案的公开审理，支持并声援了原告，赢得了琼瑶的信任。判决结果出来后，没想到她主动申请加入学会，成为我们学会台湾地区的会员。这更让我们深切感受到司法"三公"的力量——公正是最大的征服力，公平是最好的向心力，公开是公正公平最有力的保障。

这一槌，让所有从事剧本创作的人做鉴：必须坚守行业自律和从业规矩，坚守2008年制定的《编剧自律公约》的第四条"尊重剧本创新，反对抄袭剽窃"，做创新成果的开拓者，不做抄袭剽窃他人成果的扒手，不做没有表达权利的枪手，更不做受雇于他人篡改原创作品而坑害制片者的凶手。

这一槌，让所有从事影视产业的创作者、制作者、使用者、消费者，从糊涂中明白，从装糊涂中清醒。原创者是故事题材的发现者和人物形象的发明者，付出了艰辛的脑力劳动，是核心版权的所有者，拥有至高无上的法定地位。对原创者的敬畏和尊重，标志着一个民族的文明程度。在莎士比亚的故乡，英国伦敦奥运会上，《哈利·波特》的作者罗琳被高高托起。回望我们，有多少琼瑶作品的享用者、消费者、演出者、制作者、播放者，当琼瑶受到侵权伤害而备受煎熬之时，当法院判决的是非摆在面前之时，当侵权者居然不执行法院要

求的公开道歉之时,需要我们挺身而出,发出正义的声音。如果影视文化只为获得名利而丢弃做人的道义,我们这种文化就是失败的文化。当这场涉及精神文化成果的是非冲突真切地呈现在我们面前时,没有两难抉择,只能选择用精神的力量推动建设法治国家和正义社会的车轮。

这一槌,推动了政府部门思考在行政许可中如何保证影片著作权的合法性。首先在于备案立项,确立原创编剧的授权书原则,不能让剧本带有侵权性质而投入摄制,最终让侵权作品扩散到社会上。本案原告琼瑶先是写信给国家新闻出版广电总局,希望禁止播出带有侵权性质的电视剧。这是根据《行政许可法》第36条,直接关系到他人重大利益的应该依法处理。现在,法定程序已经走完,政府部门应该表态,并切实改进审查内容制度。第一,借鉴法院判决书中的内容(判决书第67页):"在著作权侵权案件中,受众对于前后两作品之间的相似性感知及欣赏体验,也是侵权认定的重要考量因素。以相关受众观赏体验的相似度调查为参考,占据绝对优势比例的参与调查者均认为电视剧《宫锁连城》情节抄袭自原告作品《梅花烙》。"从观众的角度能够做到鉴别,我们希望行政审查依法肩负责任,也同样能够做到,关注是否有抄袭侵权的内容。第二,终审已经做出判决,依据《行政许可法》的相关条款,对于违法作品,应该及时依据人民法院的判决,采取行政行为,执行法律判决,禁止播放,吊销影视剧的许可证,维护法律判决的权威性,树立廉洁高效的法治政府形象。

这一槌,鞭策了国家版权局,其已上报的"《著作权法》修改稿"中删除"剧本的许可权、摄制权"是违背当今司法实践的。此案判决被告侵害原作者的改编权和摄制权,同时也判决了修法者主观臆断地将摄制权合并至改编权是有悖法理的。剧本的许可权、摄制权都是法律保护、加固的原创者的权利,理应体现在"《著作权法》修改稿"中。同时,此案触动了即将讨论制定的《电影产业促进法》,保护原创剧本应该纳入法律范畴,侵权影片即使拍摄完成也会因侵权违法而禁映。立法应该考虑法律的严谨性和统一性。

没有原创就没有影视的一切,原创之路艰辛而漫长,需要作者付出智力和耐力,坚持自己去发现细节、发明情节,在生活中如蚕食桑叶,才能吐出真情实感之丝,才能吐出一条属于中国影视产品的宏大的丝绸之路。

　　琼瑶已将被告如数缴纳的500万元罚款,与上海市教育发展基金会联合成立了"琼瑶文化基金",以鼓励原创、培养诚信为宗旨,继续为保护原创而努力。这个案件还没有画上句号。

壹

纪实

大事记

于正担任编剧的电视剧《宫锁连城》在湖南卫视播出	2014年4月8日
琼瑶在微博上发表《写给广电总局的一封公开信》，控诉《宫锁连城》抄袭其作品《梅花烙》。于正发布微博回应："只是巧合和误伤"	2014年4月15日
琼瑶通过微博表示决定启动诉讼程序	2014年4月28日
湖南卫视：希望双方和平解决分歧	
国台办谈琼瑶诉于正：积极维护两岸同胞知识产权权益	2014年4月30日
琼瑶就于正《宫锁连城》侵权向北京市第三中级人民法院递交诉状	2014年5月27日
于正再次回应抄袭一事："我们都参照《红楼梦》"	2014年11月16日
北京市第三中级人民法院公开审理琼瑶著作权维权案	2014年12月5日
知名编剧汪海林担任专家辅助人，这也是该身份第一次出现在知识产权案件中	
汪海林发文《琼瑶诉于正案的庭上故事》，向公众还原庭审现场	2014年12月8日

琼瑶诉于正案始末 004

大事记

日期	事件
2014年12月11日	109名编剧通过名为"编剧帮"的微博账号发布联署声明，力挺琼瑶。截至2014年12月12日，联署队伍已增至139人
2014年12月25日	琼瑶诉于正案一审宣判，琼瑶胜诉
2015年4月8日	北京市高级人民法院公开审理琼瑶诉于正等侵害著作权上诉案
2015年12月16日	琼瑶诉于正侵权案终审维持原判，琼瑶胜诉
2015年12月18日	北京市高级人民法院出具长达5万字的终审判决书
	琼瑶通过微博发出感谢信，感谢139位联署支持自己的编剧
2015年12月21日	琼瑶加入中国电影文学学会
2016年1月15日	中国电影文学学会举办"影视创作从依法保护原创开始——编剧与法官座谈琼瑶诉于正案"研讨会

救济呼声：
琼瑶写给广电总局的一封公开信

　　2014年4月始，电视剧《宫锁连城》在全国热播。台湾著名作家、编剧、影视制作人琼瑶发布微博，控诉于正新作《宫锁连城》抄袭其作品《梅花烙》。

　　4月15日下午，琼瑶通过《花非花雾非雾》官方微博正式发布《写给广电总局的一封公开信》。在信中琼瑶表示："我们核对该剧本，这才惊知，《梅花烙》的所有剧情和桥段，全部被此剧盗用！"并贴出了两剧的相似桥段为证，要求湖南卫视停播《宫锁连城》。琼瑶还表示："这是我最沉痛的心声！要说的话，都在这封信里，希望各媒体体谅我心力交瘁，不要采访我。也希望有正义感的朋友拒看于正的电视剧。明知他会利用我来炒新闻，却被欺凌到无法保持沉默。今年四月很黑暗，爱我的亲们，请不要祝我生日快乐！我的心会与你们同在。"

《写给广电总局的一封公开信》

国家新闻出版广电总局蔡赴朝局长：
广电总局电视剧管理司李京盛司长：

  两位尊敬的领导，你们好！我是琼瑶，先隔海送上我最真挚的问候与祝福！自从1989年开始，我是台湾第一个带队去内地拍摄电视剧（《六个梦》）的制作人，到如今，已经25年过去了。当年我到内地拍戏，内地电视剧还很贫乏。如今，每年戏剧产量都很高，两岸交流欣欣向荣，作为第一个参与交流的我，与有荣焉！

  如今，有件非常令我扼腕而且深受打击的事发生了，我走投无路，不知应该向什么单位求助，只能写信给两位领导。内地有位编剧兼制作人于正，多年来也制作了许多戏剧，被网友检举屡次抄袭我的作品。从《六个梦》到《梅花三弄》到《还珠格格》，无一幸免。我自己工作繁忙，无暇处理，对《著作权法》也不太了解。我既无力保护自己的著作权，只得哑巴吃黄连，有苦说不出。

  22年前，我曾经拍摄我的著作《梅花烙》，轰动一时。22年后的今天，我正忙着将此剧加入新的元素，重新编撰。今年春天，我的《梅花烙传奇》海报已经推出，辛苦的剧本创作工作占用了我所有的时间。就在此时，惊闻湖南卫视要播出于正的《宫锁连城》，该剧将《梅花烙》的故事全部抄袭！我们核对该剧本，这才惊知，《梅花烙》的所有剧情和桥段，全部被此剧盗用！（请看附录一）我的儿媳何琇琼立刻联系湖南卫视，出示证据，请求不要播出该剧，以免赝品先行推出，打击正版。但是，很遗憾，此剧目前正在播出中。

  该剧女主角戴娇倩也曾公开承认该剧脱胎于《梅花烙》，于正采取怒骂姿态进行驳斥。该剧播映至今，观众反映，除非没看过《梅花烙》的，都指证历历（请看附录二，今日微博第二条）。此事让我深受打击，我已写了25集的正版剧本也因而停摆。

  中国已经步入尊重著作权的方向，开始摆脱"山寨版"的印象。但是，像于正如此明目张胆，藐视《著作权法》，罔顾版权精神，剽窃盗用别人的心血，还用各种方法自圆其说，打击已经被他伤害的人，实在令人发指，匪夷所思！

（据说此人也盗用过其他制作人的戏剧，受害人并不止我一个！）

每次创作，我总是投入最大的热情和心血。创作艰难，抄袭容易！看到网友在各网站贴出的指责，说《梅花烙》不但被于正抄袭窃盗还被糟蹋，我实在心如刀绞。一气之下，已经病倒。手边的工作，也完全停止。在伤心、沉痛、无助之下，只有写下这封公开信，向两位领导呼救！

我想，关于此剧的抄袭种种，公道自在人心。我提供的资料已经很完整，不知道两位领导可否让这部抄袭侵权的作品即时停止播出？我没有力量打跨海的版权官司，恐怕官司还没成立，这部戏也播完了！我除了呼救，没有第二条路！万一两位领导另有考虑，无法为我伸张正义，我只能默默承受被侵权的痛苦。但是，恳请两位领导对于正的制作公司和其个人作品严格把关，否则，还会有很多创作人受害！对中国的电视界，也是一种负面的形象，会造成不良影响！也呼吁播映于正剧作的平台仔细审核内容，以免被于正利用而背负侵权之名！（现在，网络上有句流行语："防火，防盗，防于正！"可见此人之声名。）

本来，这封信应该私下送达贵局，但是，这部侵权抄袭电视剧已经播放，我生怕公文往返耽误时间，让两位错过了我的呼救，只有冒昧地写公开信。不周之处，恳请原谅！不情之请，多少心酸！希望早日得到两位的回复！

专此敬祝
健康平安

琼瑶

2014年4月15日

附录一

经过大致比对,《宫锁连城之凤还巢》(以下简称《宫3》)抄袭《梅花烙》原著内容如下:

1.《宫3》剧本中主线一恒泰、连城、醒黛公主三人的发展情节,与《梅花烙》中皓祯、吟霜、兰馨公主等三位主人公之出身背景,及三人之间发展出的主从关系,可说是完全一致。

2. 支线一将军府的将军、福晋、侧福晋、庶出儿子等人物,除姓名改变了外,人物关系亦与《梅花烙》中的一致。

3. 主情节一连城、恒泰与醒黛公主三人的情感线,完全抄袭自《梅花烙》中三位主人公的主情节。

4. 例如恒泰在洞房之夜并未与醒黛圆房,而是跑到连城处私会,醒黛污蔑连城为狐狸精,对她进行各种虐待,找来巫师作法,等等,多处细部情节完全抄袭自《梅花烙》原著。

5.《宫3》中虽然增加了许多其他人物及情节来分散观众的注意力,但对主线人物的抄袭痕迹太过明显。我方无法逐字比对,但凡看过《梅花烙》原著小说及电视剧者,极易发现《宫3》的剽窃行为。

备注:以上仅取少数剧集中的例证,相关剧本证据将交付广电总局查核。

附录二

于正微博下方关于抄袭《梅花烙》的评论截图。

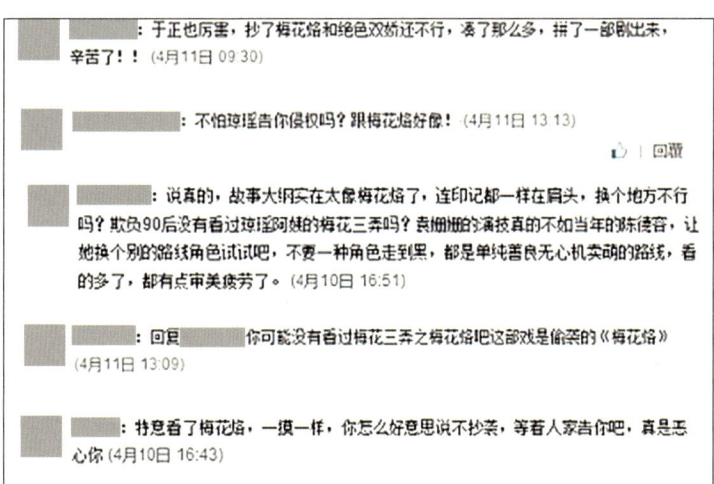

启动诉讼：
琼瑶正式委托律师起诉于正侵权

2014年4月28日，琼瑶通过《花非花雾非雾》官方微博表示"正式提告于正侵权"，同时对正在或计划播出《宫锁连城》剧集的单位，委托代理律师启动相应的诉讼追责程序。由此，湖南卫视或也会被追究责任。

琼瑶在微博中写道："终于，我决定委托专业律师控告《宫锁连城》侵权方，诉诸法律，维护《梅花烙》的版权权益。自今日起，盈科律师事务所王军律师、王立岩律师代表我发言。既然迫不得已走上法律途径，就本案我不便再接受媒体访问。谢谢大家的声援与关爱，相信法律会给出公正的交代。"

电视剧《宫锁连城》涉及版权侵权媒体声明函

　　本人是小说《梅花烙》的创作者和版权人琼瑶，依据《著作权法》的相关规定，享有小说的完整版权权利。未经本人书面许可与授权，任何个人及团队对该小说的改编，或者将该小说的原创内容用于其他文学艺术创作的行为，均构成对本人版权的侵害。

　　目前正在大陆播出的电视连续剧《宫锁连城》，编剧署名于正，《梅花烙》的主要情节与故事脉络几乎全部被套用于《宫锁连城》的剧情之中，抄袭侵权情形之恶劣前所未见，让我忍无可忍。4月15日，我紧急发函向广电总局领导求助。感谢社会各界的声援与媒体的关注，公道自在人心，这也让我深受打击的心稍感安慰。

　　最近一周来，不但侵权剧集的首播卫视没有停止播出，网络与其他播出平台又开始或计划播出该剧，侵权对我造成的身心伤害进一步加剧。不知尊重原创、保护智慧财产权（知识产权）的公理正义何在？经慎重考虑，本人通过此媒体函做出如下公开声明：

　　一、经过十天的等待与煎熬，我只能选择依靠法律，正式委托北京市盈科律师事务所王军律师团队代理本人在大陆的版权维权事宜，正式启动法律程序，追究侵权方的法律责任；

　　二、在侵权案件有司法结论之前，本人不再就此事对外发布公开言论或接受媒体访问，并特别授权王军律师、王立岩律师作为本人对外发布信息的公开出口；

　　三、敬告正在或计划播出《宫锁连城》剧集的播出单位，尊重智慧财产权，停止侵权剧集的播出安排，否则，代理律师将有权基于本人的授权启动相应的诉讼追责程序。

　　刚刚过去的4月26日是"世界知识产权日"，近年来，我欣喜地看到国家正在大力发展文化产业，将保护知识产权放在国家战略的高度定位上，积极推动国家文化的进步。期望我的案件对于中国影视产业生态的良性发展起到点

琼瑶
诉于正案
始末 011

滴作用。

谢谢大家的声援！

琼瑶

2014 年 4 月 28 日

电视剧《梅花烙》剧照

正义之师：
百余名编剧发表联署声明进行支援

2014年12月11日下午，微博账号"编剧帮"发表《就琼瑶女士起诉于正一案内地编剧的联署声明》一文，力挺琼瑶起诉于正抄袭。其中包括多位著名编剧，赵冬苓、史航、常青田、于淼、刘和平、薛晓路、宋方金、李潇等均在列。琼瑶随后转发该声明，并表示十分感动："一支'正义之师'出现了！我看到这份联署，顿时泪奔！我一直以为我在孤军作战，原来我并不孤独。千言万语，无法表达我现在的激动和感谢！109位编剧，谢谢你们！"

声明内文：

作为编剧，我们关注琼瑶女士起诉编剧于正的侵权案。此时，不分海峡这边还是海峡那边，我们都是中文写作者，我们在道义上支持琼瑶依法维权的主张，谴责一切抄袭、剽窃、非法改编别人作品的行为，呼吁保护原创、停止侵权，维护职业尊严。我们拭目以待法律对此做出公正的判决。

联名编剧名单（排名不分先后）

姓　名	作　品
赵冬苓	《红高粱》《中国地》
余　飞	《重案六组》《永不消逝的电波》
王丽萍	《媳妇的美好时代》《双城生活》
冯　骥	《火蓝刀锋》《神犬奇兵》
温　蓉	《裸婚时代》《爱的保镖》
束　焕	《泰囧》《民兵葛二蛋》
吴　楠	《满城尽带黄金甲》《十月围城》
薛晓路	《北京遇上西雅图》《海洋天堂》
赵宁宇	《赵氏孤儿》《尖峰对决》
刘和平	《北平无战事》《雍正王朝》
孙毅安	《没事偷着乐》《埋伏》
周智勇	《中国合伙人》《决战刹马镇》
邵晓黎	《漂亮妈妈》《摩登年代》
刘　猛	《我是特种兵》《火凤凰》
李　潇	《大丈夫》《大男当婚》
刘　芳	《独刺》《绝爱》
史　航	《空中花园谋杀案》《铁齿铜牙纪晓岚》
彭三源	《半路夫妻》《亲兄热弟》
孟　婕	《婆婆也是妈》《后妈许多多》
曹克佳	《所谓婚姻》《婚战》
王　辉	《风影》《苍狼》
王志军	《谁来伺候妈》《岳母的幸福生活》
谢　植	《幸福陷阱》《杀出绝地》
郎雪枫	《唐琅探案》《壮士出征》
梁振华	《密战》《铁血兄弟》
高大庸	《雾里看花》《兵圣》

黄　　健	《妈妈的花样年华》《温柔的背叛》
吴　　波	《媳妇是怎样炼成的》《男得有爱》
徐　　涛	《棋逢对手》《缘来幸福》
于　　莉	《缺席判决》《夫妻那些事》
李　　昂	《断箭》《回马枪》
刘　　深	《大宅门》《大男当婚》《大女当嫁》
尹正义	《杀出绝地》《和平村》
秦　　文	《冰与火的青春》《西部警魂》
李海蜀	《神话》《搞定岳父大人》
宋方金	《手机》《决胜》
沈　　元	《落地请开手机》《红色追击令》
任宝茹、高璇	《别了，温哥华》《我的青春谁做主》
郝　　岩	《冷箭》《王大花的革命生涯》
门福胜、王庆娟	《谍变》《汶川儿女》
李　　玮	《一米阳光》
耿旭红	《夫妻那些事》《给我一支烟》
柴楚然	《致命名单》《国际大营救》
何　　晴	《我的泪珠儿》《鲜花朵朵》
朱凌锋	《医馆笑传》《年少轻狂》
李　　梦	《大秦帝国之纵横》
柳　　桦	《洪湖赤卫队》《连环套》
朱　　历	《老爸太囧》《美女也愁嫁》
卞智弘	《十月围城》《民国往事》
刘奎序	《兴国，兴国！》《守候幸福》
陈建忠	《五角爸爸》
周钦波	《光辉岁月》《骊姬传奇》
王　　伊	《母仪天下》《牟氏庄园》
吴　　峥	《镖行天下》《新神探联盟》

陈　鹏	《阴丹士林》《东方卡萨布兰卡》
王力扶	《家常菜》《团圆饭》
刘　誉	《锋刃》《我的经济适用男》
李晓兵	《生存之民工》《外乡人》
金　哥	《杀狼花》《冒牌英雄》
沈昱辰、赵微娜	《偏偏爱上你》《精忠岳飞》
任　莎	《红拂女》《叶问》
马　帅	《陆小凤传奇》《倚天屠龙记》
张人捷	《理发师》《情人结》
刘觅滢	《徽娘宛心》《好想回家》
刘欣翰	《我想回到那一天》《识色幸也》
高　山	《婚变》《侦探小说》
刘　毅	《少年包青天》《我的兄弟姐妹》
袁　刚	《学堂故事》《万卷楼》
娟　子	《浪漫向左，婚姻往右》《金太郎的幸福生活》
周鹤洋	《爱了散了》《十月围城》
于　淼	《大丈夫》《火线三兄弟》
吴小可	《爱上男主播》《早见晚爱》
徐远翔	《热血天歌》《陈赓大将》
倪　骏	《麻辣婆媳》《恋爱的那些事儿》
王自蹊	《精忠岳飞》《新封神榜》
袁子弹	《国歌》《下海》
宋志鹏	《江湖兄弟》《养母》《迷案追踪》
周　展	《我是植物人》《哎呀妈妈》
张　珂	《皮五传奇》《江南四大才子》
顾伟丽	《山楂树之恋》《那样芬芳》
王　鹏	《特案追缉》《独刺》
张晓芸	《和平的全盛时代》《幸福在路上》

闫宇彤	《案发现场》《地雷战传奇》
李保华	《温柔的诱惑》《天使请吻我》
常青田	《新水浒传》《霓虹家族》
翟晓光	《沧海》《先锋》
姜　杨	《丑女无敌》《武则天》
张　勇	《一触即发》《伪装者》
沙　颂	《战雷神》《无限生机》
何　明	《鲜花朵朵》《买房夫妻》
蒋卓原	《不二神探》《西施秘史》
唐　宇	《爱的保镖》《连环套》
吴牧耘	《如意》《蚁族奋斗》
吕　艳	《国门英雄》《边检站》
陈　舒	《极速天使》《绣春刀》
杜　伟	《家有儿女》《万卷楼》
温豪杰	《新水浒传》《乱世三义》
严　峥	《老爸太囧》
陈秋平	《壮士出川》
申　洁	《后来》《京都警察》
庄宇新	《爱情的牙齿》《长安三怪探》
朱　艳	《春暖花开》
闫　刚	《楚汉传奇》《和你在一起》
常潇湘	《美女不坏》《第二面》
孙　铎	《天龙八部》《武工队传奇》
王乙涵	《妈妈的酱汤馆》《警察故事》

2014年12月12日，又有数十名编剧加入联署队伍

| 刘仪伟 | 《爱情呼叫转移》《命运呼叫转移》 |

俞白眉	《分手大师》《房前屋后》
宁 岱	《看上去很美》《警察日记》
廉 越	《走西口》《下南洋》
冯 华	《中年计划》《美丽谎言》
马 琳	《呼哨》《怀孕四重奏》
阑 珊	《丈母娘来了》《堵车》
赵韬颖	《咱爸咱妈》《老娘泪》
人海中	《我的经济适用男》《钱多多嫁人记》
查慕春	《即日启程》《老妈的三国时代》
贺子壮	《生死抉择》《残酷的欲望》
鲁书潮	《岁月如歌》《擦肩而过》
刘 岚	《案发现场》《楚汉风云》
蒋 丹	《天堂口》《合约情人》
熊明国	《我是花下肥泥巴》《好大一棵树》
沈乐静	《喋血孤岛》《抓住彩虹的男人》
吕 新	《东北一家人》《恋恋不忘》
翟小乐	《一路格桑花》《心灵的天空》
徐健博	《男人四十要出嫁》《新警事》
王莹菲	《与狼共舞》《英雄联盟》
田晓威、朱 珠	《青春派》《李雷和韩梅梅》
李 唯	《美丽的大脚》《坐庄》
李 辉	《我爱河东狮》《春光灿烂猪八戒》
李克威	《我们的法兰西岁月》《中国骑兵》
杨月军	《狼牙英雄》《大刀记》
黄彦威	《神话》《搞定岳父大人》
王 军	《金粉世家》《缉毒先锋》
东方慧	《火烧少林寺》《甜蜜的新事业》《爱在新疆》
王 晶	《赌神系列》《赌侠》《九品芝麻官》

一审判胜：
一场"正义"与"非正义"之争

2014年5月28日，北京市第三中级人民法院受理了原告陈喆（笔名琼瑶）诉被告余征（笔名于正）等侵害著作权纠纷一案。琼瑶在起诉书中表示，《宫锁连城》的电视剧和剧本几乎完全套用了《梅花烙》小说和剧本的全部核心情节与故事脉络。2014年12月25日，这个众人瞩目的案件在北京三中院宣判。法院对该案庭审中原告、被告争论的三大关键问题进行了解答：

一、《梅花烙》的作品及著作权均为本案原告陈喆（琼瑶）所有。

二、《宫锁连城》构成对《梅花烙》改编的事实。

三、《宫锁连城》剧本及电视剧构成对《梅花烙》剧本及小说改编权、摄制权的侵害。

最终，法院判决于正于判决生效之日起十日内刊登致歉声明，向原告陈喆公开赔礼道歉；于正与其他四家被告公司在判决生效之日起十日内，连带赔偿原告经济损失及诉讼合理开支共计500万元。

对此，虽然被告方于正的代理律师庭后即表示不服一审判决，将会上诉，但法院的这一判决结果令这场持续了8个多月的著作权维权之战，以原告的第一轮胜利暂时落下帷幕。

琼瑶对此表示："正义终于发出了声音！谢谢三中院，谢谢宋鱼水法官、冯刚法官、张玲玲法官，谢谢法律，让我对人生恢复了信心！此时此刻，我激动不已。本案已经不是我和于正的个人争议，而是'是'与'非'之争，是'正义'与'非正义'之争！泪在眼眶，我只想大声喊一句：知识产权胜利了！"

拿到一审判决书后，琼瑶在微博中说："诚如中国电影文学学会会长王兴东老师所说，'琼瑶诉于正一案，比他们创作一部剧本更具有深远的影响力'，这句话让我这次的官司得到了最正确的评价。139位联署的编剧，我们会走进一个更有尊严更有保障的社会！"

琼瑶心情：
人已憔悴，心在煎熬

　　2015年5月20日，琼瑶在《花非花雾非雾》官方微博上发布了一段视频："各位亲爱的朋友，久违了！今天更博的主题在一个视频里！……里面有我的照片、我的《梅花烙》、我的歌……最重要的，是有我的心情！打官司成了2014年的工作，现在2015年也快过去一半，我还要等多久？岁月迁逝中，人已憔悴，心在煎熬！"

　　除文字之外，她还通过微博发布了一段名为《琼瑶的心情》的视频，呼吁判决早日到来。

视频显示：

"1992年至1993年，我废寝忘食，写了《梅花烙》的剧本和小说，拍摄成电视剧，也出版了小说。没有想到，二十多年后的今天，我会为这部电视剧在内地打维权官司。我以为我很坚强，可以勇敢地面对这场正义之战。但是，从去年四月到今天，我已经心力交瘁了，笑容是骗人的，心痛是真的。每次打开电脑，看到我夭折的《梅花烙传奇》，我的心就会抽痛一次。等待，等待，等待……一审虽然赢了，终审到底什么时候才会来临呢？"

二审定谳：
保护原创一次历史性、标杆性的宣判

经过近六百个日夜的等待，琼瑶《梅花烙》著作权维权案终审落幕，北京市高级人民法院一锤定音：驳回各被告上诉请求，维持原判！

琼瑶表示："法网恢恢，疏而不漏！今天我控告于正侵权案，终于二审定谳，于正上诉被驳回，维持原判，正义胜利了！激动之余，首先要感谢一审的宋鱼水、冯刚、张玲玲法官，及终审的谢甄珂、袁相军、钟鸣法官。各位法官的辛劳，我没齿难忘！你们的判决，是一次历史性、标杆性的宣判，对保护原创，意义深远而伟大！"

"近两年的煎熬等待中，非常感谢王军、王立岩、李景健、刘锦丽、邓尚锐、任月等律师团队的辛苦，感谢王兴东、汪海林、余飞、宋方金、穆小勇等老师的鼎力相助，更要感谢139位联署支持我的编剧给我捍卫权利的勇气，而今终于获得公平正义的判决！这不仅是我个人的胜利，也是所有编剧维权的胜利！"

独家访谈：
琼瑶告于正胜诉后，心路历程从头细说

从于正破坏了我的编剧工作，到法律还给我公平正义，将近两年的时间，我是怎么度过的？事情刚发生时，我是怎样面对的？这条长微博中，我将从头细诉。诚恳地呼吁电视台、各传媒、投资方都不要再和有抄袭争议的编剧合作，更诚恳地呼吁广电总局严惩文贼！只靠法律维权还不够，还要靠各行政主管机构的合作！

去年12月25日，北京三中院的一审判决就出炉了，于正败诉。当时大快人心，法律总算还给我一个公道。但是，没有终审，一切还没定案，我仍然备受煎熬。现在，终审结案，尘埃落定，正义又胜利了！于正终于被判"公开道歉，并停止传播《宫锁连城》，五出品方被告共计赔偿500万元"，剽窃抄袭的人受到法律的制裁！此时此刻，我回首整个事件的经过，都不知道自己是怎么走过来的。我曾经答应大家，写一篇我的心路历程。现在，我来兑现我的诺言了。

大家都知道，事情刚发生的时候，我向湖南卫视抗议过，我向广电总局求助过……却没有得到任何帮助。除了通过诉讼维权，我不知道还有什么办法。很多朋友都告诉我，打官司浪费时间，内地法律我又不懂，即使于正抄袭的行为人尽皆知，我也不见得会胜诉，何况打官司会把他的收视率炒高，反而让他得利，劝我自认倒霉，忍下这口气。可是，我觉得忍耐是"姑息养奸"，我忍不下去。至于会把他的收视率炒高，我也心知肚明。但是，收视率是一时的，正义是一世的！何况利用抄袭炒作得来的收视率，有什么可骄傲的？

此时，朋友介绍了王军律师。我曾经在新浪访问我的报道中看到也被访问的王军律师的一番话，许多话都说得非常有理。尤其对于于正的理论"抄袭不超过20%就不构成侵权"，王军律师认为这在法律上是不成立的，并说，即便抄袭比例只有1%，如果这恰恰是作品里最具戏剧性、独创性的桥段，也应当受法律保护，不能说因为抄得少就不会受到法律制裁。其实，于正抄袭了我的整个故事和人物架构，不知道算百分之几？我认为，任何一位法官只要拨出三小时，看看《梅花烙》的前两集，再看看《宫锁连城》的前两集，就可以"凭事实取证"，因为这是铁板钉钉的事实。于是，我聘请素不相识的王军律师的团队，一状告上法院。

这件案子发生后，我一直告诉自己要坚强，要以正面的思考方向来面对。但是，我却为这案子掉过三次眼泪。

第一次，是《宫锁连城》尚未播出时，我得知内容抄袭《梅花烙》，我凭直觉认为要先和播出平台湖南卫视沟通，所以我的儿媳何琇琼比照了两部剧本，紧急向湖南卫视节目部李总提出抗议。对方并没有接受我们暂缓播出《宫锁连城》的意见，反而告知会准时播出。琇琼为此火速从内地飞回台湾，向我报告经过。我立即亲自打电话向湖南卫视吕台反映，对方依旧坚持播出，并振振有词地问我："你有什么证据证明湖南卫视知道于正抄袭？"我立刻蒙了，惊愕地回答："我就是证据，我正在向你报告呀！何况还有一个证据站在我旁边……"我把电话交给琇琼，让她和吕台说清楚。而我，想到吕台不久前才在我家热情地握着我的手，要我永远相信湖南卫视对我的重视和友谊。当晚，湖南经视文化传播公司的何瑾也在，许多领导都在，多么温馨的一夜！25年来和湖南的合作，点点滴滴的回忆……全部从我脑海中闪过，我顿时掉下了眼泪。（被敌人伤害不稀奇，被亲人伤害才痛心！）

第二次，就是在139位知名编剧联署声援我的时候。因为这是完全出于我意料的事情，这些编剧中很多人的作品我都看过。我一直认为影视圈是很纷乱很复杂的，我在内地的影视圈也没有什么朋友，我生活低调，从来没和这些编剧交流过。这场官司，我认为我像堂吉诃德，傻气而孤独。但是，139位编剧居然"联署"支持我！（其实，他们更深的层次，是在支持一个干净的、没有抄袭剽窃的编剧环境，用他们在声明中所讲的，是在维护编剧的"职业尊严"。）那天，我太受震撼太感动了，我知道我不再孤独，不由自主就泪湿眼眶。

第三次，就是在一审宣判那天。我守着手机，等候宣判的消息。因为不知几点宣判，我很紧张，目不转睛地盯着我的手机。微信声响起，我听到王军律师激动的声音："刚刚宣判！我们胜诉了！"我立刻就落泪了。

总有人问我：事情是怎么开始的？一切要从2013年说起。当时，我完成了电视剧《花非花雾非雾》，收视率和口碑都名列前茅。我认为以后大概不会再自己编剧了。于是，我放开了"不授权给影视公司"的原则，告诉儿媳琇琼说，只要对方是真正有心做好戏的公司，我可以授权拍摄。这样，2013年年底，我把《新月格格》电视剧的版权授予了新丽传媒。消息传开后，忽然之间，很多人都要买我的旧作翻拍，各种企划案都送来了。

然后，我接到一位导演的电话，他坚决地说："我要买《梅花烙》！"这时，我愣住了。我的作品都像我的孩子，我对它们也有偏心。我的喜剧，我喜欢《还珠格格》。我的悲剧，我喜欢《梅花烙》。我居然讷讷的无法回答，我居然舍不得卖！既然舍不得卖，我就决定在自己更老以前，试着重新编撰这个剧本，如果写得不好，不拍也没关系。

于是，2013年年底，我开始根据《梅花烙》的原型改编出一部新的连续剧，剧名为《梅花烙传奇》。当时鑫涛身体不太好，近十年来，他常常出入医院，医生不建议他乘坐飞机。我为了陪伴他，也十年没有离开台湾了。几次需要去内地，我也因为不放心他而未能成行。整天关在家里，难免寂寞，想想写剧本也是一件很好的事，可以让心灵有个寄托，又能兼顾鑫涛的健康。我于是开始写《梅花烙传奇》。我只要开始工作，就不上网，不见人，一头栽进《梅花烙传奇》里，忙得天昏地暗。说来也奇怪，以前编剧都有很痛苦的时候，这次我却特别有感觉，写得很顺利也很快。这样，到2014年4月初，写了25集，每集的字数比较多，大约已有45万字。

因为剧本顺利，2014年北京春推会上，《梅花烙传奇》的概念海报就出炉了。在《花非花雾非雾》的微博上，我也公开了这张海报，并且告诉我的网友我在忙些什么。琇琼兴冲冲的，准备九月开拍，我们私下已经在讨论演员人选，进行前期作业。就在这时候，忽然有一天，琇琼从内地打电话对我说："先停下剧本，《梅花烙》的剧情已经被于正抄袭！我正在整理，看看抄袭了多少，因为这部抄袭的戏马上要在湖南卫视上档了！"

于正抄袭我的戏，这不是第一次，网友们早就热心地告诉我了。我总是想，就算抄袭，顶多也就是一场两场戏，不用为这种人烦恼，见怪不怪吧！编剧史航老师在联署支持我之后，曾经接受媒体采访，说了一句话："我们跟于先生其实不太算是一个行业的……"这句话说中了我的心思！真正的编剧怎会去抄袭！根本不是一个行业嘛！所以这些年来，我一直没有追究。何况我是埋头苦干型的人，没有时间去抗议和追究，在我有生之年，多写一点让自己满意的东西更重要！可是，琇琼语气严重，显然不简单。果然，琇琼再打电话来时，气得声音都变了。她说，除了结尾，几乎全部抄了，连人物设置也和《梅花烙》的一模一样！这事对我来说如同晴天霹雳，我正在从事的工作骤然停摆。这是我生平第一次被迫中止了我热爱的工作，原因是别人把我原创的故事偷走，光明正大地冠上他的名字，而且这部戏要在湖南卫视开播了！

接着，是一段大家都不知道的过程，包括我和湖南卫视再度的交涉。既然湖南卫视不肯停播，也堂而皇之地播出了，我退而求其次，仅仅要求把抄袭《梅花烙》的部分情节剪掉再播，但是，我又被拒绝了！那几天，我深受打击，打击我的不止于正，还有与我合作了二十多年的湖南台！

说起这个，我真有无数感慨。26年前，因为湖南台的热情邀约和我的故乡情结，我开始和湖南台合作。那时湖南台只是个地方台，没有什么实力，也没有什么钱。我们合作的方式是，台湾怡人公司全部投资，湖南台"协助拍摄"，"协助拍摄"的费用当然由我们出。他们做出一个协拍预算，我们全额付费给他们，包括协拍人员的薪资。他们因为协拍，也有权以极低的价钱取得"内地播映权"。换言之，我在内地做了好久的戏，都是因为想让台湾人民看到内地的大好河山，进而促进两岸交流，我绝不是以赚钱为目的去的。

初到内地拍戏时，我完全没有想到协拍的人员很多。因为内地拍戏跟台湾不同，拍任何场景都要"申请"，外联的工作伙伴天天在跑公文。在台湾拍戏，演员和工作人员都住在自己家里，我们除了拍戏时的"便当"外，不需要其他的住宿吃饭的开销。现在却有一大笔食宿费。因而，《六个梦》的制作费一直在超支。但是，大家住在一个宾馆里，一起吃饭，一起吃苦，一起拍戏……我每天要应付各种想象不到的问题，湖南台尽力协助解决问题。我还不停地向湖南台抗议，说大家吃得太差了，住得太苦了，请他们别管预算，安排大家吃饱睡足最重要。反而是湖南台方面，拼命帮我省钱。这也是一种全新的体验，那时我和湖南台很有一种"筚路蓝缕，同甘共苦"的作战精神。现在回忆起来，依旧是美好的！

我的戏，一直是这样与湖南台合作的。大概到《还珠格格》《苍天有泪》时，湖南台也投资了。我不计较他们投资的数额，对我来说，能让两岸同胞都看到我的戏，也能让两岸的文化交流因我而带动起来，比赚钱重要多了。后来，许多到内地拍戏的公司都赚了大钱，公司上市，做得轰轰烈烈，我也比刚到内地拍戏时好多了，能够赚钱了，而且自得其乐。25年是四分之一个世纪，我和湖南台水乳交融，我热情地交朋友，看到湖南台蒸蒸日上，我也跟着开心。我从来都没想到，有一天我会被湖南卫视伤害，而且为此打官司！

接着，《宫锁连城》播出了，网络上一片哗然，网友们痛骂于正抄袭《梅花烙》。更有网友"淮秀帮"制作了视频，把于正这部戏称为"于妈三手"之"宫锁琼瑶"，把抄袭部分对比播出。原来这部戏还抄了我的《还珠格格》！即使这样，我仍然不想打官司，我写了《给广电总局的一封公开信》，我一直认为，我们拍戏要立项，要报批，拍完要送审，戏剧中若有任何总局认为不妥的地方，要修剪……事事都要通过广电总局，那么侵权这种大事，总局应该可以管的，何况总局局长也是版权局局长！可是这封信也没起到作用。我在遭受种种挫败之后终于知道，除了诉讼，我走投无路了！

就这样，我找到王军律师，开始了诉讼前的工作。因为我气到不能面对《宫锁连城》，却又必须找出抄袭的地方，因此这前期的搜证工作，是在我的特助素媛的带领下，由我的铁杆网友们帮我做的。他们不眠不休，用截图对比的方式，把《梅花烙》和《宫锁连城》的雷同处一一抓了出来，有的人负责抓戏剧，有的人负责抓小说。我只看截图，也对于正敢明目张胆地抄袭惊讶至极。我在每段截图后面加上了我的说明。我们经过初步的截图对比，发现《宫锁连城》抄了《梅花烙》连续剧115处！抄袭小说106处！这份资料给了律师后，他们再对比两部戏，看了一遍又一遍，最后浓缩成21段情节。

要打官司，我还有很多前期工作要做，签了许多文件，还要法院公证。文件送到台湾的海基会，再转到内地的海协会。等到全部文件完成，送达三中院立案，已经是5月27日了。然后就是王律师团队的工作了，我可以喘口气了。但是，我生平最怕等，这案子会拖多久，我不知道。不用写剧本了，不用搜证了，不用忙着拍戏找演员了……我忽然落空了。我是一个很积极的人，希望活得很有劲，我一直也这样努力着。可是，这段等待的日子却漫长而难熬。我还是很有活力的，朋友来，我会笑得很大声。可是，私下里，在我内心里，我变得不会笑了。

这种感觉很难让人理解，我这一生风风雨雨，许多大风大浪都挨过了，于正这件事，应该只是我生命里的一个小波折，不该给我这么大痛苦的。但是，我却无法释怀，郁郁寡欢。我写剧本时的狂热和积极，都被这事冻结了。再加上鑫涛身体不好，对于于正这事，他比我还生气。他更气自己已经老了，无力保护我！许多次，他对琇琼说："你要保护妈妈，我现在不能去内地，不能帮她出庭打官司，只有靠你了！"我又何尝没老呢？身体、健康都大不如前，我写《梅花烙传奇》时，就在和时间赛跑。我多么希望我亲笔写的最后一部戏剧正在拍摄，而我是在忙着和导演、演员们讨论剧情，而不是这样消沉地等待着法院的开庭和宣判！我浪费的这两年，是年轻人的十几年呀！于正从我这儿掠夺的，岂是一部连续剧而已？

我的这种情绪，在139位编剧联署支持我的那天，终于获得舒散。我在手机上看着那张联署名单，眼眶湿了。然后，我活过来了！我又有了生命力，不再纠结于为什么有人如此恶劣，不再纠结于湖南台为何这样待我。我在那一天有很多的领悟，我这才知道，痛恨抄袭、痛恨文贼的人不止我一个。接着我开始和专家辅助人汪海林老师、编剧余飞老师、电影文学学会会长王兴东老师……取得了联络，他们对我说："你正在为我们原创编剧打一场比你的连续剧更有意义的仗！这是一场标杆性的判例，我们都在等结果。因为以前影视圈没有维权这回事，所以，这是历史性的一战！"

相信法律！我告诉自己。重新活过来的我，无法整天无所事事，也不能让情绪停留在开庭和审判的等待中。为了转移自己的注意力，我把停工的《梅花烙传奇》拿出来，又重头写起来。这次不再局限于《梅花烙》，我加入了新人物，改了朝代。因为它不再是原来的《梅花烙传奇》，我把名字改成《梅花英

雄梦》。这真是打发时间的好方法，没有压力，也不准备拍摄，只是要完成我半途而废的作品。我写写停停，一修再修，直到今天，这部《梅花英雄梦》竟然写了七个版本。

在我重新写剧本时，于正可没闲着，他于2014年11月16日忽然办了一个"法学专家研讨会"，来讨论《宫锁连城》有没有抄袭《梅花烙》。这真是不可思议的事，在台湾，只要已经涉及诉讼，当事人就不可以找人公开讨论。我不知道那些专家是谁，只看到于正发布的照片和他的结论："我在想为什么那么多雷同……原来大家都参考了《红楼梦》！"这种卑鄙的行为、自说自话的结论，让我瞠目结舌。我真想问问那些专家，你们看过《红楼梦》吗？看过《梅花烙》吗？看过《宫锁连城》吗？至于于正，如果他的《宫锁连城》除了抄袭《梅花烙》《还珠格格》以外，还从《红楼梦》中取材，我没意见。可是栽赃《梅花烙》是参考《红楼梦》，简直是对我的毁谤、对《红楼梦》的侮辱。《红楼梦》是中国名著，我的《梅花烙》望尘莫及！我写《梅花烙》时，千真万确从头到尾就没有想到过《红楼梦》，更别说参考了！

其实，在和湖南卫视交涉的时候，我是真心不想打官司的。如果于正是个有担当的男人，是个有种的男人，做错事不稀奇，是"男子汉大丈夫"，做错了就坦白认错！只要于正当时承认抄袭了《梅花烙》，别说什么"巧合与误伤"，我是绝对不会告他的。包括湖南卫视，当时戏也播了，全体观众都指证历历了，我对居中斡旋的湖南朋友说："只要你们在《宫锁连城》片尾加一句'本剧部分情节取材自《梅花烙》，谨向琼瑶致歉'，我就什么都不追究了。假若你们觉得致歉太没面子，改成致谢也成。"但是，湖南卫视对我的各种提议都没有回应，照样播出这部"赃品"。如今法律给了我公平正义，帮于正"销赃"的湖南卫视，以及其投资的子公司"经视文化"，对我没有一点点歉意吗？

然后，三中院一审宣判了，我胜诉了！虽然我还是没弄清楚为何我们浓缩得出的21段情节并不是完全成立，但是，胜诉我就很满意了。这证明内地是有法律的，证明法律是可以伸张正义的！这场"战争"，也让我认识了很多编剧朋友，认识了很有正义感的王军律师，和帅气的王立岩律师（她是女生哟）。我们互加微信，互相交流，这是我的另一种收获。

于正的上诉，在我预料之中。但是，我没有想到，终审让我又等了一年。我想，二审的法官们一定是劳心劳力，反复审查，坚持做到"勿妄勿纵"，才用了这么长时间吧！

最近我看到网络新闻，有位周浩晖先生也在状告于正抄袭。转告周先生，这可能是条漫长的路，要坚持，要努力！还要小心于正狡诈的辩论法，和他那气势汹汹的律师团队！记得在我的案子的辩论中，于正竟然说他没有接触过《梅花烙》的剧本！但是，只要有常识的人都知道，有了我的剧本才有我的戏剧。这是什么无赖辩证法？那天三中院做直播审判经过，我的网友太生气了，展开搜索，当晚，我就收到于正发表于2006年11月7日的博客文章，标题是《美人如花隔云端》，其中有一句："一部《梅花烙》，翻来覆去，看了几百遍，每一遍，都惊叹不已……"他亲自写过这种句子，竟然还狡辩说没看过《梅花烙》！我想，几百遍看下来，都会背了，难怪连男主角的满人姓氏都照抄！这是一个小例子，于正对各种手段，无所不用！还会东拉西扯，把抄袭的部分，都推说是"公有财产"，举出许多书籍来做证，例如我前面提到的《红楼梦》。跟他打官司，要处处小心！我相信，真理永在人间，打假人人有责！预祝周先生打一场漂亮的维权战争！

如今，让我痛苦了两年的官司终于结束了。我可以把这件事放下，全心照顾身体不好的鑫涛了。但是，我虽然赢了，心中依旧有伤痛，这伤痛是湖南卫视带给我的，随时会从我心底冒出来，狠狠地咬我一口。我想，这伤痛会伴我一生，很难治愈了。影视圈有句话："在影视圈，没有永久的朋友，也没有永久的敌人。"是吗？我可以确定，合作了二十几年的湖南卫视不是我的敌人，在这庞大复杂钩心斗角的机构里，依旧有我沉默的友人。但是，一切的感觉都和从前不一样了！多么可惜！

我不禁想起，1988年，为我的故乡我写了一首小诗："回首衡阳，遥望湘江，白云深处，是我故乡！寄语白云，到我故乡，告我亲人，未曾相忘！浪迹天涯，怀我故乡，眉间心上，皆我故乡！我欲归去，山高水长，我不归去，最断人肠！"1989年，我回乡扫墓，湖南台为我办了一个晚会，李谷一在晚会上唱了这首歌，我和鑫涛都边听边拭泪。真是不堪回首！彼一时也，此一时也。

　　回首这段心路历程非常感慨。我说过，活着一天，就要燃烧一天！对于我毕生努力的影视创作，我还是衷心希望业界有好的创作伦理和规范，更希望内地的编剧环境，会因为我这次的诉讼，走向一个更加良性的、干净的、欣欣向荣的园地。那么，我这两年的辛苦也就没有白费。我也希望广电总局能重视侵权抄袭的问题。如果吸毒、嫖妓的都算为劣迹演艺人员，那么，抄袭侵权之类的文贼算什么？前者，伤害最大的是自己；后者，却直接伤害到对方，用不法所得肥了自己，并且欺骗了所有的观众。

　　在去年12月25日，我的案子一审宣判后，《人民日报》上有篇社论，标题是《法律不容文贼》。其中有几句话写得太好，我在此引用一下："以抄发家，哪怕名利双收，实是自设陷阱；以炒博名，纵然举世皆知，也是不良行径。法治时代，当文抄公不只是道德冒险，更为法律所不容。净化编剧业生态，岂容害群之马？对偷食上瘾之鼠，当人人喊打。不走邪路，才可言正；学会做人，再谈出征。"

　　最后，诚恳地呼吁广电总局能够发挥行业主管的积极作用，严惩侵权者，这样才能保护所有的辛苦原创。如果都靠被害人来告状，实在太缓慢了。何况还有很多未成名的编剧，根本告不起。君不见，经过近两年的诉讼，在法官们公正辛劳的审判下，我虽然赢了，《宫锁连城》却早在湖南卫视和天津卫视播映完毕，网络上及国外都纷纷播出了！他们的不法所得早已入袋。最令人痛心的是，诉讼期间，这部侵权的不法作品继续到处传播，伤害对原创来说依旧巨大而无法弥补！

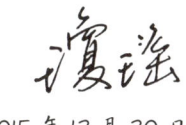

2015年12月20日

坚强后盾：
琼瑶申请加入中国电影文学学会

琼瑶《梅花烙》著作权维权案终审落幕，北京市高级人民法院判定琼瑶胜诉，于正被判公开道歉，《宫锁连城》电视剧被判禁播，五出品方被告共计赔偿500万元。在琼瑶诉于正侵权一案中，中国电影文学学会副会长也是该学会维权部部长的汪海林担任专家辅助人，参与庭审，全力支持琼瑶维权，他提供的专家意见为最终胜诉起到了比较大的作用。而内地的编剧们也在汪海林的提议倡导下，在琼瑶最为孤独的时候纷纷给予声援。在长达19个月的诉讼过程中，琼瑶感受到了电影文学学会为编剧维权的热心和决心，也高度认同学会倡导的精神，于是产生了加入学会的想法，并给王兴东会长写了一封加入中国电影文学学会的入会申请信。

在中国电影文学学会第六届会员代表大会上，副会长汪海林宣读了琼瑶的入会申请：

"王兴东会长，欣闻2015年12月21日，中国电影文学学会召开全会，特别送上我的祝福！希望会议中，能够以我这次的案子为例，继续为原创编剧们努力。学会要捍卫编剧的权益，保护原创，鼓励原创！因为原创编剧才是主流。呕心沥血才能写出一部作品，怎能容忍不法之徒任意盗用！我虽在海峡此端，也心心念念着大会的顺利进行。再有，不知道我有没有资格，可以领表，申请加入学会，成为贵会第一位台湾地区会员呢？如果可以，我会引以为傲。琼瑶。"

全体会员一同鼓掌，欢迎琼瑶女士加入学会。王兴东会长在报告中高度赞扬了琼瑶的维权勇气，指出："琼瑶为编剧点燃了前行的火炬。77岁的琼瑶站出来，不当侵占者的奴隶，维护自己智力成果的主权。琼瑶之案与我们编剧的权利和地位息息相关，我们不仅声援她，还要学习她的骨气、才气和勇气。"

興東會長

　看到你的訪談
您的力挺，支持著我的戰鬥力。
謝謝您，感激您
願一起為正義維權而努力。

　　　　　　　瓊瑤 2015.1.10

回馈社会：
照亮原创精神，琼瑶成立文化基金

　　由于过去纷扰两年，2016新年了，很抱歉，我此时才祝大家新年快乐。我控告于正侵权案，终审判决已经过了20天，我还没收到于正的道歉。但是侵权的五家被告已将罚款缴到法院，我方律师正在办理领款手续。我又签了很多文件，相信不久就能领出这笔赔款。

　　今天，对我而言，比接受道歉更重要的事情是这笔赔偿金的用途。在此案发生之初，我曾对大家承诺，我会将赔偿所得捐赠于教育工作，回馈社会。当官司胜利之后，就有许多热心人士争取合作，给予意见。多方考虑后，我决定接受上海市教育委员会和上海市教育发展基金会的邀请，成立面向华语文化的"琼瑶文化基金"。通过这个基金，与教育部门联手推动青年文化的成长，实际施行要务如下：

　　（1）培养和资助青年学生的原创文化作品，包括原创编剧等各类原创文化项目。

　　（2）加深两岸学生的文化交流。

　　（3）扶持贫困学生。

　　（4）加强道德教育，引导青年学生建立高尚的品格。与各界共同营造一个诚实、诚信、友善的社会环境。

　　我个人的力量微不足道，但希望能借此抛砖引玉，得到社会大众、各大企业的支持，让基金能够好好地运作起来，把培养人才、鼓励原创、建设良好道德文化的功效发挥到最大。

　　等到相关手续办妥，我和上海市教育委员会将择期正式宣布启动。我希望每笔款项都能公开透明地达到目的，帮助需要帮助的人！

琼瑶
2016年1月7日

2016年3月30日，上海市教育发展基金会琼瑶文化基金成立。第一笔资金来自作家琼瑶《梅花烙》著作权维权案所获赔偿金。

整肃产业：
致广电总局的信——行政处罚建议书

国家新闻出版广电总局：

　　尊敬的广电总局领导，您好！我是琼瑶，2016年开年之际向总局致函，先隔海送上我最真挚的新年问候与祝福！

　　经过将近19个月的审理，我诉于正（本名余征）及电视剧《宫锁连城》制作公司的著作权纠纷案件终于在2015年12月16日终审胜诉，这让我十分欣慰和感动。判决结果在海峡两岸产生了良好反响——在隔海相望的台湾，我深切感受到了内地司法对知识产权的保护和内地影视产业对保护原创的支持。

　　终审判决，于正被判公开赔礼道歉，电视剧《宫锁连城》被判禁播，五被告连带赔偿500万元。我想，这是一次原创的胜利、正义的胜利，法律还给了我一个公道。然而，于正并未履行法院的判决，现在拒不赔礼道歉。这种态度不仅是对我个人权益的漠视，也是对法律的漠视，更是对影视创作环境的破坏，对社会公共利益的践踏。抄袭者不认为自己是错的，不承认自己是错的，将来还会继续犯错。对于社会，这更是多么错误的示范！

据我所知，总局对存在吸毒、嫖娼等劣迹的影视从业人员有一系列行政处罚规定，对此，社会反响很正面。我认为，创作上的抄袭剽窃行为，在社会危害性、行业破坏力方面可能不亚于吸毒、嫖娼等不道德行为，不知道总局是否有针对抄袭剽窃行为的行政处罚措施跟进？作为著作权的被侵权人，我只能以自身的民事诉讼权利来维权，但抄袭剽窃行为贻害无穷，会严重伤及影视产业的健康发展，动摇创作者的热情与信心，让不法者认为通过巧取豪夺、欺骗观众照样可以谋取高额利益。广电主管部门必要的行政处罚应该可以更好地让从业者引以为戒，对于整肃产业环境意义重大而深远。

　　同时，基于司法生效判决，侵权电视剧《宫锁连城》被判令禁播，在此，我也恳请总局考虑基于内地的《行政许可法》《行政处罚法》的相关规定，撤销该剧的发行许可证。

　　智慧财产是创作者最可宝贵的财富，华语原创是中国文化繁荣、产业兴盛发展的动力源泉。感谢总局领导对我这个个案的关注，也由衷希望自这个案件开始，内地的原创保护可以做得更好！

琼瑶

2016年1月11日

资料汇集（影印件）

民事起诉状

使用地区：北京市

原　　告：陈喆（笔名：琼瑶）

住　所　地：
联系地址：
邮政编码：
联系电话：

被　告　一：余征（笔名：于正），

住　所　地：
邮政编码：
联系电话：

被　告　二：湖南经视文化传播有限公司
住　所　地：
邮政编码：
法定代表人：
联系电话：

被　告　三：东阳欢娱影视文化有限公司
住　所　地：
邮政编码：
法定代表人：
联系电话：

被　告　四：万达影视传媒有限公司
住　所　地：
邮政编码：

法定代表人：
联系电话：

被 告 五：东阳星瑞影视文化传媒有限公司
住 所 地：
邮政编码：
法定代表人：
联系电话：

案由：著作权权属、侵权纠纷

诉讼请求

1、判定被告侵犯了原告作品《梅花烙》的改编权、摄制权等著作权权利；

2、判令被告停止电视剧《宫锁连城》的一切电视播映、信息网络传播、音像制售等全部复制及发行行为；

3、判令被告余征在新浪网、搜狐网、乐视网、凤凰网显著位置发表经原告书面认可的公开道歉声明；

4、判令五被告连带赔偿原告人民币贰仟万圆（￥20,000,000.00）；

5、判令被告承担原告为本案支出的律师费、公证费、认证费、调查取证费等相关费用，暂计人民币肆拾万圆（￥400,000.00）；

6、判令被告承担本案全部诉讼费用。

事实与理由

原告琼瑶（本名陈喆），系台湾著名作家、编剧，在1992年至1993年间创作完成了文字作品《梅花烙》（以下称"原作"），自始完整、独立享有原作著作权（包括但不限于改编权、摄制权等）。原作在中国大陆地区多次出版发行，拥有广泛的读者群与社会认知度、影响力。

2012年至2013年间，被告于正（本名余征）未经原告许可，擅自采用原作核心独创情节，改编创作电视剧本，并联合被告二、三、四、五共同摄制了电视连续剧《宫锁连城》（又名《凤还巢之连城》，以下称"该剧"），原作全部核心情节与故事脉络几乎被完整套用于该剧，严重侵犯了原告著作权。

该剧于2014年4月8日起，在中国大陆地区的卫星电视频道及多家视频网站播出后，舆论哗然，广大网友及影视行业从业者纷纷指出该剧诸多情节抄袭自

原告作品《梅花烙》，新浪网等媒体就此开设的网友调查结果显示，高达90%的参与投票者均认为该剧抄袭原作《梅花烙》。

事实上，在发现被告侵权之前，原告正在基于原作《梅花烙》潜心创作新的电视剧本《梅花烙传奇》，被告的侵权行为给原告的剧本创作与后续的电视剧摄制造成了实质性妨碍，让原告的创作心血毁于一旦，给原告造成了极大的精神伤害。而被告却从其版权侵权行为中大收渔利，从该剧现有的电视频道及网络播出情况初步判断，该剧已获取了巨大的商业利益；在原告通过网络公开发函谴责被告于正的抄袭行为后，于正不但不思悔改，竟然妄称"只是巧合和误伤"，视原告版权权益与法律公理为无物！

近年来，原告欣喜地看到中国大陆正在把发展文化产业、保护知识产权放在国家战略的高度定位和推动，影视产业在过去几年取得的巨大成就举世瞩目。但同时，原告也注意到，版权侵权，特别是针对原创编剧、原创作品的抄袭、剽窃已经成为阻碍中国影视产业创新与健康发展的一大顽疾，而本案的第一被告编剧于正可谓其中的负面典型。

就本案而言，被告侵犯原告著作权的情形恶劣，侵权事实充分、确凿，几乎到了尽人皆知的地步，原告在忍无可忍地情况下依法向贵院提起诉讼，请求根据《中华人民共和国著作权法》第四十七条、第四十九条及相关规定，判令被告立即停止侵权、消除侵权影响、向原告赔礼道歉并赔偿原告全部经济损失。

恳请贵院依法裁判，追究侵权者法律责任，维护原告版权权益，以树立中国大陆知识产权司法维护之典范。

此致，
北京市第三中级人民法院

具状人：陈喆（笔名：琼瑶）

陈喆（琼瑶）

2014年　月　日

案號：000155
本文件＿陈喆（琼瑶）＿之簽名或蓋章，於臺灣新北地方法院所屬民間公證人新北聯合事務所認證。

公證人 林上鈞

琼瑶
诉于正案
始末

038

北京市第三中级人民法院
受理案件通知书

陈喆：

  我院已收到你(单位)诉 余征 湖南经视文化传播有限公司 东阳欢娱影视文化有限公司 万达影视传媒有限公司 东阳星瑞影视文化传媒有限公司 著作权权属、侵权 一案的起诉(申请)材料，经审查，符合《中华人民共和国民事诉讼法》规定的受理条件，我院予以受理。

  特此通知

二〇一四年五月二十八日

北京市第三中级人民法院：

我是小说作者兼编剧琼瑶，本名叫陈喆。首先，我要诚挚地谢谢法院，接受了我控告于正及电视剧《宫锁连城》版权方、出品方侵权的案件，并且公开审理此案，让远在台湾的我，在内地也享有「维权」的资格，也能保护自己的作品，这真是全中国之幸！我的感激，难以言喻，各位法官辛苦了！

因为我不能亲自来到北京出庭，有些关于我的《梅花烙》作品以及与本案有关的说明，我想用文字来记述说明一下，作为我的庭审陈述，补充王军律师团队无法参与的部份。

一、《梅花烙》的创作，大约开始于1992年春天至1992年秋天。当时，我想拍摄一个系列的三部电视剧，取名为《梅花三弄》。《梅花烙》就是第一部。这部电视剧有我早期作品《白狐》的影子。故事核心是我对偷龙转凤的点子的创作发展，在我的作品中，男女主角竟然是互换的两个孩子，并在一系列机缘巧合的救扶中情愫相生，在公主指婚给男主角后，男女主角之间的爱情面临重重阻挠，让一对生死相许的小儿女，受尽磨难，而到凤还巢时，主人公的身世谜底彻底揭开。具体的剧情，已有律师团队整理的人物关系表，和《宫锁连城》剧本、剧集对《梅花烙》的21处雷同抄袭说明，我就不再赘述。

二、这故事是我天马行空，杜撰出来的。在「构思」的时候，我称它为「蕴酿期」，我会朝思暮想，让故事在脑海里成形。然后，我开始的第一件事，就是作「人物表」，当我编排人物与人物之间的关系时，蕴酿的故事已逐渐成熟。各个环节，就会自然而然的扣在一起。顺利时，场景对白都会泉涌而出，之后抓住我的「灵感」，立刻下笔。如果是小说，写下第一章，如果是剧本，写下第一集的第一场戏。这样不眠不休，一段接一段写下去，直到整部小说和剧本完成。《梅花烙》是一部写亲情与爱情的故事，「写情」一直是我的最爱，「把

爱传出去」，是我的主题。《梅花烙》的原动力，就是如此单纯！但是，写剧本却是一个浩大的工程！

三、在二十几年前，大家都不会用电脑。写剧本需要大量的文字。小说可以用内心思想或叙述来表达，剧本需要把动作和对白都写出来。我的剧本，甚至把演员内心的想法也写出来，让演员容易进入角色。因而，这大量的「文字工作」，不是我一个人能够完成记录的。因此在《梅花烙》剧本创作进行时，我聘用了一位助理人员林久愉女士，助我全程记录我的创作讲述，并把这剧本的文字部份统稿整理出来。

当时，我会把每集的分场全部做好，每场的人物、时间、地点都列明，并先简短写出该场戏的核心内容。然后我和久愉单独在一起，经常一整夜工作。每次只写一集。 在创作时，我会把每场戏的「对白」，细说一遍，她当场记录。创作完毕，久愉就回家去整合文稿。有时，她会忘记我说的，就打电话给我，我再说一遍。碰到难关她就留给我。这样，等到整集剧本写完，我一定又改一遍。因为我希望剧本保持我的语言特色和韵味。然后我们再继续讨论下一集。剧本从开始到定稿，大概都要大半年的时间，非常艰苦。

《梅花烙》剧集播出时，为了提携晚辈，鼓励久愉，经过我和制片单位怡人传播公司商量，我就让她挂名编剧，我挂名「原著」和「编剧指导」。但是，这剧本的著作权，仍然属于我。这一点，久愉是完全清楚的！（她已经有公证文件，证明此事）。

四、在《梅花烙》剧本刚刚完成，我就开始写《梅花烙》的小说。因为剧本字数太多，无法直接出版剧本。我的读者，又渴望抢先读到我的小说。所以，在《梅花烙》播出之前，小说就先出版了！《梅花烙》在台的首播日期是1993年10月13日，小说的初版是1993年9月15日。更正确的说，《梅花烙》的剧本和小说，是密不可分的，几乎二者合为一体相

辅相成。无论是小说或是剧本，著作权都是我的。因为它是我「想出来」的、「创造出来」的、「写出来」的！

五、《宫锁连城》的前20余集，和《梅花烙》的雷同度，已经到了匪夷所思的地步！《梅花烙》的播出版本只有21集，《宫锁连城》的未删节版本有44集，所以我的《梅花烙》，可能不够于正抄袭（或称拷贝），但是，能利用的部份他全部抄了，如果《梅花烙》够长，恐怕他抄袭得会更多！关于这部份，王军律师团队整理的21点雷同处，已经绰绰有余，每一点都是铁一般的证据！更令人揪心的是，这21个雷同点串联起来几乎就构成了完整的《梅花烙》！如果这还不叫「抄袭」，我不知道什么叫「抄袭」和侵权「改编」？

六、我为什么要提出赔偿2000万？根据我的判断，于正及制片方抄袭《梅花烙》来改编《宫锁连城》，获利应该上亿，对此，我也委托了我的律师申请调取被告的各类发行合同。我的目的，只在追求公理正义，赔偿金不是我的目的。所以我仅仅提出人民币2000万。

但是，在我的内心，我为这事受到的「伤害」和「打击」，实在不是金钱可以衡量。1989年，我带队到内地拍摄连续剧，湖南电视台（当时还没有湖南卫视）出动很多人来「协助」我，他们是那么热情，令我深深感动。从此开始了25年有如家人般的情谊。这次，同样协助我的电视台，已经从一家地面台，扩展到十几家频道，其中湖南卫视更是「雄霸一方」。当初协助拍摄《梅花烙》的人，现在很多都是湖南卫视的高层。可当我遭遇于正及《宫锁连城》出品方侵权，向他们提出停止侵权的呼吁时，他们却对我的抗议置之不理，和以前相比，不可同日而语，让我痛心至极。

这件事，深深的打击了我，重创了我的心！我的人生，骤然剧变。于正抄袭我已多年，并非从《宫锁连城》开始。《宫锁连城》即将播出时，我完全不知道又被抄袭了，正专心在改编《梅花烙传奇》，已经写到25集剧本，也因此叫停。关于这段经过，请参考我今年4月15日《写给广电总局的一封公开信》。

这像是狠狠一刀，直刺我的心脏！我一直坚信人间有情，对于内地，更有一份难以言喻的「乡愁」，我热爱我的祖国和家乡。如今，我的作品被这样肆无忌惮的侵权篡改，这一心理阴影，岂是于正他们2000万所能弥补的？我的精神损耗和信心崩解，多少金钱对我都无法补偿！何况我也不会收这些赔偿金，如有赔偿，除掉律师诉讼费用，我会捐给公益机构！教育那些偏远地区的孩子，让他们变成「不偷不盗不色不毒」的正人君子！（法律不外乎人情，请原谅我这些由衷之言）。

七、让我再次谢谢各位，耗费大家的精力和时间，来审理我的案件，还要抽时间阅读我的陈述。我现在唯一的希望，都寄托于法律。我相信，北京市第三中级人民法院，会根据事实，还我一个公道，还观众一个正义！国际上，对中国大陆地区的侵权流弊，常有诟病。我也深知，政府早有「打假」「维权」的决心！「智慧财产」在大陆称为「知识产权」，是每个人天赋与知识的结晶，更是原创者情感与心血的投注，尤其不能侵占！我期待从我这件案子开始，能看到原创作者的权益受到 保护，这样，中国文化传媒才有一个健康的生存环境！否则抄来抄去，内地的原创者，会被众多的「于正们」取代，伸手拿来多么容易，呕心沥血多么艰难！

八、最后，我还有一个不情之请，希望北京市第三中级人民法院，能够加快速度，速审速决。因为我已年迈，自从发生这件侵权案件，我每日都度日如年。我知道法律有必须的流程，也能理解它需要时间。可是，这案子一日不了结，对我，就多一日的煎熬。如果贵院能体恤我的无奈，把这件侵权案从速处理，我会深深感激的！我也知道，你们为它会多么劳心劳力！

以上陈述均是真切表达，我对我说的话负责任，言犹未尽，谢谢祖国大陆司法机构！谢谢各位法官！

原告：陈喆（琼瑶）陈喆（琼瑶）

2014 年 9 月 24 日

使用地區：北京市

声 明 书

声明人：林久愉

台湾居民来往大陆通行证(台胞证)：

住址：台北市忠孝东路

联系电话：

案號：000220
本文件之簽名或蓋章，於臺灣新北地方法院所屬民間公證人新北聯合事務所認證。
公證人：
新北市板橋區民生路2段250號2樓
TEL:(02)22549988 FAX:(02)22541818

本人林久愉，系琼瑶老师的学生及创作助手，自1989年以来，已经配合琼瑶老师创作完成了多部电视剧剧本（详见本声明书附件《剧本辅助创作清单》）。

在相关的剧本创作活动中，本人与琼瑶老师的工作方式为：由琼瑶老师进行具体的创意构思与原创讲述，本人作为助手为琼瑶老师的创作文字草稿进行整理，或直接对琼瑶老师的创作口述进行文字记录，在电视剧署名中，琼瑶老师和我也做了分工署名约定。

本人现特此确认：无论本人在相关剧集中的署名方式如何，本人的职责均系配合、辅助琼瑶老师完成剧本，包括《梅花烙》在内的清单所列剧本均系由琼瑶老师独立原创形成，琼瑶老师自始独立享有此类剧本的全部著作权及相关权益。如本人依据世界任何国家或地区的法律及规定，可全部或部分享有此类权利，本人确认，此类权利自始即不可逆转的无偿转归琼瑶老师独立享有。琼瑶老师并有权独立支配、处置与维护此类权利。

特此声明！

声明人：林久愉

2014年6月20日

附1：台湾居民来往大陆通行证复印件
附2：《剧本辅助创作清单》

使用地區：北京市

电视剧《梅花烙》制播情况及电视文学剧本著作权确认书

怡人传播有限公司系电视剧《梅花烙》（即《<梅花三弄>之<梅花烙>》，下称"该剧"）的唯一制片单位。该剧系本公司根据琼瑶（本名：陈喆，身份证件类型及号码：台胞证号码：███████）原创剧本，于西元1992年10月至西元1993年3月期间独立摄制完成，于西元1993年10月在台湾地区电视台（台湾中视综合台）首播，于西元1994年4月在中国大陆电视台（湖南电视一台）首播。

本公司在此证明：该剧原创故事及剧本均由琼瑶创作完成，琼瑶为剧本的作者，琼瑶的助手林久愉提供了创作辅助与文稿整理工作，根据琼瑶老师的要求并经林久愉同意，为了提携新人，在电视剧《梅花烙》剧集的署名中，将林久愉署名为"编剧"，将琼瑶署名为"编剧指导"。

本公司确认：琼瑶自始完整享有该剧原创剧本的全部著作权及相关权益，并有权根据该剧本改编创作、发表小说《梅花烙》。如本公司依据世界任何国家或地区的法律及规定，可全部或部分享有此类权利，本公司确认，此类权利自始即不可逆转的无偿转归琼瑶独立享有，琼瑶有权独立支配及处置此类权利，包括著作权维权权利。

特此确认！

《梅花烙》制作公司：怡人传播有限公司

2014年9月24日

案號：000345
本文件之簽名或蓋章，於臺灣新北地方法院所屬民間公證人新北聯合事務所認證。
公證人：（签名）公證人林上鈞

新北市板橋區民生路2段250號2樓
TEL:(02)22549988 FAX:(02)22541818

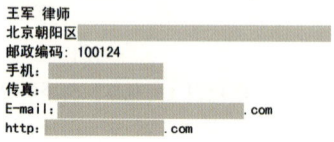

关于电视剧《宫锁连城》永久禁播及立即下线的
媒体通知函

盈科函 2015 第 1222 号

电视剧《宫锁连城》（下称"《宫》剧"）经由司法审判确认为侵权作品，法院判决已明令停止《宫》剧的复制、发行和传播（永久禁令）。据查，目前仍有部分网站及播出平台以全剧在线观看、剧集片段播出等方式对《宫》剧进行传播。就此，北京市盈科律师事务所王军律师特代表《梅花烙》剧本及小说（以下统称"《梅花烙》"）著作权人琼瑶（本名：陈喆），严正声明并紧急通知如下：

一、就《宫》剧侵犯琼瑶《梅花烙》作品著作权事宜，北京市高级人民法院于 2015 年 12 月 16 日作出终审判决，认定《宫》剧编剧于正（本名：余征）及出品公司湖南经视文化传播有限公司、东阳欢娱影视文化有限公司、万达影视传媒有限公司、东阳星瑞影视文化传媒有限公司侵犯了琼瑶就作品《梅花烙》享有的改编权、摄制权，判令《宫》剧于判决生效之日起立即停止复制、发行和传播。

二、《宫》剧基于上述生效判决不再享有复制、发行、传播的合法资格，《宫》剧出品公司如未能及时执行生效判决，继续该剧复制、发行、传播行为，亦将基于生效判决承担进一步的法律责任；同时，任何单位、组织、个人继续就《宫》剧进行复制、发行、传播，均将构成对琼瑶《梅花烙》作品著作权的侵犯并将为此承担侵权后果，本律师将基于琼瑶授权即时启动对传播平台的侵权追责。

《宫》剧侵权情形严重，引发社会广泛关注；坚持原创精神、保护知识产权，系文化创新发展之根本动力。望相关视频播出平台依据司法判决，即时永久下线

《宫》剧，停止对《宫》剧的一切复制、发行、传播活动，合力维护影视行业健康发展为盼！

特此声明。

北京市盈科律师事务所 王军律师

2015年12月22日

贰

评论

琼瑶诉于正案终审已定,但此案并未真正结束。2016年1月15日下午2点,中国电影文学学会在中国现代文学馆会议厅举行"影视创作从依法保护原创开始——编剧与法官座谈琼瑶诉于正案"研讨会。北京知识产权法院副院长宋鱼水,中国电影文学学会会长王兴东,副会长艾克拜尔·米吉提、王浙滨、汪海林、余飞、宋方金等数十名编剧代表,及律师、媒体代表出席了此次研讨会。

行业瞩目:
编剧与法官座谈琼瑶诉于正案

北京市政协委员、中国电影文学学会理事王浙滨作为第一个嘉宾发言。她表示:"自琼瑶老师2014年5月提起诉讼,到2014年12月法院开庭,中国电影文学学会的副会长汪海林担任了庭审的专家辅助人,还有139名编剧联名声援琼瑶,说明不仅法律界,我们很多编剧也都在关注这个案子。经过600个日夜的等待,2015年12月,二审最终一锤定音,尘埃落定。"

王浙滨强调:"琼瑶诉于正案被《人民法院报》列入2015年度人民法院十大知识产权案,说明这个案件在我国知识产权案件中具有里程碑意义。79页的判决书,我读了两遍。毫不夸张地说,这是我第一次看到文理如此相融的判决书,是我们编剧可以阅读并且可以读懂的判决书。今天,在案件终审判决之后,我们中国电影文学学会及时召开这个研讨会,编剧第一次和法官面对面来研讨,从编剧的角度、从学术的角度、从法律的角度来多方面探讨这个案子,我认为非常有意义。"

会上,琼瑶通过律师宣读了她对法院判决结果的感谢。除此之外,她对内地的司法环境和知识产权保护力度充满信心,并计划把赔偿金用于成立面向华语文化的"琼瑶文化基金",以培养和资助青年学生的原创文化作品,扶持贫困学生等。

中国电影文学学会副会长兼秘书长、琼瑶诉于正案专家辅助人汪海林表示,在该案件的判决中看到了法院对专业的高度尊重,由于编剧行业的"桥段"并没有相对准确的概念,北京知识产权法院采用专家辅助人制度,从技术角度解决社会科学的难题,可以减少法官对鉴定意见的误判。

汪海林还透露,法律规定的只是底线,基于行业的处罚则更能促进行业自律。中广联电视剧编剧工作委员会正在探讨对于正的行业处罚。此案将成为影视圈的前车之鉴,同时呼吁《电影产业促进法》对剧本的保护。

中国电影文学学会副会长余飞对琼瑶诉于正案从专业角度做了详细的技术分析，他认为："从剧本的构成元素来讲，大到立意、创意、结构、人物、人物关系、大事件、情节、情节线（由人物与大事件、桥段、情节等元素构成的贯穿性线索），小到过场戏、细节、台词等等，只要有了接触的前提，如果有相似，就有可能被认定为抄袭。"

中共十八大代表、全国妇联副主席、原北京市第三中级人民法院副院长、现北京知识产权法院副院长、琼瑶诉于正案审判长宋鱼水提出，行业惯例和法律的互动是非常有价值的。但她同时表示，在文学与法律相互融合的环境下，一方面希望案件公开透明地审理，另一方面不希望舆论干预司法。

"辨法析理，胜败皆服"，宋鱼水一直在追求这一理念，希望能通过调解达成和解，或者用判决书的方式说服当事人，从而让当事人主动接受法律裁决。

宋鱼水认为："当一个判决会对一个行业产生影响时，法官要充分考虑行业的争议意见，才能使最终的判决经得起时间的检验，真正的规则能够固化为未来的法律。在这方面，西方有很多超前的做法，比如'法庭之友'制度、将少数意见写进判决书等。我国也有专家论证会、专家辅助人等诉讼参与制度，另外还有对文学作品进行委托鉴定等司法鉴定制度，有一个司法公正体系。"宋鱼水介绍，我国正在不断探索、借鉴、尝试，逐步推进诉讼模式创新，充分听取诉讼参与各方意见，不断提升审理水平。

同时，宋鱼水也认为在国内民事诉讼中，当事人的诉讼能力也在整体提升。该案当事人各方的诉讼能力都比较强。民事案件中，谁主张谁举证，当事人的主张是审案的范围，当事人负有举证责任。"该案的难点就是证据问题，尤其是涉案作品的比对问题。编剧的创作过程就像盖大楼，先有结构，然后进行反复修改，不断增加人物、情节，最后形成一座'大楼'。法官在判决中，在不断复原、解构这座'大楼'的脉络构成。同时，被告方也在不断地解构这座'大楼'。当事人之间越对称，比对越清晰，因为两者是相互交叉辩论的，你举出正面证据，我举出反例证明，不断交锋。而在比对中反映得越清晰，越容易被司法机关以甄别、吸纳的方式采信。"宋鱼水表示，在这个案件中，双方当事人在比对上都下了很大功夫，而法院的判断一定程度上取决于双方诉讼能力、专业能力,以及法律运用的能力。期待有更好的作品来繁荣文化生活、繁荣法律生活。

全国政协委员、中国电影家协会副主席、中国电影文学学会会长王兴东就此案多次公开表明态度,谴责于正,为琼瑶女士鸣不平,并掷地有声地表达保护原创、反对抄袭剽窃的观点。

他还表示,我们在欣赏一部电影或电视剧时,其实是在欣赏原著的"内容为王,创意制胜"。此案对影片禁止发行的判决,充分体现了《伯尔尼公约》中提出的"原创老大,作者第一;谁发明,谁拥有"。琼瑶诉于正案是一次历史性的宣判,是原创和正义的胜利。

最后,王兴东会长还表示,中国电影文学学会将继续秉承"自律、维权、服务、管理"的理念,服务华语电影事业。

琼瑶诉于正案的里程碑意义不仅在于原创的胜利、正义的胜利,它同时警醒每一位创作者,要懂得用法律保护自己的合法权益,在知法懂法的同时,创作出更好的故事,推动华语电影事业不断进步,共同繁荣社会主义文化事业。

注:以上内容根据中国电影文学学会举办的"影视创作从依法保护原创开始——编剧与法官座谈琼瑶诉于正案"研讨会录音整理。

汪海林：
琼瑶诉于正案的庭上故事

2014年12月5日，我一早到了北京市三中院，作为琼瑶女士一方邀请的专家辅助人准备出庭。之所以说是"邀请"而不是一些媒体说的"聘请"，在于我只是义务地来履行专家辅助人的责任，与琼瑶女士不存在一分钱经济的或其他利益方面的关系。

北京市三中院外有大量记者聚集，人数之多超过我的想象。入安检口之前，有记者得知我是专家辅助人，拉我采访，被我拒绝。

（1）如何成为专家辅助人

之前关于琼瑶诉于正一事，我也是在媒体上看到的。这二位虽是我的同行，但我们彼此没有交集，可以算不认识。唯一能想起来的是，七八年前，有一次赖水清导演约我在金湖茶餐厅聊天，其间于正来了，一起吃了一顿饭，很浅地聊了几句而已。于正后来拍的几部剧很成功，一度被人诟病过于狗血。我还不止一次为他辩护，并始终推崇其编剧中心制的模式。我曾经力挺他的言论在媒体上可以轻易找到。所以，我跟于正没有什么怨什么仇。但伴随着于正的成功，"抄袭"这个非议不时围绕着他。编剧同行中也有过议论，说他的某部剧是抄的谁，另一部剧又是抄的谁的。当然，于正从来不是编剧圈的中心话题，没有谁对他有太多的关注。编剧们关注更多的是吃吃喝喝、糖尿病、拖延症、稿费之类个人化的事情。

"抄袭"在编剧圈是个复杂的问题，如果没有受害人出来诉讼，很多事儿就不了了之了。琼瑶女士公开表达对于正的不满，于正如果及时道歉并主动沟通，这件事可能会有另一个走向。但于正的表态让编剧圈的很多人愤怒，并一次次激化了这种情绪，也让我开始关注此事。我看了看《梅花烙》和《宫锁连城》的内容，包括故事简介和剧集内容，作为一个职业编剧很容易得出结论：这两部剧高度相似，尤其是主角主线部分。在这个风波中，我接触到的所有编剧都表达了对于正行为的不齿,并不时有人建议编剧的行业组织对其进行告诫甚至处罚。但于正既不是电影文学学会的会员,也不是电视剧编剧工作委员会的会员,从行业协会的角度无法对其进行有效管理。

中国电影文学学会会长王兴东就此案多次发表保护原创、反对抄袭剽窃的言论。我也公开表达过明确的态度,即谴责于正的行为,为琼瑶女士鸣不平。在这样的背景下,琼瑶的代理律师王军先生找到我,表达想邀请我作为专家辅助人出庭的意愿。我考虑再三,决定接受这个邀请。本来此事与我无关,于正的作品牵涉太多利益相关方,其中很多相关方我相信也是无辜的。此事虽与我个人无关,但与我的职业有关,与我所处的行业有关,职业的态度、行业的态度需要具体的载体表达,所以,出于某种责任,我可以去做这个载体。在此事上我没有利益诉求,只是客观地介绍行业状况,解答专业问题。只要是出于公心,就可无所畏忌。

其间有个花絮:被告方遍请圈内编剧,也无人应承做于正的专家辅助人,他们一度找了编剧圈外的人士报到法庭,被否决。可见其行为做派在圈内如何不得人心,如何孤立无援。于是,最终出现的局面是,只有原告有专家辅助人,而五家被告方没有专家辅助人。

当日入庭后,让我感到意外的是,王军律师请我一起上台,坐在原告代理人一方,与我事前想象的坐在台下旁听,只在质证发问时上台的情况不同。我原本想阐述完专业意见后离场,没想到最终自始至终参与了整个九小时的马拉松式的庭审。

(2)抄袭不必看剧本,看碟就能做到

开庭后,审判员第一时间提出,因为只有原告一方有专家辅助人,为显示公平,因此要求专家辅助人(也就是我)不得就具体案情做出倾向性表达,只就行业的专业问题做出说明。我表示同意。其实,我很希望被告方能找到一位业内专家,这样容易在一个共同的专业基础上进行讨论。后来的庭审过程证明,在缺乏专业共识的情况下,双方的辩论难以形成真正的交锋。

与一些报道不符的是,于正没有出现在法庭上,一些所谓的于正的辩护词,其实是他的辩护律师说的。当然,我们可以认为其辩护人的意见就是他本人的意见。

被告方是五家,共九位律师,坐了满满两排。法庭出于公正,任何程序都要让五家被告方的代理人一一表态,无形中拖长了庭审的时间。有时,对一个简单的质询,五家被告方一一表态后,居然一个小时就过去了。而且,五家的态度和所说的内容基本是雷同的、重复的,我发现旁听席上不断有人打哈欠并玩手机。五家被告方中,值得一提的是万达影视的代理人,在表达了被告方的共同立场后,总要强调自己一方只是单纯的财务投资者,没有《宫锁连城》的版权,不应该承担"侵权"的责任。

第一阶段,被告方就琼瑶女士的原告身份提出质疑,认为《梅花烙》电视剧的编剧是林久榆,琼瑶只是"编剧指导",并指出小说《梅花烙》虽然署名琼瑶,但是小说、剧本、电视剧的联系不清晰(大概是这样的表述,详情可参看三中院的庭审记录),而且指出于正不可能接触到《梅花烙》的剧本。这时,我做了第一次发言,先简单介绍了编剧的工作流程。编剧工作的第一步是创建结构模型,主要是搭建人物关系,进行情境设置(非媒体转述的情景设置)和人物关系设置。然后才是故事梗概、故事大纲、人物小传的撰写工作。随后,进入对本案涉案人琼瑶女士的创作背景、创作习惯分析。我说琼瑶的剧本、小说、电视剧是高度一致的,除了载体转换时有细微差别,我们可以通过电视剧完成片倒推出琼瑶的剧本。琼瑶在圈内是著名的"不得改剧本一个字",连语气助词也不许改。我提到,不光是琼瑶,于正的作品也呈现出剧本与完成片高度一致的情况。他们是"编剧中心制"的代表,也是我们一再呼吁同行向他们这个模式学习的原因。被告律师问我是否与琼瑶一起工作过,我说没有。但我有很多导演、演员朋友拍过她的戏,她的作品从剧本到完成片的高度一致是圈内众所周知的。最后我说,编剧抄袭不用看到对方的剧本,看碟就可以做到。

直至中午休庭,我没有再发言。双方就原告的诉讼资格等问题进行举证质证。关于演员戴娇倩说《宫锁连城》来自于《梅花烙》的视频资料,被告方律师认为这份证据无效,并质问戴娇倩本人为何不到庭做证。

休庭时,中央人民广播电台的记者要求我说两句,我仅就诉讼可能出现的结果发表了意见:一种是于正败诉,那么其他编剧就会知道他的行为不可仿效;

一种是于正胜诉,那么大家会认为他的"创作方法"是可以仿效的。

下午庭审中,王军律师再次请我发言,我就编剧创作剧本的一般性规律和业态做了简单而系统的阐述。我讲到文学是用文字塑造形象,剧本的主体是情节,电视剧是用视听手段表现情节,并定义情节是指"有因果联系的连续性的事件",指出电视剧剧本的构成要件是故事核—情境—人物关系,人物关系分为人与人之间的关系和人与环境之间的关系(即人与时间和空间的关系)。我表示,"偷龙转凤"属于概念、主题,也是两部剧的故事核(或主要故事核之一),但"偷龙转凤"这个故事核应该是公共的,不具有著作权性质。

(3)合理借鉴和抄袭之不同

我指出,在影视剧本创作中,合理借鉴是业界常态,一般来说有借鉴人物形象、人物关系、剧情、桥段等的,这些部分的单独的、个别的近似性是业界所能接受的,比如剧情类似,但主人公的设置不同,这是可以的。比如《敢死队》中的作战任务与很多影片中的类似,但人物形象和人物形象组合有其自身特点。有的是人物形象近似,比如不同作品都让一个粗心大意的女护士做主角,但是具体人物关系和戏剧任务完全不同,这也是可以接受的。业界不能接受的是故事核—人物关系—剧情—桥段同时具有高度近似性,这就有抄袭嫌疑。剧本的抄袭与文字作品的抄袭不同,未必要完全一样,主要抄袭的不是具体台词而是戏剧设计。有些戏剧功能一致,不管具体形式如何改变,实质是一样的。比如胎儿身上烫一个梅花烙和长一块胎记都是为了长大后辨识用的,那么在戏剧功能上,梅花烙和胎记是一样的。有些功能性人物,比如倒脏者(行业术语),他(她)承担的任务是与人物对话,把人物的内心活动和想说的话说给观众听,帮助人物下决心偷龙转凤。这样一来,无论这个倒脏者是人物的姐姐还是贴身的嬷嬷,其戏剧功能是一样的,本质是一样的。

就我的阐述,被告方律师和审判长、审判员纷纷发问,我一一作答。我特别指出,原告提交的21个雷同情节点,不是我们行业内的"桥段"概念,这21点大多属于情节,每个情节包含一个或多个桥段。然后就何为桥段,我回答了各方的提问,解释此概念来自香港编剧行业,没有固定的说法,但普遍认为是为了完成特定的戏剧目的而设计的有独创性的精彩段落。被告律师反复问我，所谓独创性是指前所未有吗？我说，人类发展到今天，很难再有前所未有的桥段了。被告律师说，那你自相矛盾了。我说，我的意思应该很清楚，至少是不多见的设计才可以称为桥段。我再次指出，单桥段类似是可以接受的。在回答审判员提问时我举例说，比如某部剧中有劫狱的戏，我们发现有部法国电影中的劫狱部分很好，于是可能借鉴它的内容；但是，如果我们把劫狱前、劫狱后包括男女主人公的设置全部借鉴过来，这就是照抄了。一般来说，即便是借鉴别人的桥段，也是需要动脑子改一改的，好的编剧甚至可以改得超越原著。我一再强调，如果"借鉴"的是形成因果联系的桥段组合，也就是一系列有因果联系的事件，那这就是行业大忌。审判员问我，行业内对这样的编剧会怎么看？我说，对他的职业评价会呈现负面的结论，并且他会被认为是没有原创力的编剧。为说明何为桥段，我谈到证据的第18条。其间被告律师质问我是否看过原剧，并说他们认为两者差异很大。我说，法庭已经要求我不就具体案情发表看法，我举例的目的是阐述何为桥段。

审判员询问我作品的思想和内容的关系，我回答：电视剧是通俗文本，主题和思想都不是最重要的因素。即使是于正的戏，在思想上也是弘扬真善美，不可能诲淫诲盗。编剧的核心价值是设计人物关系、剧情。电视剧是局部大于整体，主题和整体结构不是最重要的，具体桥段的设计是体现编剧才华的最关键内容。桥段、剧情、人物关系是表达。事后，我注意到，我关于"思想"的阐述，并不是法律意义上的"思想"，而是文学意义上的。其实，法官想知道的可能是剧本中哪些是不属于《著作权法》保护的"思想""方法"，因为《著作权法》保护的是表达，所以，我的回答未必贴合法庭的要求。这是一个遗憾。

（4）偷牛奶倒进咖啡里改变不了偷的性质

另外，审判员提问"脉络"的作用。我判断这是原告方和被告方经常使用的一个概念，我说，我理解你说的"脉络"是情节线，指的是有因果联系的事件的线性发展的线性特征。一部剧可以有多个情节线，也就是脉络。审判员问我，一个演员有无可能在前面出现，而在后面不出现？我不理解她提问的原因，说有可能出现，也有可能不出现，看剧情需要。审判员索性直接问，前面生了三个孩子，但在剧中再也没出现过三个孩子，正常吗？我说看作者的用意吧，如果是家庭剧，属于把人物写丢了，即使不重要，后面也应该提一句，三个姐姐是出嫁了还是怎么了。后来我想起，《宫锁连城》和《梅花烙》剧情中都是前面生了三个女儿，后面就没再提，可能审判员想知道这是否正常。

随后，于正的辩护律师询问我，一般同类题材是否有可能创作出差异很大的作品？我知道他的意思，我说可以的，举例说，同样是清宫戏，有的写成宫斗，但《雍正王朝》却是一部男人戏。被告律师说，我问的是同类的，男人戏不算。我说，就以偷龙转凤的宫斗戏来说，情感设置可以不同，你写三个格格爱上一个贝勒，我可以写三个贝勒爱上一个格格，我也可以重点写夺嫡等内容，你可以以写爱情为主，我可以以写政治为主，都是可以创作出差异化作品的。在法庭上，我感到，被告方律师认为近似题材必然产生近似内容，他们可能真的是这么认为的。我觉得，如果他们也有专家辅助人，应该有助于他们认识这个问题。

庭审一直持续到晚上，所有人都没吃饭，饿着肚子进行法庭辩论。琼瑶女士的代理律师王军拿出孩子的乐高玩具——是一只猫，王军指出，同样的零件可以组接出不同形象，可以是猫，可以是狗，如果把零件当作近似的公共题材、近似桥段，那么组接出一模一样的猫肯定是同样的表达。被告方律师说，这些零件只能组接成猫，组接成狗需要换脸的零件。王军律师出示玩具盒封面，就是组接成猫和狗均可的图画。被告方律师随后笑道：这与本案有什么关系？！

被告方律师举证，拿出《红楼梦》《西厢记》《鲁迅新婚之夜与妻子同房未同床伤心流泪》等证据，并阐述《宫锁连城》的内容比《梅花烙》的丰富得多，复杂得多，并一再夸赞于正的戏代表了当代观众的趣味和欣赏习惯。我写了一句话给王军律师，他在最后陈述中说出：你偷了我的牛奶倒进你的咖啡里，你不能因为你的杯子里是咖啡味就说没偷我的牛奶。

庭审在激辩中结束，审判长提出的和解建议被双方拒绝。审判长说，今天的专家辅助人很受重视，希望下次被告方能找到自己的专家辅助人参与到和解程序中来。

这一天庭审的强度之大、时间之长远远超出我的预计，所有人都筋疲力尽。走出法庭时，已是黑夜。

至此，我看不出法庭上有什么倾向，具体结果如何，还待后续的审理。

（5）这个时代，我还没见过真正怀才不遇的人

今年对于中国编剧行业来说是个多事之秋。从年初宋方金与宋丹丹关于演员修改剧本的"两宋之争"，到前一阵《北平无战事》的署名之争，再到现在琼瑶与于正的诉讼，均呈现出纷乱、焦灼和撕裂的特征。无论是编剧与同业合作者之间，还是编剧与编剧之间，至少在社会公众面前，表现出一种全面的紧张关系。

我始终认为，行业要有自己的规范，署名要规范，利益分配要规范，创作中借鉴和抄袭的界限要规范，不要什么事情都推给法律。法律是最后的底线，行业需要自己约束自己，自己管理自己。由此想到编剧合作者，高璇和任宝茹是《我的青春谁做主》《别了，温哥华》的编剧，她们合作十几年了，关系始终很融洽。合作者最重要的基础是彼此包容，利益无非是署名和稿费的分配。我与闫刚也合作了很多作品，我们在署名上是轮流坐庄，这部作品闫刚署名在前，下部就是我署名在前，而且不较真；如果他连着两部署名在前了，后面补一部我在前的即可；稿费也是这样，平均分，创作中，可能闫刚中途有事，我多写点儿，但结账还是一人一半，下次他多写点，从来不计较谁多写了谁少写了。编剧合作，不在于彼此贡献多少，在于彼此包容多少，这样才能长久。我也一直很感谢闫刚对我的一些毛病的忍让，有时还替我背黑锅，当然，我也经常替他抵挡"刀剑"，这种分担是不分彼此的。这是同辈之间的合作。

一些所谓的大编剧与小编剧的关系，也是考验编剧人性和职业素养的试金石。多年前，我和高大庸为周振天老师做小编剧写《神医喜来乐》，说好不署名，我们只挣钱而已。但写完以后，周振天老师认为我们写得很好，主动提出帮我们在片尾署名，我们为此很感激他。某次，一位部队作家见了我说，周振天没写吧，都是你们写的吧？我当即说：不是的，从人物关系到具体戏的设计，全靠周振天老师，我们只是执行者；没有我们，这部剧可以出来，但没他，这部剧不可能出来。我们很感激他，从他那里学到了很多东西。这样就化解了别有用心者的挑拨。

编剧、作家需要有健全的人格，不要被人挑唆，被人当枪使，贪功、争虚

名都挺没劲的。属于你的一定要争取，不属于你的不要去觊觎。我说过，我平生最恨小文人，为点小利虚名，可以无耻无聊无底线。这个行业什么大编剧小编剧，都是苦逼编剧，我还真没见过编剧行业里有包身工和黄世仁的，同时，在这个时代我还没见过真正怀才不遇的人。编剧靠自己的才华足以征服一片天空，你要有翅膀的话，谁压得住你呢？

我们喜多瑞公司有几十位编剧，在管理上，每个人的责任权利都是清晰的。公司有个严格规定，创作期间不辞而别的、半途而废的，等于放弃了自己的相关权利，因为剧本生产有商业性质，你的中途退出，本身就对项目造成了伤害，且是极不职业的表现。我和闫刚在将近二十年的职业生涯中，再苦再难也不允许自己对甲方说："我不干了"。当你说出这样的话的时候，你其实是在宣告对自己职业的告别。足球运动员可以上场以后不踢了吗？只要有一次中途自己退场（哪怕你有再多的困难和委屈），你以后还能在这个行业混吗？如果创作一部戏时，编剧中途退出，在戏播出时又提出要署名和稿费，我认为这触及了编剧这个行业的底线。甚至还有人拿了出场费，临出场时却跑了，比赛结束后又来争奖杯，这就更荒唐了。

说了这么多，都不如刘震云老师说得到位：编剧要走正道，不着急，不旁骛。现在有些编剧太着急了，着急挣钱，着急出名，于是必然不走正道，必然旁骛。抄袭剽窃也好，争名争利也好，都是把自己看轻了，看贱了。写作者应该是骄傲的。这份骄傲包括我不屑于借鉴你的桥段，我要自己想一个超过你的。这份骄傲包括我看不上你的成就，我要写一个更好的"灭"了你。我始终觉得，写作者再坏也坏不到哪儿去，有时急眼了，有时迷失了，都不要紧，回到初心，去写写自己的故事，写写自己想象的生活，跟不同的人交流交流思想，一边写好戏烂戏，一边不忘春风秋月。其实，是非成败转头空，写字儿的人不论写什么，只要手对着心写下去，让自己的精神高贵起来，也算使自己人生有了一个交代吧。

我还想说的是：令人恶心的不光是于正，还有中国影视业的是非观。

2015年12月18日，北京市高级人民法院就琼瑶起诉于正侵权一案做出终审判决，驳回于正等5名被告的上诉请求，维持原判：《宫锁连城》侵犯《梅花烙》的改编权和摄制权，判令于正等5名被告公开道歉，停止传播《宫锁连城》，五出品方共同赔偿原告琼瑶500万元人民币。

这个结果到现在才出来，估计是不能再拖下去了，年底是法院结案的高峰期，这件海内外关注的著作权侵权案再拖两周就跨年了。这个结果是在情理之中、意料之中的，但拖这么久却是意料之外的。好在，在这里可用上美国大法官休尼特的名言：正义也许会迟到，但不会缺席。

这案子跟我有些关系，琼瑶女士的代理律师王军与我有过一面之缘，邀请我出任琼瑶一方的专家辅助人。这也是我国知识产权法院成立以后，首次采用专家辅助人，这应该是一个进步。事实上，在编剧圈，这个案子早有公论，于正的《宫锁连城》无论是人物关系、剧情设置还是一些重要桥段，很明显是来自琼瑶的《梅花烙》。但行业的共识如何得到法律的认可，这期间有非常漫长、坎坷的路要走。

我很钦佩审理此案的宋鱼水等法官，他们做了海量的工作，一丝不苟地研读了两部作品的剧本，反复观看了完成片，做了细致的比较。我们知道，《著作权法》保护"表达"，不保护"思想"，在庭审过程中，原告、被告双方就什么是作品的"表达"什么是作品的"思想"进行了激烈的辩论。最终，法官接受了原告大部分的举证，认定两部剧中有多处高度近似的"表达"，可以传递近似或相同的审美体验，从而认定了针对于正"非法改编"的指控。

于正侵权的这个案子，从法律角度很值得探讨。但我现在不想谈法律，我想谈谈道德问题——职业道德！一个编剧在什么情况下会去抄别人的东西？为什么不自己编？于正不是一个水平很差的编剧，我相信他以自己的聪明劲儿能写出好东西。因为抄来钱快！因为抄省事！因为抄一个现成的，电视台更喜欢！原创多费劲啊，慢，跟电视台解释不清，电视台也搞不懂。当你告诉电视台，我就是抄某部剧的时候，他们秒懂了，他们可能当场就决定要！浮躁、挣快钱的风气催生出这样的编剧，这样的"抄抄"。

编剧是精神产品的生产者，编剧一旦没有了精气神，没有了文化责任，眼里只有名和利，抄算什么！给IP打工算什么！放弃自己的文化立场和职业尊严算什么！成功学只认成功，抄袭成功也是一种成功！丧失了职业尊严的编剧，就是丧家犬，就是笔奴，是除了钱什么都没有的精神上的穷光蛋。

通过这个案子，我突然发现我们的职业管理是缺失的，职业道德建设是缺失的。我们今天判这种行为违法，那么，没有被起诉的那些侵权者呢？侵权者被判输了，他的市场输了没有？他的土壤输了没有？在某些人眼里，侵权者是不是"虽败犹荣"？正如编剧宋方金所言："在郭敬明、于正以前，偶尔也有抄袭者，但一经揭穿，抄袭者便销声匿迹不复存在，那时抄袭者尚存羞耻之心。郭于二位，竟抄得理直气壮，抄得气吞山河。恶果流传，现在抄袭事件已层出不绝。抄袭是对原创的谋杀。对抄袭必须零容忍。"琼瑶女士拿起了法律武器为自己维权，历尽艰难获得这样一个还算满意的结果。但，抄袭者的违法成本是不是偏低？维权者的成本是不是太高？

我之前不认识琼瑶女士，这次案件审理前后，我与她通过几次电话。我感觉她是一个很柔弱的女人，经常会紧张、害怕、会没有信心，但有一点很可贵，她从不言放弃，瘦弱的身体中始终蕴含着巨大的力量，这种力量也激励着我。看到国内139位编剧联名支持她，她告诉我，她落泪了，那一刻，她觉得胜负已不重要，即便输了，她也赢了。

前几天，琼瑶女士还用微信问我一个历史问题，让我帮她考据一下。她已年过70还在坚持创作，坚持原创。她看了我写的关于"IP热"的文章，说很支持我。她无法理解内地影视圈一味向"网路"寻找现成的、"天马行空"的无质量保证的"IP"，为什么不去抓原创。

我们说保护原创，为什么要保护？创意产业的核心是创意，原创是最难的，最费时间最费精力，在某种程度上也是最费钱的。我们国家现在有钱了，可以买先进的设备，可以买能源，甚至可以买创意，但一个国家生命力的核心是创造力，创造力是买不来的！我们把韩国的综艺节目版权买光了，作为一个有五千年历史的文明古国，我们不感到汗颜吗？我们自己就创造不出一个电视节目吗？我们最有钱的影视公司，花了多少钱在原创上？买版权还算好的，至少有法律意识，知道用人家的东西要付钱。在"一切向钱看"的产业思路下，"文艺在市场大潮下迷失方向"，自然会出现"抄袭模仿、千篇一律的问题，存在着机械化生产、快餐式消费的问题"。

我觉得不应该只是盯着于正一个人,于正有他赖以生存、如鱼得水的"大环境",就在一审判决后,有些电视台看到终审裁决一时还没出来,于是抓紧播出《宫锁连城》,这是什么?没有起码的是非观念!我们的宣传阵地,人民的喉舌,居然眼中只有收视率,只有经济效益!

琼瑶诉于正著作权侵权,最终是法律体现了公正。但我始终认为,一个社会如果一切都要靠法律来解决,是可怕的。法治社会的本质不应该是法律管一切,法律在很多时候应该是公民的基本底线,那种"法无禁止即可为"的说法是危险和不负责任的。法律没有禁止,法律没有抓到你,你就什么都可以做吗?

行业需要道德建设,需要有规矩;媒体也好,播出平台也好,需要有一点社会责任,有一点是非观,也需要有点规矩。明摆着是抄袭的戏,能不能忍住不投资,不挣这个昧心钱?明摆着是复制拷贝的戏,能不能不播,不抢这个收视率?明摆着是偷来的没有版权的故事,能不能不写,不要这个稿费?希望这个案子不要就这么过去了,留下点规矩,让行业人士能够规规矩矩做人,规规矩矩做事,则善莫大焉。

汪海林,著名编剧、中国电影文学学会副会长兼秘书长。代表作有电视剧《楚汉传奇》《铁齿铜牙纪晓岚》系列、《神医喜来乐》系列等。

余飞：
剧本比对中的轻与重——以"琼于案"为例探讨侵权认定标准

"琼于案"进入司法程序之后，行业和社会舆论强烈发酵，形成了巨大的共识，几乎所有的编剧，甚至将近90%的普通网民和观众，都认为于正抄袭事实成立。而且抄袭的程度之严重，几乎到了完全照搬的地步。

但令人哭笑不得的是，于正一方却一直号称这是"巧合与误伤"，而影视行业内部和网民、观众并没有一个有说服力的方法来证明于正真的抄了，并且抄了很多。

一审判决之后，法院关于抄袭的认定结果并不能让公众满意。因为原告认为抄袭的21个桥段，法院最终认定的只有9个。这个比例还不到原告主张的一半，被告方完全有充足的理由以此进行辩解。

所以，一审判决之后，被告方发动舆论攻势，提出"原告全剧只有200个桥段，而被告全剧有900多个桥段，在900多个桥段里只有9个桥段相似，占比只有1%，可以说非常之小"。被告方以此来证明两者没有可比性，更由此推论法院判定的500万赔偿金额过高，"停止播出""赔礼道歉"的判罚也有失公平。

如果没有一定的影视行业常识和法律常识，作为一个旁观者，单单只看这几个数据的话，是完全有可能认同被告方的说法的。

以影视从业者的眼光来看，从剧本的构成元素来讲，大到立意、创意、结构、人物、人物关系、大事件、情节、情节线（由人物与大事件、桥段、情节等元素构成的贯穿性线索），小到过场戏、细节、台词等等，抄袭面前一律平等，只要有了接触的前提，如果有相似，就有可能被认定为抄袭。

在大的故事架构，即立意、创意、人物与人物关系设置、结构、大事件等不相同的前提下，某些细节、台词相同可能是巧合；但在上述大的故事架构基本相同甚至完全相同的情况下，故事对应的发展阶段，类似的过场戏、细节、台词，均可归入抄袭之列。

基于上述"抄袭面前一律平等"的逻辑，除了琼瑶女士上诉的21个经典桥段之外，其实还有大量非经典、非重点的桥段、事件、情节、过场戏、细节、台词雷同，以及"由常规元素构成但是原告所独有的组合方式"雷同。

抄袭比对问题非常复杂，尤其面对在影视行业已经相对强势的人或机构时，如果急于取得彻底、深入的胜利，往往可能会导致功亏一篑。因此，我们理解琼瑶女士和她的律师团队制定的战略战术方案：只列举出比较重要的、比较大的21个桥段，这样比较易于判定。这是一种需要正确定性而不是精确定量的战略战术，在如此复杂的维权形势面前，确实是一种科学、明智的方法。

在打一场诉讼大仗的时候，这种方法是没问题的。但作为从业者，我们不能认为重要元素雷同要起诉，不重要的元素雷同就不算数了。这种比对方式不一定能真实地描述侵权行为的全部，并且会引发上述旁观者误以为只有1%侵权的现象。

所以，在抄袭比对过程中，有两个非常重要的关键字值得讨论——"轻"与"重"。

所谓"轻"，这里指的是"次要元素"或"小元素"；所谓"重"，这里指的是"重要元素"或"大元素"。

有关"轻"与"重"问题，其实讨论的是剧本比对过程中，对"重要元素"与"次要元素"的相似、"大元素"与"小元素"的相似是否需要同等对待。

第一个例子：在"琼于案"中，"偷龙转凤"是重要元素，但"女婴被弃于溪边"属于相对次要的元素。前者可以作为重点列出来，作为21个相似桥段之一；后者作为一个小元素，就被忽视了。

但是，忽视次要元素会带来灾难性的后果。在本案中，于正方面就对"偷龙转凤"这一重要情节进行了辩解，认为它属于公共资源，不是琼瑶原创。如果仅就"偷龙转凤"这一核心设计来讲，它确实已经是公共资源，并不属于琼瑶老师原创。在诉讼过程中，于正方面认定，"偷龙转凤"这一大设计共分为5个层级，而两者相似仅仅发生在第二个层级上，而第二个层级的内容属于公知素材和通用场景。

但法庭判定：琼瑶老师对此情节的设计已经足够具体，可以认定为《著作权法》保护的表达。这足够具体的设计，其实包括王爷无子、纳侧福晋、谋划偷龙转凤、计划实施、留下证据等五个环节。这些设计已经体现了某种独创性，所以在被告方辩解只是公知素材的情况之下，法庭仍然判定其抄袭事实成立。

从这个角度来看，所谓的重要元素离不开前后相关语境的支持。而前后相关语境的成立，离不开我们提到的"女婴被弃于溪边"这样的次要情节。

所以，不重要的、无独创性的各种情节和细节，实际上起到了将一个公知素材构建为一个独创情节的作用。这一点足以说明轻元素对于重元素的重要性，小元素对于大元素的必要性。没有这些轻元素和小元素，重元素和大元素就有可能成为公知素材而被判为同质化题材而不是抄袭。

顺着这个逻辑继续推论，在上述次要元素相似的情况下，它们即使没有围绕一个核心元素，也就是说它们是没有参与构建重要情节的过场戏，也应该算到抄袭之列。

当然，在诉讼的关键阶段，是否利用次要元素作为证据，主要看它能否帮助重要元素形成一条独特的逻辑链条，这样有助于大方向的判断。但从学术角度来看，次要元素被抄袭与重要元素被抄袭应该列入同等重要之列。否则，像上述故事设计，如果我们把"偷龙转凤"这个核心设计替换成"女婴有残疾被遗弃"，而后续人物、故事仍然可以沿用原告剧本中的内容，在那种情况下，抄袭事实难道就不成立了吗？答案应该是肯定的，抄核心是抄，抄外围也是抄。

第二个例子：在琼瑶剧本中，为了表现男主人公的文才武略，编剧写了一大场戏，让主人公在皇帝面前对对联，回答脑筋急转弯题目，随后击败了刺客。而在于正剧本中，同样身份的主人公，也要表现文才武略，写法上却有了大大的改变：用斗智的方法擒获了江洋大盗王胡子，以此来表现他的文才；用斗勇的方式击败并擒获了匪首江逸尘，以此来表现他的勇武。

琼瑶剧为此用了一场戏（第2集第12场）共计2351字，于正剧为此用了20场戏（第1集第11—30场）共计11386字，并引入了至少两个次要人物——王胡子和江逸尘。

在这种情况下，琼瑶剧中的一场戏算是小元素，而于正剧中的20场戏算是大元素，但两者在戏剧目的和功能上是完全一致的。结合前后人物关系和语境，琼瑶的剧本相当于于正剧本的作文命题，于正只是按琼瑶的主题立意、人物设置、人物关系进行了扩写。从创作角度来讲，两者其实有实质上的相似。

但是，原告提出的21个相似桥段，"表现男主人公的文才武略"这段戏并没有列入其中，主要是因为相比"偷龙转凤"这样的经典设计，它没有太过独特的逻辑，也未对男女主人公的关系起到决定性的作用，说白了只是"皇上考考你"而已，算不上核心重要元素。

实际上，二审判决书中对这种情况做了说明："原审法院对于人物设置和人物关系的相关认定,均系结合人物与情节的互动及情节的推进来进行比对的,进而在构成表达的层面对两部作品进行比对。虽然不可否认，剧本《宫锁连城》中的人物设置更为丰富，故事线索更为复杂，但由于其包含了剧本《梅花烙》的主要人物设置和人物关系，故原审法院认定剧本《宫锁连城》的人物设置和人物关系是在涉案作品的基础上进行改编及再创作，并无不当。"

由此关于"人物设置和人物关系"的判断逻辑可以推论，上述的"皇上考考你"桥段，其实也可以算作相似的。

所以，判断大元素与小元素是否相似，不在于字数多少、场次多少，重要的是看大元素中是否包含了小元素里已经成形的独创的逻辑链条。

基于以上逻辑，我们可以再次比对一下"琼于案"中两剧本的第一集，看看相似之处有多少。

首先用"一种归纳，两种适用"的方式总结相似的重要元素：

1. 老爷纳新欢将生子，对夫人构成威胁
2. 夫人与心腹商量准备万全之策以保住地位
3. 偷龙转凤并记下女儿身上的特殊记号后将其遗弃
4. 女儿被卑微之人捡走并养大
5. 多年后大少爷成为优秀青年，二少爷成为"次品"
6. 夫人在心腹的警告之下准备完全忘掉女儿

以上6点既是《梅花烙》的情节线，也是《宫锁连城》的情节线，可以看出是完全一样的。

即使有人认为其中某个桥段或某个设计是公共资源，但是别忘了，用公共资源重新进行创新性组合也是一种原创。比如"孟姜女哭长城""荆轲刺秦""嫦娥奔月"都是公共资源，但如果我第一个把它们组合成完整的故事"孟姜女哭倒长城，假装献藏宝图刺杀秦始皇未果，被处死前偷吃始皇仙药而奔月"，这种组合方式就是我的原创，别人再用这种方式就是抄袭。

由此可知，上述的"一种归纳"其实概括出了多个情节以及这些情节特定的组合方式。如果情节相同，组合方式也相同，那就可以认定为抄袭。

两者小元素的雷同部分，可用"相似与微调"方式来判定：

1.琼剧：福晋生下女儿，姐姐用事先准备好的男孩（皓祯）将其换掉。福晋在女儿肩上烙上梅花，让秦嬷嬷偷偷将其送走。

于剧：映月生女，换成男孩，看到女孩肩上有一大块胎记。

2.琼剧：秦嬷嬷将孩子放在河边，姐姐将孩子放到水上使其漂走。

于剧：郭嬷嬷悄悄把女孩放在河边。

3.琼剧：艺人白胜龄与妻子翠华正好膝下无子，发现女孩，也看到她肩上的烙伤，收养了她，取名白吟霜。

于剧：女孩被练唱的妓女丽娘捡走，丽娘发现她肩上的胎记，准备把她养成大家闺秀，取名宋连城。

4.琼剧：半年后翩翩生了二少爷皓祥，福晋与姐姐、秦嬷嬷悄悄出来看自己抛弃的孩子，发现孩子肩上没有梅花，福晋怒问姐姐。姐姐告诉她完全忘掉孩子才是大家的活路，福晋无比痛苦地接受了现实。

12年后，皓祯打猎显示出好武艺和好人品，弟弟皓祥显然不受待见。皓祯猎到一只白狐，出于怜悯将其放走，只留下一撮白毛。

于剧：20年后，大少爷恒泰进行骑射表演，映月想起弃女而难过，郭嬷嬷告诉她要狠下心忘却。

从以上四处小元素的比对可以看出：

1中的烙印与胎记是同一性质的，属于微调；

2中的"河"是完全相同的元素，把孩子放在河里还是河边区别不大，属于相似；

3中的艺人与妓女在当时都属于下等人，性质是一样的，属于微调；

4中的骑射表演也是完全一样的；想念遗弃的女儿的状态以及被劝阻之后下狠心忘掉女儿的戏完全一样，属于相似。

其实，我认为，重要戏份的抄袭能证明抄袭，那些不重要的过场戏的抄袭更能证明抄袭。重要戏份不容易想出来，抄袭可能是出于万不得已；连过场戏都懒得改一下，比如"把孩子放在河边"这样的过场戏都完全一样，就说明了抄袭者的状态——连这种简单的戏都没能力改动，或者，已经狂妄到"老子就是原封不动地抄了，你能咋样？"

所以，综合以上大小元素的分析，在短短一集里，至少有六大四小十处相同或相似，可以认定为抄袭。

依此类推，全剧雷同的部分绝对不会只是9个桥段。琼瑶女士基于诉讼的需要，抓大放小便于处置，我们可以理解。但旁观的法律专业、编剧专业的人士，应该有更深入、更细致、更全面的分析和界定，以便为行业立规，将创作者有可能产生的任何不劳而获的念头扼杀在摇篮里。

余飞，著名编剧、中国电影文学学会副会长、中国作家协会会员、浙江传媒学院客座教授。代表作品：《永不消逝的电波》《重案六组Ⅲ》《重案六组Ⅳ》。

宋方金：
文贼也是贼，该打必须打

作为一名创作者，我首先要感谢宋鱼水法官，感谢为"琼瑶于正案"做出努力的每一位法律工作者。因为可以说行业内外都非常关注这个案子，毫不夸张地说，它的判决结果直接影响到未来的著作权生态环境。目前这个结果可以说让大家松了一口气，因为它有力地保护了原创，打击了抄袭者。琼瑶老师用"文贼"来形容于正，我觉得非常形象。但实际上于正已经不是文贼了，是江洋大盗。而且我觉得有点遗憾的是，这次判决赔付金额有点儿低，相对于于正等被告所获得的巨大利润来说，500万太低了。犯罪成本低，是犯罪率高的主要原因。希望以后能让文贼在动手前先浑身哆嗦。当然，我也知道，版权案件在中国并没有太多先例，所以要一步一步来。

对于这个案子的法理问题，我没有什么发言权，主要听听其他老师的发言。今天我从其他角度来谈一谈我对抄袭的感受。

我很早就开始写作，从十几岁开始，先是在校园文坛——那时不叫青春文学，叫校园文学。我跟饶雪漫是一拨的，是韩寒和郭敬明之前的一拨。我们那一拨其实名声并不小，但基本上都没有转化成市场作家。那个时候只有文学现场，没有文学市场，也不知道在这个领域竟然还有这么大的蛋糕。后来只有饶雪漫在图书市场上分了一块蛋糕，其余的都隐身到了各个领域内。后来迅速崛起的那一拨人，都遭遇了版权问题。这非常值得研究，也跟我们今天的话题有关。天才少女蒋方舟被质疑是她母亲尚爱兰代笔，安意如的抄袭问题在网上也舆论汹涌。在网络作家中，更是你抄我我抄你，抄成了一锅粥。在他们中，有法律后果的是郭敬明。郭敬明抄袭了庄羽的作品，后来法院判决赔付20万，郭敬明赔了；法院判决郭敬明道歉，郭敬明直到今天也没道歉。那个判决到今天应该有十年了，郭敬明一直活蹦乱跳，比所有写字的人活得都好。实际上，我认为那个判决没有被彻底执行，郭敬明没有受到应有的惩罚，是导致于正抄

袭行为的一个重要心理因素。在一些访谈中，于正也提到了郭敬明抄袭的案件，可见他是非常关注这个案子的。

所以，于正抄袭这个案子，我认为最重要的是四步。一是琼瑶老师的出手。所以这次非常感谢琼瑶老师站出来维权。这是一个非常勇敢的行为。二是公正的判决，这个已经有了。这个判决大快人心。三是彻底有力地执行。于正一方已经赔了钱，但还没有道歉，跟郭敬明的做法惊人地一致。希望于正不要成为第二个郭敬明。如果于正成为第二个郭敬明，就会出来一堆于正。实际上，在网络文学界，于正已经成规模地出现了。四是后续有没有达成行业共识、行业自律，以及最重要的一点，就是行业处罚。我认为从行业角度来说，抄袭比吸毒嫖娼更严重地危害了这个行业，为什么抄袭者还可以招摇过市？大家都知道，吸毒嫖娼者除了要承担法律后果，还被禁止从事行业内的工作。抄袭者为什么不需要承担这一后果？

如果抄袭的成本这么低，会不会带来更恶劣的著作权生态环境？举一个例子。某大学110周年校庆，宣传片是抄袭另一大学的。新版宣传片上线，竟然还是抄袭的，只不过这次抄袭的对象又换成了另一所大学。而且该大学110周年校庆的LOGO，竟然涉嫌抄袭某著名科技公司的标志。这个例子很好地说明了现在的著作权生态——懒于创新，乐于复制。这样下去，是没有未来的。文贼也是贼，是对行业有严重危害的贼，虽然我们无法彻底消除抄袭现象，但是形成"过街老鼠，人人喊打"的风气还是有可能的。只有保护原创，才能有更好的明天。

宋方金，编剧、作家、中国电影文学学会副会长。主要电视剧作品：《手机》《决胜》《家是一座城》《一生高贵》等。主要电影作品：《飞》《温凉珠》《仰望星空》等。

王兴东：
政协提案依法重拳打击抄袭剽窃，维护原创者权益的建议

　　北京市第三中级人民法院判决琼瑶起诉于正《宫锁连城》抄袭其原创作品《梅花烙》胜诉，四家制作公司须立刻停止电视剧《宫锁连城》的复制、发行、传播行为，赔偿琼瑶500万元，同时，被告于正须在公开网站上刊登致歉声明。经过长达半年的争议，判决结果出来了，在海峡两岸华语编剧界引起了强烈的反响，得到一致称赞。

　　未经原创作者授权，随意抄袭剽窃他人公开发表的故事内容，改头换面地移植他人的影视作品，仿制克隆原创者的故事细节和情节桥段，用在自己的作品中，在影视业已司空见惯。正如习近平总书记在文艺座谈会上一针见血指出的，存在着"千篇一律、抄袭模仿，机械化生产、快餐式消费"的普遍现象，于正案仅是冰山一角。

　　我国影视业目前存在着影视作品侵权盗版治理不严，漠视《著作权法》规定的使用他人作品需要授权许可制度的问题，仅从剧本创作剖析，由于影视公司急功近利，公开和隐蔽的抄袭剽窃行为丛生。谁都知道原创作品投资大，创新难度高，耗费时间长。原创者倾其精力，抄袭者巧取豪夺，从题材上仿制，从人物上抄袭，从细节上剽窃，积恶成习，见而不怪，严重地损害了那些坚守原创和首创者的权益。

　　我国影视业之所以存在千篇一律、抄袭模仿，原创极为疲软的现象，从法律角度剖析，对抄袭者打击不力、处罚不重是主要原因。原创者赢得了官司却赢不到利益，反而损害了身心、浪费了时间。加上诉讼二审时间太长，原创者本身是弱势，即使胜诉，也赔偿太少，执行不力。而抄袭违法者付出的成本太低，原创者为维权损失太大。抄袭者不以之为耻，原创者为此而伤心。所以，难以形成法律围剿制裁的网绳，从而杜绝抄袭剽窃现象。琼瑶隔岸起诉于正并胜诉,且获得有史以来的赔偿高额500万元,同时侵权作品禁止播放,从根本上断绝了抄袭者滋生的后路,真正体现了法律的威严。

为了彻底杜绝习近平总书记批评的"千篇一律、抄袭模仿"现象,加强保护原创作品的力度,我建议:

一、从源头防止侵权,剧本立项时依法要求出具剧本授权书或原创许可改编授权书。凡有发生起诉或者发现立项剧本有抄袭行为、内容剽窃而引起诉讼的,即停止或者取消立项,避免影视剧拍摄完成,播放抄袭剽窃他人的成果,再度构成侵权,对原创造成极大的侵害。

二、制片者若发现剧本内容是抄袭而来,要求编剧赔偿损失;如果制片者共同参与抄袭剽窃,应承担连带责任。参与拍摄者及播出放映方发现抄袭剽窃作品,有权拒绝、抵制发行放映,否则要共同承担侵权责任。琼瑶诉于正案的判决,体现了将原创者的权益合理地扩充到整个作品的使用权上。编剧和制片人承担侵权责任,使用方承担部分责任,编剧、制作者和使用者共同承担法律责任,这样才能彻底根除抄袭剽窃的恶果,保护原创者的根本利益。同时倡导观众检举存在抄袭剽窃的影视作品。

三、司法量刑上,对于明显的抄袭剽窃作品,惩罚要更加严厉。文贼如同窃贼,要罚得抄袭者没有能力再抄袭,起到惩前毖后、刑一而儆众的作用。这次对《宫锁连城》判罚的500万元仅是琼瑶诉求的2000万元的四分之一。而琼瑶单部作品的投资、制作、发行,收益均达到一亿元人民币,可见这部剧作对原创者造成的损失巨大。保护原创要秉承《伯尔尼公约》的核心精神,必须重拳打击抄袭剽窃者,令抄袭剽窃者畏惧,使原创处于至尊不可侵犯的地位,才能依法杜绝抄袭剽窃行为。

四、行政问责与司法审判追责机制要有机协调,行政主管部门应有知识产权投诉受理执法管理机制,这是建设法治政府必然要求的法定职责。当下,作品涉嫌被侵权,原创权利人将投诉信或律师函投至主管部门,不会得到任何正式的书面答复或处理意见,偶尔会被告知"去法院起诉解决"。鉴于司法诉讼周期长,二审需要两年时间,在此期间侵权剧目的摄制和发行播放均已完成,这样,受损的是原创者,也助长了侵权者的非法行为。《行政许可法》第36

条规定:"行政机关对行政许可申请进行审查时,发现行政许可事项直接关系他人重大利益的,应当告知该利害关系人。申请人、利害关系人有权进行陈述和申辩,行政机关应当听取申请人、利害关系人的意见。"因此,凡是立项作品有抄袭剽窃他人原创作品的行为,凡是有投诉检举其制作项目有侵权行为的,要听其申诉意见。接受投诉是依法行事,可以明确"在何种条件下,规定暂缓、暂停、驳回制作(摄制)许可证、发行(公映)许可证的申请",这样就会使抄袭剽窃侵权者的作品没有市场,没有投资者接受。凡经法院判决有抄袭剽窃劣迹者,给予警诫,有助于行业自律,固守法律底线,提升行业的自主创新能力。

下附:关于政协十二届全国委员会第三次会议第3672号(科学技术类143号)提案答复的函

国家新闻出版广电总局

新广电建议提案字〔2015〕138号

关于政协十二届全国委员会第三次会议第3672号(科学技术类143号)提案答复的函

王兴东委员：

您提出的"关于依法重拳打击抄袭剽窃，维护原创者权益的提案"收悉，现答复如下：

保护著作权对于保障作者合法权益、促进作品的创作与传播，推动社会主义文化繁荣发展具有重要意义。您关于建议抵制和解决抄袭剽窃问题的具体措施，对广播影视行业营造良好的版权氛围，保护鼓励原创作品，具有积极参考意义。

一、我局在重视著作权保护方面所做的工作。近年来，我们做了一些有益的探索。一是积极参与《著作权法》修订。在《著作权法》第三次修订过程中，我局向国务院法制办积极反映广播影视著作权保护的现状及合理诉求，提出修改意见与建议，通过《著作权法》修订的契机进一步完善著作权保护法律制度，加强著作权保

护。二是在广播影视法律制度建设工作中充分体现尊重知识、鼓励创新的理念,如在制定《电影产业促进法(草案)》等法律法规时,着重规范、营造良好公共政策体系,推动文化产业繁荣发展。三是积极贯彻落实《国家知识产权战略纲要》,印发《广播影视知识产权战略实施意见》,着力完善广播影视知识产权制度,提升广播影视知识产权创造、运用、保护和管理能力,完善行业集体维权机制,加强知识产权从业人员法律培训,提高维权意识和能力。正如您在建议中所言,对影视作品的抄袭剽窃,严重损害了原创者的权益。为此,我局将继续加强著作权保护相关工作。积极参与著作权法律制度的制定完善,推动实现权利人、使用者和社会公众之间的利益平衡。深入贯彻落实《国家知识产权战略纲要》和《广播影视知识产权战略实施意见》,健全完善广播影视知识产权管理机制。积极配合相关部门开展打击侵权盗版行动,保护著作权人合法权益。

二、关于保护电影原创者版权,维护电影原创者合法权益。依据《著作权法》和有关电影法规,我局在以下几个方面严格把关:一是在电影剧本(梗概)的备案工作中,我局严格执行《电影剧本(梗概)备案、电影片管理规定》(总局第52号令)的第六条第三款关于办理电影剧本(梗概)备案手续,应当提供"电影剧本(梗概)版权的协议(授权)书";如剧本改编自其他文学作品,则除提供剧本的版权证明之外,还需提供原作品的版权协议(授权)书。凡没有编剧授权(或协议)书或原创授权(协议)书的,一律不予备案。二是对于参与抄袭剽窃的制片者,以及负有连带责任的制片方和发行放

映方,在法院最终判定之后,我局也将依据行业法规,对其行为进行相应惩罚。三是关于"建立影视作品知识产权投诉受理与行政执法管理机制"的提议,在实际工作中,电影审查机构始终按照工作权限,对影片的合法性进行严格把关。对于以电话或者书面形式的投诉,我局一律进行认真核查并予以答复。在行政许可法规定的权限内,我局对制片方侵害剧本著作权人的权益引起诉讼的,在原告方告知我局的情况下,暂缓通过影片,等待法律判决;经核实未进入法律诉讼程序而出现侵害著作权人权益的,如拖欠稿酬、侵害署名权的,我局也进行相应协调和妥善处置。

三、关于电视剧发行许可的行政审批。根据国务院授权范围,电视剧发行许可的行政审批是对电视剧政治导向、价值导向、审美导向的内容审查,不具备著作权、版权的审查职责和确权能力。《行政许可法》第二十九条规定"行政机关应当向申请人提供行政许可申请书格式文本。申请书格式文本中不得包含与行政许可事项没有直接关系的内容"。因此,我局在电视剧备案、审查时只要求申请人提交与内容审查有直接关系的材料,且在法院判决前或法院下达明确协助执行法律文件之前,无权停止或取消相关电视剧行政许可行为。

打击抄袭剽窃,维护原创者权益是影视剧行业健康发展的重要基础之一,我局一直以来大力倡导,并在职权范围内积极做好相关工作。对于编剧著作权等民事权利的保护,行政救济不是最有力的手段。编剧著作权要得到法律保护,应向司法机关提起民事

诉讼,由司法部门去解决双方民事争议。按照《行政许可法》第三十六条的规定"行政机关对行政许可申请进行审查时,发现行政许可事项直接关系他人重大利益的,应当告知该利害关系人。申请人利害关系人有权进行陈述和申辩,行政机关应当听取申请人、利害关系人的意见",行政机关将认真履行告知和听取意见职责。但要切实保护知识产权,还是应以司法判决为最终依据。同时,作为行政管理部门,我局将大力倡导并支持行业自律,严格依照法院判处的侵权案件判决结果执行。

感谢您对广播影视工作的关心与支持。

国家新闻出版广电总局
2015 年 8 月 29 日

联系单位及电话:国家新闻出版广电总局法规司　010—86091263
电影局　010—86090466
电视剧司　010—86092787

抄送:全国政协提案办、国务院办公厅。

国家新闻出版广电总局办公厅　　　　　　　2015 年 9 月 1 日印发

王军：
琼瑶诉于正《梅花烙》著作权维权案之司法认定与侵权比对逻辑评析

2014年12月25日，琼瑶诉编剧于正及电视剧《宫锁连城》制片方侵害著作权纠纷案，在北京市第三中级人民法院一审公开宣判：1.湖南经视文化传播有限公司、东阳欢娱影视文化有限公司、万达影视传媒有限公司、东阳星瑞影视文化传媒有限公司于本判决生效之日起立即停止电视剧《宫锁连城》的复制、发行和传播行为；2.被告余征（于正）于本判决生效之日起十日内在新浪网、搜狐网、乐视网、凤凰网的显著位置刊登致歉声明，向原告陈喆（琼瑶）公开赔礼道歉，消除影响；3.被告余征及四家制片单位于判决生效后连带赔偿原告经济损失及诉讼合理开支共计五百万元。

本案的发生、审理与司法判决，在普通民众、影视传媒从业者及版权实务界、知识产权学者中产生了巨大反响，案例更被评为2015年度中国十大传媒法事例、2015年度中国十大知识产权案例。目前，案件的二审已经进入最后阶段。值此二审宣判即将到来之际，我作为原告琼瑶老师的代理律师，以本文对案件的一审判决书之涉案作品侵权比对做出法律评析。

一、一审判决书的结构

这是一份长达90页的司法判决书：正文79页；附图2页，为涉案作品《梅花烙》与《宫锁连城》的"人物关系对比图"；附表9页，为"《梅花烙》小说及剧本与《宫锁连城》电视剧集剧本相似情节比对表"。

判决书正文前8页，列明了原告、被告的主要诉辩观点及事实依据。判决书第9页至第34页，则是法院"审理查明"的部分，明确了原告、被告涉案作品创作及发表的事实，原告、被告作品的内容（剧本、剧情梗概），原告、被告作品内容之间的关联，以及案件专家辅助人的庭审陈述等。

判决书的"本院认为"部分，是一审判决的精华所在，长达43页，结合具体案情逐项详尽分析、明确了本案中对如下焦点问题的审理观点：1.剧本《梅花烙》著作权的归属；2.小说《梅花烙》与剧本《梅花烙》的关系；3.原告主张被改编和摄制的内容是否受《著作权法》保护；4.《宫锁连城》剧本是否侵害了《梅花烙》剧本及小说的改编权；5.《宫锁连城》剧本是否侵害了《梅花烙》剧本及小说的摄制权；6.侵害改编权及摄制权的主体及其民事责任的认定。

　　一审裁判文书的篇幅与各部分的比例结构，在版权案件中是少见的。此前，判决书即使再长，篇幅也往往集中在罗列原告、被告的陈述、主张、抗辩及举证质证的"前戏"上，而"本院认为"的司法观点部分，则往往短小精悍、一蹴而就，部分判决书的行文甚至让人感觉在刻意隐藏、回避法官具体的审判逻辑和思路。而本判决书则重在紧密结合审理查明认定的案件事实，进行侵权比对、法律论证、说理、定论。判决书的主体论述部分就应该更多地体现为"法官论法"，这里是凝聚法官审判智慧之处，理不说透不足以为信。这是必须对本案的一审判决书叫好的地方。

　　二、涉案作品的"表达"事实及其司法认定逻辑

　　个案中的"法官论法"不应该是抽象的、孤立的、一概而论的，就如同本案中"单一的、抽象的、一般性的创作表达"不会受到《著作权法》保护的观点一样明确无歧义。一审判决书后面的附图与附表是本案原告在一审中据以明确、解释本方"诉讼证据、诉讼主张"而向法庭提交的相关证据说明类图表，并非法庭经审理查明并认证总结的内容。这样的好处在于使判决书的"事实认定（包括认定与不予认定）"部分更加有的放矢，判决书的整体论述更具有审判逻辑上的可视性、针对性、完整性。而对于相关图表是否属实，是否构成原告的独创性表达，原告、被告的创作表达是否构成实质性相似等核心问题，一审判决的"本院认为"部分用了极大的篇幅进行分类阐述。

　　1.人物设置与人物关系的比对

　　在关于该部分的判决中，法院的论述为："文学作品中，塑造典型人物关系的基础是特定情节的配搭，脱离情节而单独就人物关系进行比较，将可能构成在思想领域或公知素材维度上的比对，以此认定结论，无论对于在先作品的作者还是在后作品的作者而言都是不公平的。但如果用于比对的作品中，人

物关系结合基于特定人物发生的故事情节高度相似,则可以认定侵害著作权成立。"判决书在针对原告、被告作品"相关争议情节主要基于如下人物展开"的列举表述之后,以"特定人物设置与特定情节之间的关联安排"为比对方进行了对应性比对。为忠实于判决书原文,现节录一审判决书第45—47页的行文如下:

将原告、被告作品的特定人物设置与特定情节之间的关联安排进行比对,呈现如下结果(剧本及小说《梅花烙》中的人物在前,剧本《宫锁连城》中的人物在后):

硕亲王(府中地位最高的家长,偷龙转凤的压力来源,在福晋偷龙转凤前没有儿子且宠爱侧福晋翩翩,多年来以皓祯为骄傲,得知皓祯打架救吟霜时杖责小寇子……)——富察翁哈岱将军(府中地位最高的家长,偷龙转凤的压力来源,在福晋偷龙转凤前没有儿子且宠爱丫鬟如眉,多年来以恒泰为骄傲,得知恒泰打架救连城时鞭笞郭孝……),福晋倩柔/雪如(府中地位最高的女主人,连生三女,怀孕后地位遭受侧福晋的威胁,偷龙转凤以保护自己在府中的地位,得知皓祯与吟霜之间的恋情后赴小院见吟霜,后安排吟霜入府,目击吟霜的梅花烙而认出女儿……)——福晋纳兰映月(府中地位最高的女主人,连生三女,怀孕后地位遭受侧福晋的威胁,偷龙转凤以保护自己在府中的地位,得知恒泰与连城之间的恋情后赴小院见连城,后安排连城入府,目击连城的朱砂记而认出女儿……),侧福晋翩翩(回疆舞女,被作为寿礼送给王爷,后被王爷收为侧室,为王爷生下次子皓祥,得知偷龙转凤的真相后,向公主告密(剧本)/与皓祥一同进宫告密(小说)……)——侧福晋如眉(府中丫鬟,受到宠爱后被将军收为侧室,后为将军生下次子明轩,得知偷龙转凤的真相后,与明轩一同向公主告密……),白吟霜(倩柔/雪如的亲生女儿,生下当夜因偷龙转凤被遗弃,后被拾得,江湖卖唱长大,并与皓祯相恋,后以丫鬟身份入府,与皓祯感情暴露后遭受兰馨公主折磨,后被皓祯纳为妾室,并被认为是狐妖……)——连城(映月的亲生女儿,生下当夜因偷龙转凤被遗弃,后被拾得,在迎芳阁市井长大,并与恒泰相恋,后以丫鬟身份入府,与恒泰感情暴露后遭受醒黛公主折磨,后被恒泰纳为妾室,并被诬陷为狐妖附体……),皓祯(偷

龙转凤换得的男孩儿,在王府长大,与吟霜相爱,替吟霜葬父,将吟霜安置在侍从小寇子三婶婆的院落中居住,又被指婚给兰馨公主……)——富察恒泰(偷龙转凤换得的男孩儿,在将军府长大,与连城相爱,替连城葬母,将连城安置在侍从郭孝远房姑妈的院落中居住,又被指婚给醒黛公主……),皓祥(侧福晋翩翩之子,嫉妒大哥,怨怼其出身,在王爷面前陷害皓祯,得知偷龙转凤的秘密后欲公之于众,却遭受王爷软禁(剧本)/得知偷龙转凤的秘密后进宫告发(小说)……)——明轩(侧福晋如眉之子,嫉妒大哥,在将军面前陷害恒泰,得知偷龙转凤的秘密后向公主告发……),兰馨公主(深受皇上宠爱,后被皇上指婚给皓祯,深爱皓祯,得知皓祯与吟霜的恋情后折磨吟霜,后试图与吟霜和好却被误解,相信吟霜是狐妖而请法师作法驱妖……)——醒黛公主(深受皇上宠爱,后被皇上指婚给恒泰,深爱恒泰,得知恒泰与连城的恋情后折磨连城,后试图与连城和好却被误解,诬陷连城是狐妖附体而请法师作法驱妖……)。

　　人物设置、人物关系、人物命运与情节的交互作用是密不可分的,分开了就很可能形成完全不同的作品表达。作为代理人,我在一审庭审辩论阶段的相关表述为:"人物、情节、叙事结构有机融合的整体性、关联性,就仿佛一个人的皮肤、血肉与骨骼,密切相连,不可分离。本案中,原告的《梅花烙》与被告的《宫锁连城》的相似性恰恰就在这个层面上,而绝非被告所举出的据以抗辩原告独创性或据以作为被告作品创作来源的那些在先作品。试想,被告举证《红楼梦》中宝黛钗的关系来抗辩本案两剧中的男女主人公与公主关系的独创性,那么,宝黛之间是偷龙转凤的关系么?被告举证《西游记》中唐僧幼年被置于木盆中放入江流上被老和尚捡走的故事来抗'女婴被拾,收为女儿'情节的独创性,那么,唐僧日后下嫁给某位王公贵族子嗣为妾了吗?被告举证《水浒传》中鲁提辖拳打镇关西救卖唱女的故事来抗辩涉案两剧中的'英雄救美'桥段,那么,鲁智深日后与被救下的卖唱女之间发生了凄婉动人的爱情么?显然不是,所谓'皮之不存,毛将焉附'。"

　　2. 原告主张的作品情节比对

　　根据判决书中关于该部分的表述,法官在进行涉案作品相关情节(即判决书附表)比对方面,首先完成了"思想与表达"的基础筛查,即明确原告主张的"21个情节"到底属于"思想"还是属于"表达",结论是"根据本院查明的情况,原告以附表形式所列的上述情节具体内容在剧本、小说《梅花烙》及剧本《宫锁连城》中,均有近似安排,并已构成具体表达"。我想,也恰恰是这样的基础结论,让原告提交的比对表有机会在司法判决书中附后列明。

其次,一审判决从"相关情节是否属于公知素材,情节安排是否具有显著的独创性,就单一情节是否足以推断原告作品为被告作品相关情节的直接创作来源"角度,"排除了"原告据以主张的部分特定情节,并针对每一个"排除"情节做了具体的认定表述,详见判决书第49页。

再次,一审判决从"原告主张剧本《宫锁连城》改编自原告作品的相关情节基础素材属于公知素材,但原告就相关素材进行了具有独创性的艺术加工,以使情节本身具有独创性,但剧本《宫锁连城》与原告就相关情节的独创表达不构成实质相似"的角度,来否定原告作品的特定情节为剧本《宫锁连城》的直接创作来源,从而"排除了"原告主张的另外一些指控侵权的特定情节,如判决书第50—51页所列。

最后,法官在一审判决中从"原告主张剧本《宫锁连城》改编自原告小说《梅花烙》、剧本《梅花烙》的相关情节为原告作品中的独创情节,且剧本《宫锁连城》中的对应情节安排与原告作品构成实质性相似"的角度,认定原告作品中的9个重要情节系被告作品的直接创作来源,构成特定情节的改编关系。详见判决书第55—56页,举例如下:

情节1:偷龙转凤(该情节是原告基于剧本《梅花烙》及小说《梅花烙》提出的主张)

该部分在剧本《梅花烙》中的情节安排为:清朝乾隆年间,硕亲王府福晋倩柔已为王爷生下三个女儿。王爷没有子嗣。恰逢王爷寿辰,回疆舞女翩翩被作为寿礼献给王爷。倩柔在府中地位遭受威胁,此胎如再生女孩,则可能地位不保。姐姐婉柔便出主意,如果再生女孩,则不惜偷龙转凤换成男孩。生产当夜,倩柔生下女婴,婉柔将换出的女婴遗弃于溪边。遗弃女婴前,倩柔在女婴肩头烙下梅花烙,作为日后相认的依据。

"偷龙转凤"情节设计的戏剧目的在于实现男女主人公的身份调换。原告剧本《梅花烙》及小说《梅花烙》在这一情节上，做了一系列的独创性设计：倩柔连生三女，王爷没有儿子，倩柔在府中地位受到侧福晋翩翩的威胁，生男生女将可能直接关系到倩柔的命运；偷龙转凤的计划于倩柔生产前三个月由姐姐婉柔谋划；偷换孩子时于亲子肩头部位留下烙印作为日后相认的依据，等等。此类细节及特定设置组合成原告就其作品中偷龙转凤情节的独创性安排，使原告就该情节的设置区别于其他作品中的相关设计而具有独创性。

剧本《宫锁连城》关于该部分的情节安排为：清朝乾隆年间，富察将军府，福晋映月连生三女，将军膝下无子，并宠幸侍女如眉以致如眉怀孕，映月在府中的地位受到威胁，生男生女将可能直接关系到映月的命运。映月于是与郭嬷嬷谋划，如再生女儿则不惜偷龙转凤换成男孩。生产当日，映月生下女婴，郭嬷嬷趁乱掉包，将女婴遗弃于溪边。女婴被送走前，映月发现女婴肩头部位有一片朱砂记。

有句俗语说"像不像，三分样"，一审判决中法院所认定的这9个关键情节，在原告作品中，已经达到了"七八分样"的程度，其改编情形之"显著"可谓"近于抄袭，足以乱真"。应该说，一审判决仍然遵循了我国著作权侵权审判实践中历来审慎、从严的立场，在"像与不像，一般像还是特别像"之间，法官选择认定为"不像与不怎么像"而加以排除。

那么，问题来了：是否被法官在特定情节比对阶段所排除的这些情节不会再列入侵犯改编权认定的考量范围呢？答案显然是否定的，因为法官还需要做第三层面的"作品整体比对"。

3. 关于作品整体比对的问题

原告在本案一审中的重要主张是，指控被告侵权的21个情节及其创编串联构成了原告作品《梅花烙》的主要及整体故事表达。原告在一审中认为，除了故事结局不同之外，几乎可以从被告的《宫锁连城》中剪辑出一套《梅花烙》来。我在一审庭审后接受媒体采访时打了个比方："如果说《宫锁连城》是一缸水，那么《梅花烙》就是一桶水，被于正整个倒了进去。"这样来看，单一的人物、事件、情节、桥段及其他作品元素在被"孤立地"否定"实质性相似"的情况下，是否仍可以作为一个创作元素纳入作品的整体创编关系来做评价，而被视为"作品的独创性表达",则是解决改编权侵权判定的下一个关键点。

本案中,这一层面的司法认定在判决书中也有充分的案情归纳与论述,节录如下(判决书第64—67页):

剧本《梅花烙》中,基于上述情节排布顺序形成的逻辑推演关系为:"偷龙转凤"一节形成皓祯与吟霜的角色对换,关于梅花烙的情节设计,则为日后倩柔与吟霜母女相认留下依据;吟霜被白胜龄收养,皓祯在王府中成长,塑造了二人天地之差的成长环境及现实地位;皓祯在龙源楼打退多隆等人,救下吟霜,二人由此相识,为二人日后相恋及作品故事向下发展设定了前提;而皓祯对吟霜的搭救,加之皓祥对皓祯的嫉妒,使得皓祥在得知此事后禀告王爷,导致王爷责罚小寇子,二人身份的悬殊也让白胜龄不得不劝说吟霜放弃对皓祯的感情;多隆的强抢及白胜龄的去世,令吟霜陷入无依无靠的境地,这就为皓祯安置吟霜提供了前提,而吟霜接受皓祯的帮助,在小寇子三婶婆的院落里住下,则为日后二人感情的深入发展提供了条件;吟霜与皓祯私定终身,皓祯被皇上指婚,奠定了皓祯、吟霜与兰馨之间恋爱纷争的基础;倩柔因得知皓祯与吟霜的感情,决定赴小院见吟霜,这也是亲生母女二十年来的首度谋面;皓祯对吟霜的深深情义导致皓祯被皇上赐婚后仍心系吟霜,而无法从内心接受与兰馨的婚姻,于是有了皓祯逃避圆房的情节;而吟霜的入府则是倩柔基于皓祯与吟霜之间的情感而为保全王府的安全做出的决定,也是日后兰馨发觉皓祯与吟霜之间感情的准备,并为兰馨对吟霜的迫害埋下伏笔;兰馨对吟霜的迫害将兰馨与皓祯及吟霜之间的矛盾推向顶峰,而皓祯为保护吟霜,正式宣布纳吟霜为妾;三人之间的感情纠葛令皇上为兰馨的处境担忧,于是有了面圣陈情一节,而皇上在此过程中却被皓祯说服而未予责罚,这也为日后皇上降罪给吟霜打下基础;但纳妾及皇上的未予责罚并未让兰馨放下怨恨,对吟霜不洁的诬陷导致吟霜在府内的地位更是堪忧,吟霜情急之下逃离时跌倒,以致梅花烙显现,以及倩柔确认吟霜便是自己的亲生女儿并发誓保护吟霜,为后续偷龙转凤真相的揭示做了铺垫;兰馨为挽救与皓祯的关系,主动向吟霜求和,却被皓祯疑心下毒,兰馨对吟霜的嫉恨于是延续下来,后以吟霜为狐妖请法师作法驱妖的环节又将对吟霜的迫害升级;而皇上得知兰馨在王府的遭遇后下令吟霜出家为尼,吟霜的蒙难将倩柔逼向崩溃，于是倩柔向王爷说出当年偷龙转凤的真相；得知真相后的皓祥基于多年来的内心积怨，欲将此事公之于众，却被王爷软禁，翩翩愤懑之下向公主告密。

被告剧本《宫锁连城》与原告小说/剧本《梅花烙》在整体上的情节排布及推演过程基本一致，仅在部分情节的排布上存在顺序差异：恒泰与连城私定终身后，得知皇上指婚的消息，向映月坦陈与连城的感情，映月于是同意去小院会见连城，并希望劝说连城离开恒泰，而遭连城拒绝；恒泰迎亲当日得知连城危险，赶去搭救连城而拖延了与醒黛的婚期，以致映月基于恒泰与连城的感情，为保全王府而安排将连城以丫鬟身份接入府中。但此类顺序变化并不会引起被告作品涉案情节间内在逻辑及情节推演的根本变化，被告作品在情节排布及推演上与原告作品高度近似，并结合具体情节的相似性选择及设置，构成了被告作品与原告作品整体外观上的相似性，导致与原告作品相似的欣赏体验。

而在各被告提交的证据中，并不存在其他作品与剧本《梅花烙》、小说《梅花烙》、剧本《宫锁连城》相似的情节设置及排布推演足以否定原告作品的独创性或证明被告作品的创作另有其他来源。

为了说明那些看似"不怎么具有独创性"的表达元素的创编、串联组合属于作品的"独创性表达"而应当受到《著作权法》的保护，我在庭审辩论环节以六岁女儿心爱的乐高玩具作为例证，那是一款名为"创造者/Creator"的玩具，同样的拼接模块可以组接出完全不同的卡通形象，可以是猫，也可以是狗。如果把这些模块零件当作公共表达元素，那么，如此缺乏个性化表达的纯粹物理模块都可以经创编形成不同的作品表达，而对于人生阅历、创作经验与风格完全不同的编剧而言，即使使用相同或类似的创作素材来创编自己的剧本，也不可能出现如此"巧合"的相似作品。

以上是一审判决中有关改编权侵权"事实认定/侵权比对"方面的主体内容评析。为了体现司法判决的内在逻辑，我较多地引述了判决书原文，希望这样可以使无法详尽阅读判决书全文的读者能够相对客观地了解法官在认证"实质性相似"时的审理思路、逻辑与方法，以及他们为此而付出极大精力的查证工作。

很显然，原告主张并为司法裁判所认定的改编权侵权内容绝不仅仅是那 21 个情节中的 9 个情节，而更应当理解为涉案作品中足够具体的人物设置、人物关系、情节及情节的创编串联所共同形成的整体故事表达。

这个案件的代理人与法官的工作都很辛苦，工作量大到难以想象。现在看到个别针对一审判决的质疑观点，我反倒很释怀。只能说，脱离了个案事实认知的法律论证是无根之水，无论水平多高、资历多深、实战经验多么丰富的专家、学者与代理人，都只能是如入云雾，拔剑茫然。在著作权侵权案件中，尤其如此。

搁笔之际，也想与诸位版权律师共勉：文化创意产业方兴未艾，市场潜力巨大，在 IP 成为 BAT 们投资与争夺的热点的同时，版权争议也到达前所未有的新高度，在艺术与市场、商业与法律的博弈中，版权律师大有可为。

王军

定稿于 2015 年 11 月 27 日

补记：2015 年 12 月 16 日，北京市高级人民法院终审判决：驳回上诉，维持原判。琼瑶诉于正著作权维权案圆满落幕。

王军，北京盈科律师事务所律师，琼瑶维权诉讼代理人。

叁

判决

一审判决书（影印件）

北京市第三中级人民法院
民事判决书

(2014)三中民初字第07916号

原告陈喆（笔名：琼瑶），女，汉族，■年■月■日出生，作家、编剧，住台湾地区台北市大安区■■■■■■■■■■■■■■■■。

委托代理人王军，北京市盈科律师事务所律师。

委托代理人王立岩，北京盈科（上海）律师事务所律师。

被告余征（笔名：于正），男，汉族，■年■月■日出生，编剧、制作人，住浙江省海宁市长安镇■■■■■■■。

委托代理人马晓刚，北京市浩天信和律师事务所律师。

委托代理人陶鑫良，北京大成（上海）律师事务所律师。

被告湖南经视文化传播有限公司，住所地湖南省长沙市开福区■■■■■■■■■■■■■■■■■。

法定代表人何瑾，执行董事。

委托代理人李向农，上海普世律师事务所律师。

委托代理人邱鹏飞，上海普世律师事务所律师。

被告东阳欢娱影视文化有限公司，住所地浙江省金华市横店影视产业实验区■■■■■■■。

法定代表人马金萍，执行董事。

委托代理人马晓刚，北京市浩天信和律师事务所律师。

委托代理人韩颖，北京大成（上海）律师事务所律师。

被告万达影视传媒有限公司，住所地北京市朝阳区■■■■■■■■■■■■■■■。

法定代表人丁本锡，执行董事。

委托代理人于军，北京市道和律师事务所律师。

委托代理人谢彤，北京市道和律师事务所律师。

被告东阳星瑞影视文化传媒有限公司，住所地浙江省金华市横店影视产业实验区 ▇▇▇▇▇▇。

法定代表人詹娜，经理。

委托代理人俞蓉，北京市浩天信和律师事务所律师。

委托代理人朱玉子，北京市浩天信和律师事务所律师。

原告陈喆诉被告余征、湖南经视文化传播有限公司（以下简称湖南经视公司）、东阳欢娱影视文化有限公司（以下简称东阳欢娱公司）、万达影视传媒有限公司（以下简称万达公司）、东阳星瑞影视文化传媒有限公司（以下简称东阳星瑞公司）侵害著作权纠纷一案，本院于2014年5月28日受理后，依法组成合议庭对本案进行了审理。被告余征、湖南经视公司、东阳欢娱公司、东阳星瑞公司在答辩期内分别提出了管辖权异议申请，经本院开庭审理认定，被告万达公司系电视剧《宫锁连城》的出品单位之一，其住所地位于北京市朝阳区，在本院辖区内。因此，本院对本案具有管辖权。本院据此裁定驳回了被告余征、湖南经视公司、东阳欢娱公司、东阳星瑞公司对本案管辖权提出的异议。在该民事裁定书作出后的法定上诉期限内，本案当事人均未提出上诉，本院关于管辖权异议的裁定发生法律效力。

本案进入实体审理程序后，本院分别于2014年9月15日、2014年10月15日组织原被告进行了庭前质证，在正式开庭前，本院建议各方当事人分别委托具备影视剧本创作专门知识的人作为本方的专家辅助人，原告陈喆委托了职业编剧汪海林出庭。本案于 2014 年 12 月 5 日公开开庭进行了案件审理。原告陈喆的委托代理人王军、王立岩，被告余征及被告东阳欢娱公司共同委托的代理人马晓刚，被告余征的委托代理人陶鑫良、被告东阳欢娱公司的委托代理人韩颖，被告湖南经视公司的委托代理人李向农、邱鹏飞，被告万达公司的委托代理人于军、谢彤，被告东阳星瑞公司的委托代理人俞蓉、朱玉子到庭参加了诉讼。本案现已审理终结。

原告陈喆起诉称：原告陈喆（笔名琼瑶）于 1992 年至 1993 年间创作完成了电视剧本及同名小说《梅花烙》，并自始完整、独立享有原告作品著作权（包括但不限于改编权、摄制权等）。原告作品在中国大陆地区多次出版发行，拥有广泛的读者群与社会认知度、影响力。2012 年至 2013 年间，被告余征（笔名于正）未经原告许可，擅自采用原告作品核心独创情节进行改编，创作电视剧本《宫锁连城》，被告湖南经视公司、东阳欢娱公司、万达公司、东阳星瑞公司共同摄制了电视连续剧《宫锁连城》（又名《凤还巢之连城》），原告作品全部核心人物关系与故事情节几乎被完整套用于该剧，严重侵害了原告依法享有的著作权。在发现被告侵权之前，原告正在根据其作品《梅花烙》潜心改编新的电视剧本《梅花烙传奇》，被告的侵权行为给原告的剧本创作与后续的电视剧摄制造成了实质性妨碍，让原告的创作心血毁于一旦，给原告造成了极大的精神伤害。而被告却从其版权侵权行为中获得巨大收益，从该剧现有的电视频道及网络播出情况初步判断，该剧已获取了巨大的商业利益。在原告通过网络公开发函谴责被告于正的侵权行为后，被告于正不但不思悔改，竟然妄称"只是巧合和误伤"，无视原告的版权权益。因此，原告陈喆提起本

案诉讼,请求法院:1.认定五被告侵害了原告作品剧本及小说《梅花烙》的改编权、摄制权;2.判令五被告停止电视剧《宫锁连城》的一切电视播映、信息网络传播、音像制售活动;3.判令被告余征在新浪网、搜狐网、乐视网、凤凰网显著位置发表经原告书面认可的公开道歉声明;4、判令五被告连带赔偿原告2000万元;5、判令五被告承担原告为本案支出合理费用共计313 000元;6、判令五被告承担本案全部诉讼费用。

被告余征及被告东阳欢娱公司共同答辩称:第一,对于原告的著作权人身份存疑,电视剧《梅花烙》的编剧署名是林久愉,林久愉应为剧本《梅花烙》的作者及著作权人,原告在本案中的诉讼主体不适格。剧本《梅花烙》从未发表过,被告不存在与该剧本内容发生接触的可能,电视剧《梅花烙》的播出也不构成剧本《梅花烙》的发表。第二,原告所主张的著作权客体混乱,所谓《梅花烙》"剧本"、"小说"、"电视剧"既无法证明各自的著作权归属,也不能证明被告曾有过接触,因此原告的指控没有事实和法律基础。原告提交的剧本《梅花烙》是在本案起诉后才进行认证,这个剧本有可能是在电视剧《宫锁连城》播映后,比照该剧进行的修改,这样比对下来相似度肯定非常高。因此,剧本《梅花烙》内容的真实性存疑。第三,原告指控被告侵权的人物关系、所谓"桥段"及"桥段组合"属于特定场景、公有素材或有限表达,不受著作权法保护。这一点已经有了大量案例,不能因为本案原告写过言情戏这样的主题,这样的表达就被原告垄断。这些桥段被告不承认是作为作品的表达,在本案中这些桥段也是原告根据自己的想象归纳出的思想,不是作品的表达。第四，原告指控的被告改编原告作品的事实根本不存在，被告的作品是独立创作。被告有证据证明，余征是在自己的大量创作素材的基础上，独立创作出来的《宫锁连城》剧本，是受法律保护的作品。原告主张的作品主题、思想不是著作权法保护的对象。综上，原告主张的人物关系、相关情节、情节整体均不受著作权法保护；剧本及电视剧《宫锁连城》的具体情节表达与剧本及小说《梅花烙》并不相似，情节顺序与原告诉称也不一致；即便有相似之处，也不属于著作权法保护范畴，或另有创作来源。另外，被告注意到，原告在起诉前和起诉后，大量利用了舆论和媒体。因此，原告的所有诉讼请求均没有事实和法律基础，应予驳回。

被告湖南经视公司答辩称：首先，原告作为剧本《梅花烙》的著作权人身份存疑，理由与被告余征及被告东阳欢娱的相应答辩意见相同。此外，编剧与影视剧制作方就剧本的著作权归属问题应有合同约定，但原告并未提供过这类证据证明剧本著作权归属问题。因此，原告作为本案诉讼主体不适格。剧本《梅花烙》的创作早于小说，小说并不具有独创性。原告提交的剧本《梅花烙》真实性存疑，理由与被告余征及被告东阳欢娱公司的相应答辩意见相同。第二，被告湖南经视公司并没有参与《宫锁连城》剧本创作，没有侵害原告起诉的改编权。第三，被告湖南经视公司作为电视剧《宫锁连城》的联合摄制方，已经尽到了合理注意义务，依法向广电行政主管部门办理了全部行政许可，且被告湖南经视公司是得到被告余征授权拍摄电视剧《宫锁连城》，原告认为被告湖南经视公司侵权缺乏依据。第四，原告的作品对比方式不科学，对于剧本及电视剧《宫锁连城》概括的桥段不准确，

原告是按照自己的诉讼需要进行任意的拼凑，无法还原两部作品的真实原貌。实际上，剧本及电视剧《宫锁连城》的台词设置等与剧本及小说《梅花烙》都不相同。第五，原告从未明确其著作权保护的边界，滥用权利。只有独创性的表达才能得到保护，明确其权利界限和保护范围，是本案审理的基础，其列举的21个桥段概括不符合法律规定。第六，原告人为扩大了相似点的范围。此类题材有其惯用的方式。第七，原告总结的人物关系、桥段等，都属于思想和事实层面，不应受到著作权法的保护。任何人都可以用自己的思想情感创作出自己的作品，任何作者都有权利选择自己感兴趣的主题和题材进行创作。且剧本及电视剧《宫锁连城》在人物关系、情节表达、故事线索等方面均比剧本及小说《梅花烙》更加复杂，对应在原告作品及《宫锁连城》中的具体表达均不相似。第八，即使剧本《宫锁连城》的创作侵害了原告就剧本及小说《梅花烙》的改编权，被告湖南经视公司也没有侵害原告的摄制权，因为改编作品也是独立的新的作品，根据我国相关法律规定，三被告根据剧本《宫锁连城》进行电视剧摄制，没有侵权。拍摄一部好的电视剧，剧本只是一个因素，其中会有几百个桥段，即使使用其中21个桥段，要求停止发行和赔偿损失也是不合理的，这将严重影响文化的发展。从理论上讲，原告应从改编侵权方获得赔偿，但是无过错方已经支付了相应的对价给改编侵权人，再从无过错方处要求赔偿，显然要求了过大的保护。因此，原告的所有诉讼请求均没有事实和法律基础，应予驳回。

被告万达公司答辩称：第一，万达公司仅对电视剧《宫锁连城》进行了投资，不享有该剧的著作权，也没有参加该剧的报批宣传等，主观和客观上都没有侵权故意和事实。这在被告方的投资协议中已经有了明确的约定。电视剧拍摄中对故事梗概的调整，万达公司无从得知，不应承担侵权连带责任。第二，剧本及电视剧《宫锁连城》与原告作品存在很多差异，虽然其中的偷龙转凤等桥段有巧合，但是人物塑造等明显区别于原告作品《梅花烙》。原告凄凉婉转的作品更符合九十年代的风格，而电视剧《宫锁连城》是多线索的作品，具有明显区别于《梅花烙》文字作品的独创性。第三，《宫锁连城》明显具有独创性的特点，不构成侵害原告作品的著作权。相似之处应剔除思想再判断是否是惯常表达，之后再进行比对看是否构成相似。且这种相似影响到权利人的人身权、财产权的时候才涉及侵权，电视剧《宫锁连城》的情节创意来源于公有领域，《梅花烙》的作品只有十二万字，电视剧《宫锁连城》中的人物关系属于清宫戏中的惯常使用，万达公司认为，该部分情节在公有领域也有很多相仿。即使法院认定这些桥段构成相似，也只占到了《宫锁连城》剧的七十多分钟。因此，万达公司认为电视剧《宫锁连城》具有明显的独创性，没有侵害原告的著作权。原告称侵害其改编权和摄制权，没有事实和法律依据，应予驳回。

被告东阳星瑞公司答辩称：首先同意被告余征、湖南经视公司、东阳欢娱公司、万达公司的答辩意见。其次，原告指称需要保护的是剧本及小说《梅花烙》的人物关系、故事情节、故事脉络。关于人物关系，《梅花烙》仅仅是爱人关系，主仆关系等，这些并不受著作权法保护。再次，原告主张的21个情节根本不是著作权法中的情节，只是高度概括的思想层面的东西。即使有些部分相似，也是不受著作权法保护的

思想，且二者在整体上也不相似。《梅花烙》写情之后还写了缘，始终是爱情单线，而《宫锁连城》是多线。二者的表达方式也是不同，原告归纳的桥段都只是时间发展顺序，不具有独创性，在具体表达上与《宫锁连城》剧也不同。因此，原告的所有诉讼请求均没有事实和法律依据，应予驳回。

经审理查明：

一、关于《梅花烙》剧本与小说、电视剧创作及发表的事实

剧本《梅花烙》于1992年10月创作完成，共计21集，未以纸质方式公开发表。依据该剧本拍摄的电视剧《梅花烙》内容与该剧本高度一致，由怡人传播有限公司拍摄完成，共计21集，于1993年10月13日起在台湾地区首次电视播出，并于1994年4月13日起在中国大陆地区（湖南电视一台）首次电视播出。电视剧《梅花烙》的片头字幕显示署名编剧为林久愉。林久愉于2014年6月20日出具经公证认证的《声明书》，声明其仅作为助手配合、辅助原告完成剧本。期间，林久愉负责全程记录原告的创作讲述，执行剧本的文字部分统稿整理工作。林久愉在其声明中称，剧本《梅花烙》系由原告独立原创形成，原告自始独立享有剧本的全部著作权及相关权益。

小说《梅花烙》系根据剧本《梅花烙》改编而来，于1993年6月30日创作完成，1993年9月15日起在台湾地区公开发行，同年起在中国大陆地区公开发表，主要情节与剧本《梅花烙》基本一致。小说《梅花烙》作者是本案原告。

二、关于《梅花烙》剧本与小说相关内容的事实

1、关于剧本《梅花烙》的剧情梗概

清朝乾隆年间，京城富察氏硕亲王府，福晋倩柔连生三女，王爷一直没有儿子。现倩柔再度怀胎，烧香拜佛盼得一男孩。回女翩翩是王爷寿辰接受的赠礼，深得王爷喜爱并被王爷纳为侧福晋。倩柔在府中的地位受到严重威胁。倩柔的姐姐婉柔于是向倩柔献计，一旦此胎再生女孩，则不惜偷龙转凤换成男孩。三个月后，倩柔临盆，生下女儿，偷龙转凤。送走女儿前，倩柔用梅花簪，在女儿肩头烙下梅花烙，以便未来相认。新生的女婴在生产当夜被婉柔遗弃杏花溪边。江湖艺人白胜龄夫妇以卖唱为生，这天在溪畔练唱，偶然听见婴儿啼哭，寻着哭声找到被遗弃的女婴，发现女婴肩头的梅花烙印，又对女婴的身世无迹可寻。白胜龄夫妇二人非常喜欢这个孩子，于是收为女儿，取名白吟霜。偷龙转凤所得男孩为王爷府长子，取名皓祯。侧福晋翩翩后生一子，取名皓祥。皓祯长大后文武双全，出类拔萃，又有捉白狐放白狐的经历，宅心仁厚，是王府的骄傲。倩柔一边为皓祯感到欣慰，一边又时常惦记生产当夜被自己遗弃的亲生女儿。

二十年后，皓祯来到一家叫龙源楼的酒楼，恰遇吟霜随白胜龄在龙源楼卖唱。贝子多隆见吟霜年轻貌美，便来调戏。皓祯路见不平出手相救，打退了多隆及其手下。此后，皓祯便常来听吟霜唱曲，渐渐萌生对吟霜的爱意。

皓祯的弟弟皓祥一直对自己的庶出身份深有怨怼，嫉妒并怨恨长兄皓祯。皓祥偶然从多隆处听说皓祯为救吟霜与多隆发生冲突，便告知王爷，以致王爷大怒，责骂皓祯的侍从小寇子带坏皓祯，并对小寇子严刑杖责，皓祯与小寇子主仆情深，情急之下以身相护，为小寇子抵挡杖刑。倩柔见皓祯挨打，心痛难当，央求王爷停手，得以解难。

　　皓祯与吟霜未能相见的日子里，白胜龄发现吟霜的心事，提醒吟霜与皓祯身份悬殊，劝吟霜熄灭萌生的情感，吟霜则否认了对皓祯的爱意。而多隆则又带一众手下来到龙源楼强抢吟霜。白胜龄见吟霜遭受欺侮，奋起反抗，反遭毒手，重伤当场。吟霜求医无门，白胜龄不治身亡，并于临终前提及当年拾得吟霜的经过。白胜龄死后，吟霜被赶出龙源楼，带着白胜龄的尸体寄身破庙。

　　皓祯再度路过龙源楼，获知吟霜遭遇强抢及白胜龄身亡的经过，携随从去天桥寻找卖身葬父的吟霜，并再度逼退多隆一干人，救起吟霜，代吟霜办理完毕白胜龄的丧葬。面对无依无靠的吟霜，皓祯听取小寇子献计，将吟霜安置于小寇子远亲三婶婆的院落，吟霜终得落脚。此后皓祯便时常来探望吟霜。府内舞女蕊儿被皓祥奸污，投湖自尽。皓祯烦闷中来找吟霜，闲聊中说起捉白狐放白狐的过往，吟霜便要下皓祯的白狐毛穗子。这天，吟霜外出为皓祯制作白狐绣屏作为礼物。皓祯来小院见吟霜，寻人不着，疑心再遇恶人，倍感焦虑。吟霜冒雨归来，皓祯情急之下训斥，后得知吟霜出门实为辛苦准备礼物，心下感动。二人当日互诉衷肠，私定终身。皓祯就在这一天发现了吟霜肩上的梅花烙。皓祯回府后，遇到倩柔，逼问下告知倩柔自己与吟霜之事，倩柔于是答应赴小院见吟霜。倩柔的会见，原本是试图用金钱收买吟霜远离皓祯，却被吟霜拒绝，并不惜以死明志，皓祯更是心痛。倩柔深受感动，同意日后接吟霜入府。倩柔与秦嬷嬷均隐约发觉吟霜正像年轻时的倩柔。

　　皇上赐婚，将兰馨公主许配皓祯。阖府欢跃，王爷及倩柔更觉荣光，皓祯得知后心系吟霜，闷闷不乐。婚后皓祯屡次托辞,多日不肯与兰馨圆房。为逼皓祯就范,倩柔同意以接吟霜入府作为条件,要求皓祯与公主圆房。于是,吟霜被接进王府做丫鬟,身份为小寇子三婶婆的干女儿,安排在倩柔身边服侍。一日,兰馨在府内撞见皓祯与吟霜共处一室,二人私情暴露,兰馨于是接受崔嬷嬷的建议,向福晋索要吟霜于自己房中伺候,借机欺凌吟霜。一日,兰馨对吟霜动用私刑,皓祯忍无可忍,便向全家正式宣布纳吟霜为妾,并意外发现吟霜已有身孕。皇上得知皓祯与兰馨相处不睦,特宣皓祯觐见。皓祯慷慨陈词,皇上深受感动,未加责罚,规劝皓祯善待兰馨。后吟霜被污不洁,争执间逃脱摔倒,皓祯救扶,吟霜衣袖不慎撕裂,梅花烙显现,恰被倩柔见到,认出吟霜就是自己多年前抛弃的亲生女儿,后倩柔再向吟霜打探生平过往,发誓保护女儿。兰馨经崔嬷嬷劝导,明白与吟霜和睦相处方能缓解与皓祯的关系,于是亲自为吟霜送补品,以期和解,不料被皓祯误以为下毒暗害。兰馨羞愤之下自行喝下补品,以证清白。府内传言吟霜为当年皓祯狩猎放生的白狐,如今化身为人找皓祯报恩,兰馨便请法师来王府作法捉妖,吟霜再被施虐,备受羞辱。倩柔率人救出吟霜,情急之下告知吟霜真实身份,但吟霜为保护皓祯,始终拒绝与倩柔相认。皇上得知皓祯为吟霜而与兰馨不睦,以及兰馨精神濒临崩溃的状况,龙颜大怒,下令吟霜削发为尼。倩柔不忍看吟霜年华葬送,情急之下说破当年偷龙转凤的真相。王爷得知后,预备秘密护送皓祯与吟霜逃离;皓祥得知偷龙转凤的真相,心有不甘,为免宣扬,王爷将皓祥软禁。翩翩悲愤之下向兰馨告密,以致皇上降罪整个王府,并下令处死皓祯。吟霜赴法场见皓祯最后一面,相约午时钟响共赴黄泉。皓祯行刑时刻，公主带圣旨前来法场，赦免皓祯死罪，吟霜却已在午时钟响时悬梁自尽。皓祯对尘世再无眷恋，携吟霜尸体远走山野。

2、关于小说《梅花烙》与剧本《梅花烙》的内容差异

小说《梅花烙》的故事梗概除不含白胜龄夫妇溪边拾婴、白胜龄劝慰吟霜放弃皓祯、小寇子因皓祥告状被王爷责罚、兰馨听取崔嬷嬷劝告向吟霜求和而遭误解的情节外，与剧本《梅花烙》基本一致，但剧本《梅花烙》中的福晋倩柔及姐姐婉柔，在小说《梅花烙》中分别名为雪如，雪晴。小说《梅花烙》在皇上赐婚至吟霜入府的情节安排上，顺序如下：皓祯在龙源楼打退多隆及手下后，常来听吟霜唱曲，并对吟霜渐渐萌发感情。之后，皇上便指婚兰馨公主予皓祯，阖府欢跃，王爷及雪如更觉荣光，皓祯得知后心系吟霜，闷闷不乐。在皓祯与吟霜私定终身并发现吟霜肩上的梅花烙之后，三月十五日，皓祯奉命与兰馨完婚。婚后皓祯屡次托辞，多日不肯与兰馨圆房，并在情急之下，将自己与吟霜之事告诉了雪如。雪如于是去小院见吟霜，原本打算用钱收买吟霜并劝吟霜离开皓祯，但吟霜用情至深，不惜以死明志。小寇子更是献计，假称吟霜为自己三婶婆的干女儿接入府中做丫鬟。雪如深受吟霜感动，接受了小寇子的计策，吟霜于是被接进王府做丫鬟，安排在雪如身边服侍。在小说《梅花烙》中，偷龙转凤的真相公开后，是皓祥与翩翩共同进宫告密。

三、关于《宫锁连城》剧本及电视剧创作、发表过程的事实

被告余征系剧本《宫锁连城》（又名《凤还巢之连城》）《作品登记证书》载明的作者，系电视剧《宫锁连城》的署名编

剧，剧本共计20集。《作品登记证书》载明的剧本创作完成时间为2012年7月17日，首次发表时间为2014年4月8日，余征于2012年6月5日向被告湖南经视公司出具《授权声明书》。另外，被告余征及东阳欢娱公司称，余征创作《宫锁连城》剧本的时间是2012年6月前后完成故事梗概，7月完成3集分场草稿和故事线草稿，其后开始分场大纲创作。2012年10月开始具体的剧集创作，2012年年底基本定稿。

电视剧《宫锁连城》根据剧本《宫锁连城》拍摄，电视剧《宫锁连城》片尾出品公司依次署名为：湖南经视公司、东阳欢娱公司、万达公司、东阳星瑞公司。电视剧《宫锁连城》完成片共分为两个版本，网络播出的未删减版本共计44集，电视播映版本共计63集，电视播映版本于2014年4月8日起，在湖南卫视首播。

四、关于《宫锁连城》剧本及电视剧相关内容的事实

1、剧本《宫锁连城》的梗概

清朝乾隆年间，富察将军府的福晋纳兰映月已经生了三个女儿，将军膝下无子，而此时更恰逢将军宠幸侍女如眉，并将已有身孕的如眉纳为侧福晋。映月在府中的地位受到威胁。映月为了保住在府中的地位，和贴身服侍的郭嬷嬷一起策划了"偷龙转凤"的计划，生产当夜映月生下女婴，即用买来的男孩换走了自己的女儿，新生的女婴当夜被郭嬷嬷遗弃溪边。而女婴被遗弃之前，映月发现女婴肩头有一个朱砂记。迎芳阁的老鸨宋丽娘没有孩子，这一日带众姐妹在溪边排练歌舞，听闻婴儿啼哭，循声拾得将军府弃婴，十分喜爱，收为女儿，取名连城，丽娘并发现连城肩头的朱砂记。

映月偷换来的儿子取名富察恒泰，是富察家的长子，如

眉继后也为将军生下儿子,取名富察明轩,是富察家的次子。恒泰在将军府长大,二十岁上,已是智勇双全,做了神机营的少将军。映月一边庆幸自己当年的选择,一边也对遗弃的亲生女儿心存惦念。

一日,恒泰正在巡街,与连城意外邂逅在闹市街道,连城称自己被哥嫂卖到妓院,恒泰欲帮连城出钱赎身,后得知自己被骗。大盗王胡子为害百姓,恒泰欲捉拿王胡子。这天却在街上再遇连城假扮新娘,恒泰便请连城假扮舞女,协助捕获王胡子。

吏部侍郎佟阿贵之子佟家麟这日来到迎芳阁,调戏连城未果,欲教训连城泄愤,却被恒泰遇见,恒泰在街市上助连城打败佟家麟及一干手下,家麟和恒泰、连城都结下了梁子。为防止佟家麟再来闹事,恒泰为连城安排护卫把守迎芳阁,而恒泰则常来听连城唱曲。两人并在交往中,情愫暗生。

恒泰被朝廷派去剿匪,匪徒溃退,恒泰擒住匪首江逸尘,得到皇上赏赐。皇上与皇后见恒泰年轻有为,商议将醒黛公主许配恒泰,醒黛用圆底玉碗存心刁难恒泰,被恒泰轻松化解,并识破醒黛身份,醒黛于是默默倾心恒泰。

得到皇上的赏赐,富察家上下十分高兴。明轩对自己的庶出身份心存怨念,妒忌兄长恒泰。习武途中,明轩遇佟家麟耻笑,并从佟家麟处获知恒泰为保护青楼女子与家麟大打出手并派人守卫之事,于是欲陷害恒泰,将此事禀告了父亲富察将军。将军震怒之下,责骂郭孝教坏恒泰,下令鞭责郭孝,而恒泰与郭孝主仆情深,情急之下以身相护,为郭孝挡下鞭责,在映月央求下,将军方才罢手。

在恒泰出征剿匪的时间里,连城言语寡淡。雨娘发现女

儿情愫,安排连城相亲却被连城搅局。丽娘于是告知连城与恒泰身份悬殊,劝连城放弃恒泰。

失去恒泰保护的连城再度陷入佟家麟的搅扰。一日,佟家麟率领一干手下再来迎芳阁,试图强抢连城。连城拒不相从,丽娘为保护连城被佟家麟一伙打成重伤,迎芳阁也在打斗中失火,而佟家麟则带人逃离了现场。丽娘伤情严重,虽经连城四处求医,最终仍不治身亡,孤单一人的连城则守着丽娘的尸体寄身破庙。

连城为母伸冤,只身一人来至顺天府状告佟家麟。哪知官官相护,连城被赶出顺天府,后被府尹污蔑讹诈投入大牢,于是认识了同在大牢的江逸尘。色心大发的佟家麟欲娶连城,江逸尘趁机施计,穿上嫁衣借助连城的身份逃脱,而连城则被带进了佟府。

恒泰得知连城境遇后,带人硬闯佟府,痛打佟家麟,将连城救出,并打点了丽娘的丧事。连城与恒泰消除误会,恒泰接受郭孝献计,将连城安置在郭孝远房亲戚闲置的宅院中,并为连城打点好生活所需。

另一边,佟家麟的妹妹佟毓秀自认武功高强,欲为哥哥出头,男扮女装挑衅恒泰比武,反败于恒泰。毓秀刁蛮无理,要嫁给恒泰,被恒泰拒绝,于是写信约恒泰夜半相见,不料,第二天毓秀发现身边人却是明轩。后毓秀意外发现怀上了明轩的骨肉,将军府与佟家万般无奈之下结成亲家。大婚在即,与明轩早有私情的丫鬟春喜成了明轩结亲最大的障碍,为了解决问题,明轩将她卖给了人贩。娶亲当日,从人贩手中逃出的春喜大闹将军府,恒泰奉将军之命处理此事,不料春喜竟然自尽。新人进,旧人亡,恒泰心中一阵难过,来找连城

倾诉，于是被江逸尘发现恒泰与连城关系密切。

为促成醒黛公主与恒泰，皇上招恒泰进宫当差。岂料明轩想与恒泰争差事，佟毓秀便设计诬陷恒泰非礼，逼他让出这个差事，却被恒泰化解。

恒泰再来找连城，却未见连城在家，情急之下四处奔走寻找，寻人不着，再回小院等待。连城出门实为给恒泰赶制衣服。连城傍晚回到小院被恒泰训斥，倍感委屈，恒泰得知连城外出是为自己准备礼物的实情后，感动欢喜，两人当夜互诉衷肠，连城以身相许。次日，恒泰发现连城肩头的朱砂记。

江逸尘为了除掉恒泰，设计利用连城引诱恒泰进入布满火药的陷阱，又被恒泰化解，江逸尘遁逃。恒泰把进宫的差事让给了明轩，明轩却遭到醒黛公主率人恶整，不堪其扰，恒泰只得入宫当差。醒黛公主的刁难，被恒泰一一化解，后渐渐与醒黛公主熟络，为醒黛出主意，救出其因与戏子良工有私情而被打入冷宫的母亲慧妃。醒黛对恒泰更生情愫。

连城征得恒泰同意，到佟家染坊做工，再次遇到江逸尘。江逸尘被毒蛇咬伤，连城吮毒相救。江逸尘入染坊实为偷盗，阴差阳错，连城被误认为偷盗之人。江逸尘听闻佟家染坊要处置连城，折返回来搭救连城。恒泰得知连城身陷险境，也赶来营救，佟毓秀要求恒泰破案，作为放人的交换条件。恒泰率人一举剿灭一众匪徒，救走连城。江逸尘回来，发现老巢都已被官兵所灭，誓要恒泰血债血偿。

回到宫中的恒泰获知自己已被皇上指婚醒黛公主，将军府阖府欢庆，恒泰记挂连城，闷闷不乐，明轩则更嫉妒大哥，在旁煽风点火。恒泰与郭孝说起连城，被映月听到，于是恒

泰便告知映月心仪连城之事,映月答应赴小院会见连城。映月和郭嬷嬷来到小院,实为劝说连城离开恒泰,连城不为所动。二人回程途中说起连城,均认为连城恰似年轻时的映月。

江逸尘得知恒泰要做额驸的消息,混迹刺杀,出手却将目标定为富察将军,打斗中,江逸尘露出手上的伤疤,使富察将军想起了以前的爱人杏雨,认出江逸尘是自己的义子。侥幸逃脱的江逸尘联合百乐再将连城掳走,向连城讲明自己与富察将军的仇恨系因其干娘杏雨被富察将军谋害。恒泰得知连城有危险,从迎亲队伍中急急离去,与江逸尘决斗悬崖之上,削断了江逸尘的一只手臂,江逸尘坠入悬崖。恒泰救下连城,称病暂缓与醒黛的婚礼。

映月得知恒泰心系连城,有碍公主婚事,同意把连城接进将军府,并谎称是郭嬷嬷的远亲,安排连城在映月房里做丫鬟。恒泰与醒黛完婚。

毓秀、明轩设计接管账房,偷走将军府钱庄的1000两银票,嫁祸连城。恒泰为保护连城,谎称是自己拿了银票。后醒黛与连城联手,涉险查明真相,佟毓秀才向将军承认实情。

恒泰与醒黛大婚后,始终拒绝与醒黛圆房。醒黛四处求教方法想获得恒泰青睐,均不奏效。醒黛贴身李嬷嬷发觉恒泰与连城关系暧昧,道出对连城的怀疑,两人设计试探。另一边,连城百般努力调查杀死杏雨的凶手,后从将军处得知当年与杏雨联手设计骗取映月感情的真相,便怀疑映月杀死了杏雨。连城的试探被映月察觉,于是设计陷害连城,却意外令追踪连城而来的李嬷嬷堕入圈套。跟踪失败的李嬷嬷被醒黛公主训斥,后威胁与连城同屋的丫鬟小雪,诬陷嫁祸连城。恒泰将计就计,用小雪李代桃僵,以致醒黛误认为与恒泰有染的人是小雪。连城得知，埋怨恒泰，后目睹恒泰祭奠小雪，原谅了恒泰。

毓秀对明轩恨铁不成钢，在一次争吵中，明轩失手导致毓秀流产，伤愈重返的江逸尘救下了毓秀，并开始利用毓秀对富察一家进行复仇。毓秀重新回到将军府，江逸尘也借助毓秀混入将军府，伺机寻找复仇的机会。

醒黛怀疑自己搞错了对象。李嬷嬷利用不同荷包凭香味找到真正勾搭恒泰的女人。连城和恒泰的事情败露。醒黛公主知道后，气恼不堪，于是从映月处将连城要来服侍自己，并且对连城百般折磨，实施报复。

江逸尘和百乐谎称克扣粮饷搅乱军营，使得富察将军和恒泰被停职查办。为了进一步摧毁富察家，江逸尘唆使毓秀用毒花暗算醒黛，醒黛得知自己中毒，疑心是连城所为，连城被李嬷嬷推入水中，却被江逸尘所救。李嬷嬷暗中调查，发现了毓秀和江逸尘的合谋，被江逸尘杀死，又被佟家麟瞧见。毓秀于是将杀害李嬷嬷的罪名加到了连城头上。连城被关押起来。江逸尘火上浇油，放走醒黛回宫告状，醒黛和皇后商议，立刻处斩连城，以绝恒泰的念想。恒泰孤注一掷，设下圈套，终于破案。就在毓秀百口莫辩之时，江逸尘将佟家麟当做替死鬼丢了出来。恒泰赶赴法场，救下连城。

回到府中，恒泰宣布正式纳连城为妾。皇上为了解决恒泰和醒黛的问题，特召恒泰入宫叙话，却被恒泰说服，未予责罚。公主满怀怨恨回到将军府，百般搅扰恒泰与连城的婚礼。

佟家麟被投入大牢后，其父佟阿贵设计安排佟家麟越狱逃匿。江逸尘设计使得恒泰与连城将佟家麟带回法场，监斩

的佟阿贵无奈下令处斩家麟,并将杀子之仇算在了恒泰和连城头上。

映月和郭嬷嬷疑心毓秀早就流产,并与试探。毓秀假装从楼梯上摔倒落胎嫁祸连城。恒泰粗鲁训诫,连城愤怒之下夺门而出,江逸尘适时出现,排解了连城的苦闷。佟阿贵为报杀子之仇,设计举荐富察将军府押运赈济银两再行劫掠。将军父子料到事情有诈,早有防范,不料百乐突然出现,用化金水将银子全部化去。恒泰发觉此事必与佟家有关,毓秀被恒泰软禁了起来。阖府上下一起寻找对策,恒泰为保护连城,故意冷落。

江逸尘又一次将连城从府中带了出来,指望连城能和自己远走高飞,但连城却执意要与恒泰同甘共苦,并答应在三天内调查出杏雨之死的真相。连城为了破解迷案,以郭嬷嬷为切入口,却发现了郭嬷嬷去李记绣花铺秘会李甲。在连城盘问下,李甲说出映月害死杏雨的真相,连城于是力劝李甲向将军和江逸尘吐露实情。与此同时,富察家的自救行动也在展开。佟阿贵中计说出陷害忠良、卖官鬻爵的真相,哪知恒泰却从内室请出皇上,将军府冤案得雪,佟家被查抄,而毓秀也被明轩休掉。无家可归的毓秀去找江逸尘,却得知自己只是一个被利用的棋子,愤怒的毓秀发誓要报复恒泰、连城以及江逸尘。

连城和江逸尘在江边等待李甲,来的却是恒泰带兵围剿江逸尘,江逸尘入水逃遁,连城被恒泰带回了将军府,映月向连城坦言自己杀害杏雨的真相,并警告连城就此收手。江逸尘后混入了军营假扮厨子,准备行刺富察将军,却被恒泰擒住。得知江逸尘被擒,连城偷了钥匙想要放跑江逸尘,却被恒泰捉了个正着。富察将军单独审讯江逸尘，并认江逸尘为义子，阖府上下皆大不满，而醒黛针对连城的措施，也被江逸尘一一破坏。

府中频现事端，醒黛请法师做法，诬陷连城狐妖附体，对连城百般羞辱，连城后被江逸尘救下。

醒黛要除去连城，映月要除去江逸尘及连城，两人暗中连手欲对付连城和江逸尘。皇后为了帮助醒黛解决家事，将连城召进宫中学规矩。连城在宫中化解各种难题，结识了秦湘姑姑和皇上，并帮助皇上与慧妃重归于好，于是获准月底出宫。与此同时，军营之中，江逸尘和百乐私发银两引发军士骚动，恒泰突出奇谋，化解了军营危机。江逸尘则不断逼问将军害死杏雨的原因。映月和郭嬷嬷策划制造江逸尘对醒黛公主不恭敬的局面而令其触犯大罪，醒黛洞悉，决定将计就计。

寺庙中，连城与江逸尘被关在房间，江逸尘受药物控制逐渐丧失心性，醒黛和映月带着恒泰和将军闯了进来。正当连城百口莫辩的紧要关头，连城衣袖被撕破，映月看到连城肩上的朱砂记，认出连城就是自己的亲生女儿，于是救连城于危急。恒泰识破醒黛陷害连城，意欲休掉醒黛。回程路上，映月与连城谈心，了解连城的过往。回府后，映月更是与郭嬷嬷商议此事，发誓保护连城。

极度伤心的醒黛整日寻死。皇后派秦湘过来劝慰醒黛。秦湘劝说醒黛与连城休好，以缓解与恒泰的关系，醒黛于是准备点心送与连城意图求和，却遇映月怀疑下毒。醒黛羞愤之下吃掉点心以示清白。

将军为化解江逸尘的仇恨，立江逸尘为长子。江逸尘在军营中重伤了明轩,明轩央求恒泰为自己出头。江逸尘和恒泰领兵押运粮草,恒泰令江逸尘捉拿贼匪白毛归案,江逸尘说服白毛,完成了任务。秦湘的丈夫钟保在将军府偶遇郭嬷嬷,而钟保正是恒泰的亲生父亲。钟保以此得到大量钱财,秦湘于是怀疑自己的儿子就在将军府中。在连城的帮助下,秦湘取得了郭孝及府内其他男子的血来验证,均不是秦湘的儿子,却独缺恒泰的一滴血。失望的秦湘回去质问钟保,争执中,钟保头部受伤,秦湘惊慌逃离。江逸尘查得映月送钱给钟保,于是到钟保家调查,发现钟保死于瓦砾中。在连城说服之下,恒泰终于同意滴血认亲,然而顺天府派人前来捉拿秦湘,秦湘被打入大牢。映月怕秦湘说出真相而督促顺天府迅速结案,江逸尘则牢中会见秦湘,蛊惑其说出恒泰身世真相。为了保护恒泰,秦湘选择了自尽。

将军洞悉了江逸尘的复仇,向江逸尘讲述了关于杏雨的全部真相:年轻时的富察将军与杏雨是一对眷侣,但那时的富察将军还只是无功无名的富察翁哈岱。为了前途,两人故意设计让年轻俊朗的富察翁哈岱接近老将军的女儿映月,赢得映月的青睐,从而入赘将军府,达到荣华富贵的目的。

在恒泰的逼问下,映月讲出当年偷龙转凤的全部真相,偷听到真相的富察将军并未责怪映月,并告知映月,自己已经在栖霞峰埋下了炸药,将江逸尘和连城一并炸死,从此将军府归于平静。当映月说明连城就是自己与将军的亲生女儿,将军方寸大乱,恒泰则火速赶往营救连城,江逸尘消失在火海里。

连城醒来后无法接受自己的身世,明轩与如眉则偷听得知偷龙转凤的真相。明轩知道自己才是富察家唯一的儿子,心有不平，于是与如眉一同将偷龙转凤的事密告醒黛。将军得知后急火攻心中风瘫痪。

连城对富察家心灰意冷，欲要离开，恒泰答应连城一起离去，却被云儿撞见并告知醒黛。醒黛向恒泰分析一家形势以威胁恒泰，并告知已怀上了恒泰的骨肉，恒泰无奈只得放弃私奔。连城在湖畔等待恒泰，不料来的却是云儿，云儿谎称恒泰要连城自己上路，并趁势将连城推下了冰窟，生死未卜。看透世情的映月带着瘫痪的将军离开了将军府回奉天府老家安度晚年。醒黛掌管富察家大局，整顿阖府事宜，将明轩母子赶出了将军府。

三年后，公主与恒泰的女儿小格格已经长得十分可爱，恒泰则陷入对连城的思念，终日沉浸在摄心术营造的梦幻中。醒黛请皇后将接待蒙古使臣的差事交给了恒泰，岂料蒙古使臣竟然就是江逸尘。江逸尘以小格格为要挟，要求恒泰交出连城。恒泰索性将小格格交由江逸尘看管，反而让江逸尘无法下手。

一方面，江逸尘和恒泰在皇上面前操演阵法之时大打出手，被醒黛制止，并宣布了连城的死讯；另一方面，百乐混入军营，协助解决军营粮草短缺的燃眉之急，博得了郭孝的信任。得知连城的死讯，恒泰陷入悲伤，更加迷恋摄心术，最终身心俱伤。太医孙合礼为恒泰医治，却不料孙合礼当年救下毓秀，并被毓秀控制、利用。

朝廷得知多隆贝勒在西北谋反，派恒泰去剿灭，而此时郭孝对百乐已经情根深种，不能自已。西北战场上，关键时刻恒泰鸣金收兵，准备和多隆和谈。在百乐的怂恿下，郭孝带兵奇袭，歼灭多隆部队，事后被恒泰处罚。百乐就此挑拨郭孝与恒泰，称恒泰与叛军勾结，众将士也都觉得郭孝做的对，郭孝的心开始动摇。百乐安排一名叛军高喊连城的名字，恒泰即令押解此人到行帐中审问。百乐再在郭孝耳边扇风，挑拨郭孝禀明皇上，称恒泰与叛军勾结，引发龙颜震怒，下旨捉拿恒泰，并命郭孝接管军营。

百乐和郭孝日久生情，准备向江逸尘摊牌，却被郭嬷嬷发现。郭孝深深忏悔自己的轻信，呈上血书为恒泰鸣冤，终因失血而死。郭嬷嬷悲痛至极悬梁自尽，恒泰沉冤得雪。

毓秀借助孙合礼令连城听命于她，将恒泰视为仇人，并安排连城到恒泰身边伺机报复。江逸尘与恒泰意外间共同发现并救下失忆的连城，恒泰将连城带回家，试图借助巫术唤醒连城的记忆。恒泰街头偶遇混迹市井的明轩，得知他和如眉生活不如意便接回府中。醒黛则质疑二人，设计赶走，未能成功。心寒的醒黛夜晚街头偶遇戏班老板步青云。

连城回府后，醒黛察觉其中有诈，设计试探连城，在恒泰带连城去筑梦所之际，买通法师骗连城带钱救恒泰，岂料连城识破醒黛计谋，上门求助并甘愿喝下毒酒，获得恒泰的信任。醒黛的提示及试探令恒泰无法接受，甚至出手打了醒黛。醒黛愤然离家回宫。连城被恒泰的真情打动，恨意渐渐动摇。

恒泰再开迎芳阁为酒楼，请步青云坐镇。明轩在发现步青云骑马撞人后，献计解决迎芳阁声誉危机，之后力劝恒泰置地，连城根据毓秀的安排给明轩提供帮助。明轩骗得将军府的当家印鉴，将府内财产占为己有，并将恒泰净身赶出将军府，原来明轩是受江逸尘指示回府陷害恒泰。后来，恒泰带着连城回到将军府，原来一切都在恒泰与醒黛设下的计谋，

意在令明轩及幕后主使暴露狐狸尾巴。连城才发现自己也被算计其中,恒泰并不是表面看起来的简单的好人。

明轩因为之前的交易而找来一身麻烦,于江逸尘处求助未果,并在街上发现毓秀和连城在一起,偷听到毓秀的复仇计划被灭口。恒泰却收到装着明轩尸首的箱子,认为是江逸尘痛下毒手,找江逸尘理论。恒泰因为明轩的死而郁郁寡欢,连城失手打碎一只竹制鱼形盒,发现了恒泰写给自己的装载着过去回忆的信件,勾起了连城的大部分记忆。

醒黛得知连城中了小天狼花毒,于是在宫中寻得100粒缓解的丹药,最终选择与连城和平共处。毓秀和孙合礼正为无法控制连城伤脑筋之际,江逸尘来向孙合礼求助失忆症的救治方法,毓秀决定利用江逸尘继续自己的计划。如眉受江逸尘挑唆,找恒泰报杀子之仇。如眉回到了将军府装疯卖傻,拐走小格格,为救小格格,连城跳入水中,全部回忆起来。江逸尘带走落水的连城送到太医处医治,连城被换心香控制,再次将恒泰视为仇敌。

连城找到江逸尘帮忙,伙同江逸尘伪装成的玲珑混入将军府。小格格死亡,醒黛将仇恨归结于连城的回归,离家再遇步青云。恒泰因为女儿、兄弟、姨娘先后为自己枉死而心力憔悴病倒,连城和"玲珑"利用药物使恒泰的病情越来越严重。恒泰经常幻觉自己见到了女儿,醒黛在步青云的帮助下将装神弄鬼之事戳穿。

江逸尘后与连城计划用借刀杀人的法子,制造步青云与公主的不洁关系,除去公主。不料步青云是男扮女装,连城的阴谋没有得逞,恒泰身体日下,顺势驱赶醒黛及连城。毓秀做出连城的假脸,易容成连城的样子欲与江逸尘私奔,江逸尘识破毓秀伎俩，将计就计，将毓秀卖给船夫。

孙合礼的小徒弟在采摘灵芝的途中陷于沼泽丧命，给了毓秀算计恒泰的灵感，用连城引恒泰入沼泽。孙合理良心未泯，关键时刻救下恒泰与连城，并以一个请求的许诺为恒泰医治。连城通过法师的作法恢复神智，联合江逸尘、恒泰、公主设计毓秀，关键时刻却是孙合礼控制连城，救出毓秀。毓秀与连城换脸，并借助连城身份接近恒泰伺机报仇。后连城遇险，被江逸尘所救。醒黛发现有异，多次试探毓秀，并劝说恒泰，但未能戳穿。而真正的连城前去警告恒泰，却被当做毓秀顶罪流放。流放路上，江逸尘再救连城。

另一边，慧妃去世，步青云趁机接近皇上，被封为贵人，恃宠而骄。皇上南巡，恒泰携醒黛及毓秀随行护驾，期间，醒黛再试毓秀，并设计令毓秀撞见其亲生父亲佟阿贵。情急间，毓秀亲手杀死佟阿贵。步青云的跋扈和挑唆令皇后遭受冷遇，被皇上遣返回京，而步青云则实为意图对皇上不利。皇后得知有人欲行刺皇上，即刻返程给皇上报信，步青云及其同伙谋害皇上的计划被搅乱，皇后则受重伤而死。毓秀发现步青云行刺意图后，被步青云强令服毒，控制毓秀。带着毓秀面容的连城设计逃离江逸尘，混入官中假扮厨娘，化名素云陪伴恒泰。连城偷听得步青云欲在皇后葬礼之时谋害皇上的计划，试图通知恒泰，却被江逸尘阻止。毓秀因中毒只得听步青云摆布，在皇后棺椁中放置炸药刺杀皇上。后江逸尘替连城拆卸炸药，却被侍卫发现、追杀。最终，江逸尘为保护连城，吸引追兵，中箭掉入悬崖。

步青云的计划并未成功，皇上早有筹谋，并将刺客一网打尽。步青云自揭身份，在得知自己父亲当年背弃组织并与嫔妃产生私情的死亡真相后绝望自尽。

醒黛发现连城与毓秀之间的对话，疑心毓秀与连城互换面目，于是决心调查真相。当连城身陷牢狱，醒黛狱中会见连城，发现连城身上旧伤，认定二人互换身份的实情。恒泰觉查毓秀身份可疑，于是设计乱党逃逸的假象，毓秀身份败露。

孙合礼潜入大牢，用药迷倒并俘虏连城，用连城与毓秀交换，而毓秀则最终毒发身亡。孙合礼在毓秀死后为其与连城换回各自的脸，带着毓秀奔向沼泽殉情。

醒黛在经历如此周折后，看破红尘，每日佛堂诵经，意欲成全连城与恒泰，却不想连城最终选择离开。公主在恒泰劝说下走出佛堂，两人携手余生。

多年后，年迈的连城正给一群晚辈讲述自己年轻时的故事，却与年迈的恒泰不期而遇。

经查，电视剧《宫锁连城》剧情内容与剧本《宫锁连城》基本一致。

2、原告主张的剧本《宫锁连城》与电视剧《宫锁连城》中涉嫌侵权内容的梗概

原告主张的剧本《宫锁连城》与电视剧《宫锁连城》侵权内容，集中于剧本及电视剧《宫锁连城》关于恒泰与连城之间身世、感情的情节，该部分情节概括如下：

清朝乾隆年间，富察将军府的福晋纳兰映月已经生了三个女儿，将军膝下无子，而此时更恰逢将军宠幸侍女如眉，并将已有身孕的如眉纳为侧福晋。映月在府中的地位受到威胁。映月为了保住在府中的地位，和贴身服侍的郭嬷嬷一起策划了"偷龙转凤"的计划，生产当夜映月生下女婴，即用

买来的男孩换走了自己的女儿，新生的女婴当夜被郭嬷嬷遗弃溪边。而女婴被遗弃之前，映月发现女婴肩头有一个朱砂记。迎芳阁的老鸨宋丽娘没有孩子，这一日带众姐妹在溪边排练歌舞，听闻婴儿啼哭，循声拾得将军府弃婴，十分喜爱，收为女儿，取名连城，丽娘并发现连城肩上的朱砂记。

偷龙转凤所得男孩为将军府长子，取名恒泰。长大后的恒泰智勇双全，投身军营，做了神机营的少将军，映月也因为这个儿子得到了尊崇和荣光。映月庆幸自己当年的选择，同时也对被抛弃的女儿心存惦念。另一边，连城则在青楼市井长大。如眉也为将军生下一个儿子，取名明轩。

一日，恒泰带人巡街，与连城意外邂逅在闹市街道，连城谎称自己被哥嫂卖到妓院，恒泰便欲出钱帮连城赎身。后得知自己上当。恒泰在街市再遇连城行骗解救被逼婚的新娘，后请连城假扮舞女，帮助捉拿大盗王胡子。

吏部侍郎佟阿贵之子佟家麟在迎芳阁调戏连城未果，欲教训连城，追至街市，却被恒泰遇见，恒泰于是出手相救，打败佟家麟及一干手下，家麟和恒泰与连城都结下了梁子。而恒泰此后则派人把守迎芳阁，并常来听连城唱歌，两人情愫暗生。

恒泰被朝廷派去剿匪，两人久未见面。明轩对自己的庶出身份一直心存怨念，妒忌恒泰。一日，明轩学武遭到佟家麟耻笑，并从佟家麟处听说恒泰保护连城与佟家麟大打出手并派人把守妓院之事，于是禀告给将军。将军震怒之间责骂恒泰的随从郭孝带坏恒泰，动用家法施以鞭责，而恒泰与郭孝主仆情深，情急之下以身护仆，为郭孝挡下鞭责，映月央求之下，将军方才罢手。

不见恒泰的日子里,连城情绪低落。丽娘发现后,便为连城安排相亲却被连城搅局,丽娘于是提醒连城与恒泰身份悬殊,劝连城放弃恒泰。

失去恒泰保护的连城再度陷入佟家麟的搅扰。一日,佟家麟率领一干部下再来迎芳阁,强抢连城。连城拒不相从,再度与佟家麟发生争执。丽娘为保护连城身受重伤,迎芳阁也在打斗中失火,而佟家麟则带人逃离了现场。丽娘伤情严重,虽经连城四处求医,最终仍不治身亡。孤单一人的连城则守着丽娘的尸体寄身破庙。

连城被佟家麟施计带进了佟府。恒泰得知后,带人硬闯佟府,痛打佟家麟,并将连城救出。连城记恨恒泰爽约多日未见,后经说明情况,得知恒泰打点了宋丽娘的丧事,与恒泰消除误会。后恒泰听得郭孝献计,将连城安置在郭孝远房姑妈闲置的宅院中。连城便得到落脚之地。

恒泰前往小院来找连城,却未见人,情急之下四处奔走寻找,恒泰寻人不着,再回小院等待。连城傍晚回到小院被恒泰训斥,满腹委屈。后告知自己是去城里为恒泰赶制衣服。恒泰得知实情后,感动欢喜,两人当夜互诉衷肠,连城以身相许。次日,恒泰发现连城肩头的朱砂记。

宫中的醒黛公主到了婚配的年纪,恒泰被选定为额驸。恒泰获知自己已被皇上指婚醒黛公主,一心记挂连城,回到家中。将军府因皇上指婚一事阖府欢庆,只有恒泰一人闷闷不乐。明轩则更是嫉妒大哥,在旁煽风点火。无奈之下,恒泰告知映月心仪连城之事,映月答应赴小院会见连城。

映月和郭嬷嬷来到小院,实为收买、劝说连城离开恒泰,哪知连城竟不为所动。二人回程途中说起连城,均认为连城

恰似年轻时的映月，而映月也对连城为人深深认可。

映月得知恒泰心系连城，有碍与醒黛的婚事，于是同意把连城接进将军府，谎称是郭嬷嬷的远亲，安排在映月房里做丫鬟，恒泰终于与醒黛完婚。连城在将军府有意躲避恒泰，仍被醒黛及李嬷嬷发觉两人似有微妙。

恒泰与醒黛大婚后，始终拒绝圆房。醒黛四处求教方法想获得恒泰青睐，均不奏效。李嬷嬷利用不同荷包凭香味找到真正与恒泰有染的女人，连城和恒泰的事情败露。醒黛知道后，气恼不堪，于是听从李嬷嬷献计，从映月处将连城要来服侍自己，并且对连城百般折磨。

李嬷嬷被杀，连城遭嫁祸，被捉拿到顺天府择日处斩。恒泰破案后，飞马赶赴法场，救下了连城。

回到府中，恒泰宣布正式纳连城为妾室。皇上为了解决恒泰和醒黛的问题，特召恒泰入宫，却反被恒泰说服，未予责罚，并劝恒泰回府与醒黛好好过日子。醒黛满怀怨恨回到富察府，百般搅扰恒泰与连城的婚礼。

府中频现事端，醒黛遂针对连城称家里出了妖孽，于是请法师做法，指认连城狐妖附体，对连城百般羞辱。后为陷害连城，醒黛联合映月将连城与江逸尘关在寺庙房间，正当连城百口莫辩的紧要关头，争执中连城衣袖被撕破，映月看到连城肩上的朱砂记，认出连城就是自己的亲生女儿。回程路上，映月与连城谈心，了解连城的成长过往。回府后，映月更是与郭嬷嬷合计认定女儿之事，决计保护连城。

皇后派秦湘姑姑陪伴公主。经秦湘劝解，醒黛终想通了夫妻共处之道，明白只有与连城休好才能挽回恒泰，于是准备点心送与连城意图求和，却遭遇映月怀疑下毒。醒黛羞愤之下自吃点心以示明清白。

后,恒泰从映月口中,得知偷龙转凤的全部真相。偷听到真相的富察将军并未责怪映月,并告知映月,自己已经在栖霞峰埋下了炸药,预备将江逸尘和连城一并炸死,从此富察府将归于平静。映月情急之下说明连城就是自己与将军的亲生女儿,富察将军方寸大乱,恒泰则火速赶往营救连城。屋外,明轩与如眉一直在偷听,得知偷龙转凤的真相,将偷龙转凤之事密告给醒黛。

五、关于原告主张的剧本及电视剧《宫锁连城》中相关内容与剧本及小说《梅花烙》的关系

原告为说明剧本《宫锁连城》、电视剧《宫锁连城》与剧本《梅花烙》及小说《梅花烙》在人物设置、人物关系、具体情节及情节整体创编上的相似性,向本院提交了人物关系对比图(附图)、"《宫锁连城》电视剧及剧本与《梅花烙》小说及剧本相似情节比对表"(附表)。经查,上述图表中的人物设置、人物关系及情节在剧本《宫锁连城》、电视剧《宫锁连城》与剧本《梅花烙》、小说《梅花烙》中均存在对应内容。

六、关于原告专家辅助人的庭审陈述

原告委托的专家辅助人汪海林就剧本创作问题当庭发表意见,剧本的核心创作价值体现于精彩的情节段落设计,而就具体情节基于特定的串联及编排将成为剧本的最终表达。对在先剧本的内容使用,仅通过观看其电视剧的内容即可实现。从人物设置与影视作品情节关联上来看,用于比较的两部作品男女主人公的关系及情节安排如果呈现出一定程度的相似性,则可以作为两部作品相似的判断基础,具体的人物设置、人物关系、具体情节及桥段、以及由情节串联而成的

剧情均可作为剧本的创作表达。而对于相关情节，如用于比较的两部作品在部分细微环节存在差异，则需要考虑发生差异的部分是否仍保持着同样的戏剧功能，如戏剧功能未发生实质变化，则不能简单排除前后作品的相似关系。

七、关于原告要求各被告承担侵权责任的事实

原告主张本案各被告共同侵害了原告作品改编权及摄制权，各被告应就侵权行为共同承担连带责任，其中关于经济损失赔偿的问题，原告主张以被告违法所得为请求赔偿的基础。

原告主张，余征担任编剧的单集稿酬约为每集20万元，电视剧《宫锁连城》在湖南卫视播出的版本长达63集，余征就剧本《宫锁连城》获得的稿酬可达1260万元；电视剧《宫锁连城》授权湖南卫视播映的版权许可费应不低于每集180万元，且该剧在湖南卫视、天津卫视、乐视网等多家电视及网络平台均有播出，被告湖南经视公司、东阳欢娱公司、万达公司、东阳星瑞公司通过该剧获得的播映权许可使用费用的现有收益已经可以高达上亿元。

就各被告收益情况及各被告就剧本《宫锁连城》、电视剧《宫锁连城》的合作关系、收益分配情况，原告于诉讼之初即已提出要求各被告提供余征就剧本《宫锁连城》的编剧合同、电视剧《宫锁连城》联合摄制合同及电视剧《宫锁连城》发行合同。

被告万达公司向原告提交了其与被告湖南经视公司签署的《联合投资摄制电视剧协议书》，但该协议书正本及复印件均存在大量条款遮蔽。在未遮蔽的部分，第6.2条约定，该剧剧本的内容由东阳欢娱公司、湖南经视公司、东阳星瑞公

司三方共同审查，经三方书面确认通过后才能进行拍摄；第6.5条约定，由湖南经视公司全权负责完成剧本的立项、报批、审批环节的相关事宜，三方均有权了解本剧前期筹备、拍摄制作、送审、宣传、发行的计划安排以及实际进度。

在本案中，原告申请各被告提交剧本《宫锁连城》编剧合同及电视剧《宫锁连城》发行合同以及关于电视播映权许可使用和信息网络传播权许可使用的合同等，各被告均未提交。

八、关于原告支出合理费用的事实

原告主张，因本案维权支付律师费 30 万元、公证认证费 1000 元、公证费 12 000 元，共计 313 000 元。

以上事实，有原告陈喆提交的电视剧剧本《梅花烙》及作者琼瑶权利声明书、电视剧《梅花烙》剧本摘录、小说《梅花烙》、小说《梅花烙》摘录、电视剧《宫锁连城》剧本及作品登记证书、电视剧《宫锁连城》完成片 DVD（乐视网,www.letv.com 网络下载视频）、电视剧《宫锁连城》完成片剪辑版、电视剧《宫锁连城》演员戴娇倩"我就是这么直接"媒体采访视频、（2014）京方圆内经证字第 20573 号公证书、（2014）京方圆内经证字第 20572 号公证书、（2014）京方圆内经证字第 20571 号公证书、电视剧《梅花烙》署名编剧林久愉声明书、电视剧《梅花烙》制片方怡人传播有限公司出具的《电视剧<梅花烙>制播情况及电视文学剧本著作权确认书》、小说《梅花烙》首发出版方皇冠文化出版有限公司出具的《证明书》及"一○三年度北院民公麟字第221531号"公证书、原告书证《写给广电总局的一封公开信》、律师委托代理合同书、律师费发票、律师费支出的代付款说明、台湾地区公证费用《声明书》及《公证费支出明细单》、公证费发票，被告余征、被告湖南经视公司、被告东阳欢娱公司、被告东阳星瑞公司提交的电视剧《梅花烙》VCD、封面、内容截图、电视剧《宫锁连城》、剧本《宫锁连城》、余征2012年5月30日完成的《宫锁连城》故事梗概、国家广播电影电视总局关于《宫锁连城》的电视剧拍摄制作备案公示表、国家广播电影电视总局备案的《宫锁连城》故事梗概、张庭新浪微博网页、《乾隆皇帝全传》节选、《九小姐与乾隆》节选、连环画《九公主与乾隆》、黄梅戏《公主与皇帝》、电视剧《还君明珠》、电视剧《绝色双娇》、电视剧《青天衙门Ⅱ之望子成龙》、《西游记》节选、《西厢记》节选、《水浒传》节选、《红楼梦》节选、《清史十六讲》节选、《试论<红楼梦>中嬷嬷的形象及其审美价值》、《试论小厮在<红楼梦>中的作用——以茗烟、兴儿为例》、电视剧《一剪梅》、《清史稿》节选、《乾隆幼女和孝公主》、《解说老北京》节选、《鲁迅新婚之夜与妻子同房未同床伤心流泪》、《明清长篇世情小说妻妾斗争与"歇斯底里"特质》、《红颜倾君》节选，被告一余征及被告三东阳欢娱公司提交电视剧《大清后宫》、电视剧《游龙真太子》、电视剧《换子成龙》、电视剧《凤凰血》、电视剧《爱在离别时》、电视剧《爱情风暴美丽99》、电视剧《赵氏孤儿案》、电视剧《新施公案》、电视剧《菩提树下》、电视剧《情迷海上花》、电视剧《璀璨人生》、电视剧《错爱一生》、电视剧《风中百合》、电视剧《金玉良缘》、电视剧《雍正王朝》、电视剧《红楼梦》、电视剧《京华烟云》、电视剧《打金枝》、电视剧《真假驸马》、《官3》人物关系图、《梅花烙》人物关系图、《官3》主要故事脉络情节、《梅花烙》主要故事脉络情节、相关案例，被告湖南经视公司提交的《授权声明书》，被告万达公司提交的《联合投资摄制电视剧协议书》，以及相关笔录在案佐证。

本院认为：

本案的焦点问题为：一、剧本《梅花烙》著作权的归属；二、小说《梅花烙》与剧本《梅花烙》的关系；三、原告主张被改编和摄制的内容能否受著作权法保护；四、《宫锁连城》剧本是否侵害了《梅花烙》剧本及小说的改编权；五、《宫锁连城》剧本是否侵害了《梅花烙》剧本及小说的摄制权；六、侵害改编权及摄制权主体及民事责任的认定。以下分别进行论述。

一、剧本《梅花烙》著作权的归属

1、原告提交的剧本《梅花烙》文本是否确系电视剧《梅花烙》的拍摄剧本

剧本是电视剧拍摄的依据，以文字形式呈现电视剧的拍摄内容。实践中，虽电视剧拍摄过程中可能对剧本进行适当调整，也不乏剧本与电视剧内容高度一致的情形。打印装订成册的剧本实物是剧本内容的物理载体，剧本物理载体这一实体形式的变化并不意味着剧本内容的变化。在本案中，原告陈喆提交的剧本《梅花烙》内容并未超出电视剧《梅花烙》的剧情表达，且与电视剧《梅花烙》的影像视听内容形成基本一致的对应关系，结合原告小说《梅花烙》"创作后记"中关于剧本创作完成在先的原始记载，原告提交剧本《梅花烙》内容的真实性，本院予以认可。

2、剧本《梅花烙》的著作权归属

《中华人民共和国著作权法》第十一条规定，如无相反

证明,在作品上署名的公民、法人或者其他组织为作者。《最高人民法院关于审理著作权民事纠纷案件适用法律若干问题的解释》第七条规定,当事人提供的涉及著作权的底稿、原件、合法出版物、著作权登记证书、认证机构出具的证明、取得权利的合同等,可以作为证据。

可见,以署名情况认定作者身份仅为作品创作关系的初步推定证明,而作为相反证明的依据则有多种方式。在本案中,电视剧《梅花烙》字幕虽有"编剧林久愉"的署名安排,但林久愉本人出具的《声明书》已明确表示其并不享有剧本《梅花烙》著作权的事实;电视剧《梅花烙》制片者怡人传播有限公司出具的《电视剧<梅花烙>制播情况及电视文学剧本著作权确认书》也已明确表述剧本《梅花烙》的作者及著作权人均为本案原告。本院对此予以确认。

五被告均认为,林久愉在剧本《梅花烙》的创作过程中执行了相关整理工作,林久愉应基于其整理工作享有剧本《梅花烙》的作者身份,并享有剧本著作权;剧本《梅花烙》至少为林久愉与原告的合作作品,林久愉应享有该剧本的合作作者身份,与原告共同享有剧本《梅花烙》的著作权。就这一问题,本院认为,著作权法意义上的整理是指,对一些散乱作品或者材料进行删节、组合、编排,经过加工、梳理使其具有可欣赏性,强调的是整理需融入行为人的独创性智力成果,并最终以其独创贡献造就了作品的形成;就合作作品而言,合作作者须为参与了作品创作的主体,需要对作品创作付出创造性智慧劳动。执笔者是否属于作品的创作者,应以执笔者是否在这一过程中提供了具有独创性的智力劳动加以确认。如作品的具体故事、情节等均由他人创作并以口述表达，执笔者仅以辅助记录的方式将相关口述转换为文字形式加以记载，那么，这种执笔并不属于著作权法意义上的合作作者。

在本案中，林久愉根据原告口述整理剧本《梅花烙》，是一种记录性质的执笔操作，并非著作权法意义上的整理行为或融入独创智慧的合作创作活动，故林久愉并不是剧本《梅花烙》作者。因此，本院认定剧本《梅花烙》的作者及著作权人均为本案原告陈喆。

二、小说《梅花烙》与剧本《梅花烙》的关系

关于小说《梅花烙》是否与剧本《梅花烙》构成同一作品从而不具有独立的著作权的问题，原告陈喆主张小说《梅花烙》是在剧本《梅花烙》的基础上改编而成的。

本院认为，该问题取决于小说《梅花烙》是否具有不同于剧本《梅花烙》而存在的独创性。独创性是指作品系作者独立创作产生，融入了作者的原创智慧。独创性在概念上强调独立完成及创作性。独立完成，即作品由作者通过独立思考、创作产生，而不是单纯模仿、抄袭他人作品；创作性，强调作品应融入作者的创作个性，即作者个人所特有的创作表达。因此，在著作权法保护的维度上，独创性，强调作品系作者个人，而非他人的独创智慧成果。

根据本院查明的事实，小说《梅花烙》中虽然在故事内容上与剧本《梅花烙》存在高度关联性、相似性，但却具有不同于剧本《梅花烙》而存在的独创性，故小说《梅花烙》应为剧本《梅花烙》的改编作品，依法享有著作权。鉴于小说《梅花烙》的署名为原告陈喆，故本院认定小说《梅花烙》的作者及著作权人均为原告陈喆。

三、原告主张被改编和摄制的内容能否受著作权法保护

1、著作权的客体

著作权的客体是作品，著作权对作品的保护，其保护的不是作品所体现的主题、思想、情感及科学原理等，而是作者对这些主题、思想、情感及科学原理的表达或表现。著作权法保护的表达或表现不仅指文字、图形等最终形式，当作品的内容成为作者表达思想、主题的表现形式时，作品的内容亦受著作权法的保护；当这种表达是公知的，或是唯一的形式时，则不受著作权法的保护。

小说、剧本等文学作品作为著作权法意义上的作品，受著作权法保护，而作品的表达元素，包括足够具体的人物设置、人物关系、情节事件、情节发展串联、人物与情节的交互关系、矛盾冲突等，通常会融入作者的独创性智慧创作，凝结着整部作品最为闪光的独创表达，应当受著作权法保护。

文学作品的创作，以特定的人物关系设置为基础，搭配与人物融合的情节安排，基于特定的逻辑连贯、编排而成作品故事发展的整体，并最终形成作品的全貌。人物设置和人物关系是文学作品展现人物冲突、推动情节发展的主要元素。但孤立的人物特征（身份、相貌、性格、爱好、技能等），或者概括性的人物关系（亲属关系、情侣关系、朋友关系等），更倾向属于公知素材，不能因存在在先使用而造成创作垄断的效果。然而，一部具有独创性的文学作品，通常以故事情节与人物的交互作用来呈现个性化的、具体的人物关系，人物关系基于特定情节的发展产生独创性的表现效果，此时特定作品中的这种特定人物关系就将基于作者的独创设计脱离公知素材的维度，而具有独创性并纳入作者对作品享有的著

作权保护范畴。特别是在虚构的作品中，作者具有较大的自由创作空间与创作方向，通过描写，塑造鲜明的人物形象，并通过人物关系的发展推动故事情节、展现戏剧矛盾冲突与人物命运。

情节是文学作品的基础表达，受众欣赏和评判文学作品的创作内容，也以对情节的捕获为直观路径。基于特定的素材选择、事件设计、人物安排，以特定的因果关系及逻辑关联搭建具体故事情节的工作融入了作者独创智慧，对精彩情节的锻造，是作者创作优秀文学作品的基础前提，是作品为人津津乐道的重要因素，是经典作品长久流传的创作基石，甚至可称文学作品创作的灵魂。因此，对文学作品情节给予著作权保护具有重要意义。

就文学作品而言，对于一些不是明显相似或者可归于公知领域的情节及素材，如果仅仅就单一情节及素材进行独立比对，很难直接得出准确结论，但将这些情节及素材的创编做整体对比，则更有利于发现两部作品在创作结构上的相似性。对于文字作品而言，单一情节本身即使不具有足够的独创性，但情节之间的前后衔接、逻辑顺序等却可以将全部情节紧密贯穿为完整的个性化创作表达，并赋予作品整体的独创性。作品情节选择及结构上的巧妙安排和情节展开的推演设计，反映着作者的个性化的判断和取舍，体现出作者的独创性思维成果。基于相同的情节设计，配合不同的故事结构、情节排布、逻辑推演，则可能形成不同的作品。特定的故事结构、情节排布、逻辑推演可以赋予特定作品整体上的独创意义。如果用来比较的先后作品基于相同的内部结构、情节配搭等，形成相似的整体外观，虽然在作品局部情节安排上存在部分差异，但从整体效果看，则可以构成对在先作品的再现或改编。因此，足够具体的人物设计、情节结构、内在逻辑串联无疑是应受著作权法保护的重要元素。

2、思想与表达及其区分

著作权法保护表达而不延及思想。一般来说，思想是指概念、术语、原则、客观事实、创意、发现等等。表达则是指对于思想观念的各种形式或方式的表述，如文字的、音符的、数字的、线条的、色彩的、造型的、形体动作的表述或传达等。从这个意义上说，表达所形成的就是作品。

这就需要对思想与表达作出区分。本院认为，抽象概括法可以作为思想与表达的分析方法，即将一部文学作品中的内容比作一个金字塔，金字塔的底端是由最为具体的表达构成，而金字塔的顶端是最为概括抽象的思想。当文字作品的权利人起诉他人的文字作品侵害其作品的著作权时，需通过对比的方式予以确认，则可参照相似内容在金字塔中的位置来判断相似部分属于表达或思想：位置越接近顶端，越可归类于思想；位置越接近底端，越可归类于表达。

文学作品中的人物设置及人物关系，如果仅仅是"父子关系"、"兄弟关系"、"情侣关系"等，无疑处于金字塔的顶端，应属于思想范畴；如果就上述人物关系加以具体化："父亲是王爷而儿子是贝勒但两人并非真父子"，"哥哥是偷换来的贝勒而弟弟是侧福晋的儿子"，"情侣双方是因偷换孩子导致身份颠倒的两个特定人物"，则相对于前述人物关系设置而言，这样的具体设计无疑将处于金字塔结构的相对下层；如果再将特定事件安插在存在特定关系的人物之间，则无疑又是对人物设置及人物关系的更为具体化设计，这样的设计又会体现在金字塔更加底层的位置。如果人物身份、人物之间的关系、人物与特定情节的具体对应等设置已经达到足够细致具体的层面，那么人物设置及人物关系就将形成具体的表达。

文学作品中的情节，既可以被总结为相对抽象的情节概括，也可以从中梳理出相对具体的情节展现，因此，就情节本身而言仍然存在思想与表达的分界。区分思想与表达要看这些情节和情节整体仅属于概括的、一般性的叙事模式，还是具体到了一定程度足以产生感知特定作品来源的特有欣赏体验。如果具体到了这一程度，足以到达思想与表达的临界点之下，则可以作为表达。

原告就小说《梅花烙》及剧本《梅花烙》分别列举的17个桥段及21个桥段，基本构成了有因果联系的连续性事件，因此，上述"桥段"应归类为具体的"情节"。

3、特定情境、有限表达及公知素材的关系

所谓特定情境，更准确地说，应为场景原则，是指在文学作品中，如果根据历史事实、人们的经验或者读者、观众的期待，在表达某一主题的时候，必须描述某些场景或使用某些场景的安排和设计，那么这些场景即使是由在先作品描述的，在后作品以自己的表达描写相同场景也不构成侵权。所谓有限表达是指，当表达特定构想的方法只有一种或极其有限时，则表达与构想合并，从而，即使作品之间构成实质相似，也不构成侵害著作权。但需要注意的是，即便是有限表达，事实上也存在着创作的空间，出现完全雷同的创作表达也是非常罕见的。所谓公知素材是指已经进入公有领域、不再受著作权法保护的作品、素材或客观事实。

本院认为，特定场景、有限表达、公知素材的使用虽不受著作权法限制，但并不意味着以其为基础，经作者独立创编形成的作品内容也会自动归入特定场景、有限表达或公知素材。利用这些素材创作出一个完整的剧情，其中包含人物设置、人物之间的关系、场景、情节、基于故事发展逻辑及排布形成的情节整体等许多要素，当然可以受著作权法的保护。创作者不能阻止他人使用特定情境、有限表达或公知素材，但当然可以阻止他人使用基于其独创成果产生的作品。因此，在考虑使用特定情境、有限表达及公知素材为基础形成的作品及内容是否属于著作权法保护时，应重点判断作者在使用相关素材时，是否加入了具有独创智慧的表达而赋予了相关成果特定的独创意义。在著作权侵权案件中，如果相关作品的内容足以认定为具体的表达，对于其是否属于特定情境、有限表达或公知素材，而非作者独立原创，这一举证责任应在被告。

四、《宫锁连城》剧本是否侵害了《梅花烙》剧本及小说的改编权

1、被告是否接触了原告作品

侵害著作权的构成要件为接触加实质相似。可见，接触是侵害著作权的构成要件之一。接触可以分为两种情况，一是作品未发表但有证据证明被告实际接触了该作品，二是作品已发表，处于公之于众的状态。《最高人民法院关于审理著作权民事纠纷案件适用法律若干问题的解释》第九条规定，"公之于众"是指著作权人自行或者经著作权人许可将作品向不特定的人公开，但不以公众知晓为构成要件。据此，所谓公之于众，应理解为一种状态，即作品处于为不特定的人

能够通过正常途径接触并可以知悉的状态,而并不要求必须存在有人已经实际知晓、接触的事实发生。也就是说,所谓"接触",不限于以直接证据证明实际获得他人作品内容,依社会通常情况被告应当具有"合理可能性"获得原告作品时,例如以展览、发表、发行、表演、放映、广播等方式实现作品公开的效果,即可以推定构成接触。

电视剧的公开播出即可推定为相应剧本的公开发表。在本案中,电视剧《梅花烙》的公开播出即可达到剧本《梅花烙》内容公之于众的效果,受众可以通过观看电视剧的方式获知剧本《梅花烙》的全部内容。因此,电视剧《梅花烙》的公开播出可以推定为剧本《梅花烙》的公开发表。鉴于本案各被告具有接触电视剧《梅花烙》的机会和可能,故可以推定各被告亦具有接触剧本《梅花烙》的机会和可能,从而满足了侵害著作权中的接触要件。

2、改编与合理借鉴的关系

改编、翻译、注译、整理、编辑已有作品产生的作品称演绎作品。未经许可演绎他人作品产生的演绎作品尽管对原作者来说是侵权作品,但它不是对已有作品的抄袭或复制,它本身是创作活动的产物,它的作者也付出了创造性的劳动,它本身是有著作权的,演绎作品作者有权禁止他人使用演绎作品。但由于这类作品毕竟是未经授权演绎产生的,在使用时应经原作者的许可,未经许可进行使用是侵权的。

在侵害改编权的案件中,认定是否侵权的基础前提是判断改编行为、改编来源关系是否存在。为查证这一基础事实,可以采用的方法通常是以前后两作品进行内容比对,基于相似的表达性元素来判断两部作品是否存在著作权法意义上的关联性，这一关联性是指，在作品表达层面，在先作品与在后作品之间是否存在着创作来源与再创作的关系。同时，就受众的欣赏体验而言，如果构成改编，则往往能够产生"两部作品近似或在后作品来源于在先作品"的感知。

而借鉴既可能是指单纯利用思想而非表达的行为，也可能是指合理使用。至于何种行为是侵权，何种行为是合理借鉴，实际上首先涉及的还是思想与表达的界限。思想上的借鉴并未涉及侵害原创作者的独创成果，通常不涉及侵害著作权的情形；而具体表达上的借鉴，则需考量借鉴内容所占的比例，这包括借鉴内容在原创作者作品中的所占比例，及借鉴部分内容在新作品中的所占比例。而这个比例的衡量，不仅要进行量化考虑，也要从借鉴内容的重要性、表达独创性角度，即质的维度上考量。评判标准也需结合具体案件情况进行个案分析判断。

3、侵害改编权的相似性判断标准

改编并不否认改编作品融入了改编者的独创性智慧成果而形成新的独创特征并成为著作权法意义上的新作品。

与原作品相比，改编作品在表达上将发生一定的变化，特别是针对具有特定功能的作品形式发生的改编行为。比如，根据文学作品改编剧本。剧本作为文字作品的一种，其基本创作目的是用于影视作品的拍摄，剧本与影视作品之间具有高度的关联性与附随性，在这一方面，剧本显然具有区别于小说、散文、诗歌等文学形式的作品功能。基于剧本的作品功能与创作目的，剧本在创作内容及表达方式上需要符合影视作品的拍摄及视听呈现需求——主要以场景及台词设置为作品内容的展现方式。因此，剧本虽具有文字作品的性质，但已经在一定程度上放弃了类似小说等文学作品创作的基础表达方式——以直观的情节叙述及情感渲染等作为基本展现手法。那么，在以小说为基础进行剧本改编的行为判断中，以小说为参照比对剧本，或以剧本为参照比对小说，如果单纯依照两者的直观文字表述为基础和判定依据进行比对，并在台词不同的情况下否定前后两作品之间的相似性是不恰当的，对比是为了判断是否存在改编来源关系，且改编本身也意味着在后作品在最终形成的表达上将与在先作品有所不同。人物台词之于剧本或之于影视作品而言，是情节表达、故事呈现的方式与手段，而情节往往凝聚着剧本及影视作品的更为主要的创作内容。

因此，在台词不同而情节却存在显著相似性、关联性的情况下，仅根据台词表达来否定作品之间的相似性，从而作出否定侵权的结论，对原作者而言是不公平的——当然，这并不否认基于创作者语言风格不同而形成不同类型台词的艺术价值——对于剧本与剧本之间的比较也应遵循这样的原则，因为台词会因作者创作风格的不同而存在重大差异，而情节则应作为相似性、关联性判断的基本着眼点。

从作品类型的角度看，虚构作品不同于真实历史题材作品，作者的创作空间相对比较大，可以对时间、地点、人物、事件等要素自由的创设，对公知素材进行个性化选择、编排，并按照作者的想法自由创作，因此，即便针对同类情节，不同作者创作的差异也通常较大，不同作者创作的作品内容相同或高度近似的可能性较小。

此外，不同的作者因所处年代、人生阅历、生活体验、写作风格、技巧与技法的不同，通过作品所要表达的主题思想也往往不甚相同,然而,在达到足够相似的比对结论时,思想维度上的差异并不直接导致比对结论的减弱或相似情形的消弭。

4、本案中的具体情况

(1)人物设置与人物关系的比对

文学作品中,塑造典型人物关系的基础是特定情节的配搭,脱离情节而单独就人物关系进行比较,将可能构成在思想领域或公知素材维度上的比对,以此认定结论无论对于在先作品的作者还是在后作品的作者而言都是不公平的。但如果用于比对的作品中,人物关系结合基于特定人物发生的故事情节高度相似,则可以认定侵害著作权成立。

原告小说《梅花烙》、剧本《梅花烙》主要情节基于如下人物展开:硕亲王、福晋倩柔(雪如)、侧福晋翩翩、白吟霜、皓祯、皓祥、兰馨公主、崔嬷嬷、小寇子及阿克丹、秦嬷嬷、白胜龄、香绮、多隆、婉柔(雪晴)、苏嬷嬷、皇上、皇后等。

剧本《宫锁连城》中就原告主张的相关情节,主要在如下人物之间展开:富察翁哈岱将军、福晋纳兰映月、侧福晋如眉、连城、恒泰、明轩、醒黛公主、李嬷嬷、郭孝、郭嬷嬷、宋丽娘、佟家麟、皇上、皇后等。

将原被告作品的特定人物设置与特定情节之间的关联安排共同比对,呈现如下结果(剧本及小说《梅花烙》人物在前,剧本《宫锁连城》人物在后):

硕亲王(府中地位最高的家长,偷龙转凤的压力来源,福晋偷龙转凤前没有儿子且宠爱侧福晋翩翩,多年来以皓祯为骄傲,得知皓祯打架救吟霜时杖责小寇子……)——富察翁哈岱将军(府中地位最高的家长,偷龙转凤的压力来源,

福晋偷龙转凤前没有儿子且宠爱丫鬟如眉，多年来以恒泰为骄傲，得知恒泰打架救连城时鞭笞郭孝……），福晋倩柔/雪如（府中地位最高的女主人，连生三女，怀孕后遭受侧福晋地位威胁，偷龙转凤保护自己在府中的地位，得知皓祯与吟霜之间的恋情后赴小院见吟霜，后安排吟霜入府，目击吟霜梅花烙而认出女儿……）——福晋纳兰映月（府中地位最高的女主人，连生三女，怀孕后遭受侧福晋地位威胁，偷龙转凤保护自己在府中的地位，得知恒泰与连城之间的恋情后赴小院见连城，后安排连城入府，目击连城朱砂记而认出女儿……），侧福晋翩翩（回疆舞女，作为王爷寿礼，后被王爷收为侧室，为王爷生下次子皓祥，得知偷龙转凤的真相后，向公主告密（剧本）/与皓祥一同进宫告密（小说）……）——侧福晋如眉（府中丫鬟，蒙受宠爱后被将军收为侧室，后为将军生下次子明轩，得知偷龙转凤的真相后，与明轩一同向公主告密……），白吟霜（倩柔/雪如亲生女儿，生产当夜因偷龙转凤被遗弃，后被拾得，江湖卖唱长大并与皓祯相恋，后以丫鬟身份入府，与皓祯感情暴露后遭受兰馨公主折磨，后被皓祯纳为妾室，并被认为是狐妖……）——连城（映月亲生女儿，生产当夜因偷龙转凤被遗弃，后被拾得，在迎芳阁市井长大，并与恒泰相恋，后以丫鬟身份入府，与恒泰感情暴露后遭受醒黛公主折磨，后被恒泰纳为妾室，并被诬陷为狐妖附体……），皓祯（偷龙转凤换得的男孩儿，在王府长大，与吟霜相爱，替吟霜葬父，将吟霜安置在侍从小寇子三婶婆的院落中居住，又被指婚兰馨公主……）——富察恒泰（偷龙转凤换得的男孩儿，在将军府长大，与连城相爱，替连城葬母，将连城安置在侍从郭孝远房姑妈院落居住，又被

指婚醒黛公主……)，皓祥（侧福晋翩翩之子，嫉妒大哥，怨怼出身，在王爷面前陷害皓祯，得知偷龙转凤的秘密欲公之于众却遭受王爷软禁（剧本）/得知偷龙转凤的秘密后进宫告发（小说）……）——明轩（侧福晋如眉之子，嫉妒大哥，在将军面前陷害恒泰，得知偷龙转凤的秘密后向公主告发……），兰馨公主（深受皇上宠爱，后被皇上指婚皓祯，深爱皓祯，得知皓祯与吟霜的恋情后折磨吟霜，后试图与吟霜和好却被误解，相信吟霜是狐妖而请法师做法驱妖……）——醒黛公主（深受皇上宠爱的公主，后被皇上指婚恒泰，并深爱恒泰，得知恒泰与连城的恋情后折磨连城，后试图与连城和好却被误解，诬陷连城是狐妖附体而请法师做法驱妖……），崔嬷嬷（从小带兰馨长大，随兰馨入王府，为兰馨不平，出主意陷害吟霜……）——李嬷嬷（从小带醒黛长大，随醒黛入将军府，为醒黛不平，出主意陷害连城……），小寇子（皓祯贴身侍从，为皓祯受王爷杖责，替皓祯出主意安置吟霜……）——郭孝（恒泰贴身侍从，为恒泰受将军鞭刑，替恒泰出主意安置连城……），秦嬷嬷（倩柔/雪如贴身嬷嬷，偷龙转凤计划的知情者，陪伴倩柔/雪如会见吟霜，发觉吟霜恰似年轻时的倩柔/雪如……）——郭嬷嬷（映月贴身嬷嬷，偷龙转凤计划的知情者，陪伴映月会见连城，发觉连城恰似年轻时的映月……），白胜龄（吟霜养父，江湖卖唱为生，溪边拾得吟霜后养大成人，为保护吟霜被多隆及手下打成重伤而死……）——宋丽娘（连城养母，妓院老鸨，溪边拾得连城后养大成人，为保护连城被佟家麟及手下打成重伤而死……），多隆（在龙源楼强抢吟霜不成，被皓祯痛打，后再抢吟霜，打伤白胜龄致死……）——佟家麟（吏部侍郎之子，

纨绔子弟，在迎芳阁调戏连城不成，追至街市遭恒泰痛打，后再抢连城，打伤宋丽娘致死……)。

上述人物对应不仅体现为人物身份设置的对应以及人物之间交互关系的对应，更与作品的特定情节、故事发展存在不可分割的联系，而这种内在联系在被告提供的证据中是不存在的，可以认定为原告独创，并推定剧本《宫锁连城》在人物设置与人物关系设置上是以原告作品小说《梅花烙》、剧本《梅花烙》为基础进行的改编及再创作。

(2) 原告主张的作品情节比对

原告就剧本《梅花烙》提出主张的 21 个情节包括："偷龙转凤"、"女婴被拾，收为女儿"、"少年展英姿"、"英雄救美终相识，清歌伴少年"、"次子告状，亲信遭殃"、"弃女失神，养亲劝慰"、"恶霸强抢，养亲身亡，弃女破庙容身"、"少年相助，代女葬亲，弃女小院容身"、"钟情馈赠，私定终身，初见印痕"、"福晋小院会弃女，发觉弃女像福晋"、"皇上赐婚，多日不圆房"、"弃女入府，安置福晋身边"、"公主发现私情，折磨弃女"、"纳妾"、"面圣陈情"、"福晋初见印痕"、"福晋询问弃女过往，誓要保护女儿"、"道士做法捉妖"桥段、"公主求和遭误解"、"凤还巢"、"告密"。

原告就小说《梅花烙》提出主张的 17 个情节系为在上述剧本《梅花烙》情节中，去除"女婴被拾，收为女儿"、"次子告状，亲信遭殃"、"弃女失神，养亲劝慰"、"公主求和遭误解"后的其余情节。

根据本院查明情况，原告以附表形式所列的上述情节具体内容在剧本、小说《梅花烙》及剧本《宫锁连城》中，均有近似安排，并已构成具体表达。在此基础上，本院就原告

主张的上述情节，以剧本《宫锁连城》与原告剧本《梅花烙》、小说《梅花烙》逐一比对，并结合被告举证情况认定如下：

①原告主张剧本《宫锁连城》改编自原告剧本《梅花烙》、小说《梅花烙》的相关情节属于公知素材，剧本《梅花烙》、小说《梅花烙》的相关情节安排不具有显著独创性，因而不受著作权法保护的内容：

情节6、弃女失神，养亲劝慰（该情节原告基于剧本《梅花烙》提出主张）

剧本《梅花烙》在该部分的情节安排为：皓祯一个月未见吟霜，白胜龄发觉吟霜对皓祯的情愫，劝说吟霜两人身份地位悬殊，吟霜羞涩否认对皓祯的感情。

剧本《宫锁连城》就该部分的情节安排为：恒泰一个月未见连城，宋丽娘发觉连城对恒泰的情愫，安排连城相亲被拒绝后，劝说连城两人身份地位悬殊，连城羞涩否认对恒泰的感情。

情节14、纳妾（该情节原告基于剧本《梅花烙》及小说《梅花烙》共同提出主张）

剧本《梅花烙》在该部分的情节安排为：皓祯救下被兰馨动用私刑的吟霜，向全家宣布正式纳吟霜为妾。

小说《梅花烙》在该部分的情节安排与剧本《梅花烙》基本一致。

剧本《宫锁连城》就该部分的情节安排为：恒泰为连城洗脱冤案后，向全家宣布正式纳连城为妾。

情节17、福晋询问弃女过往，誓要保护女儿（该情节原告基于剧本《梅花烙》及小说《梅花烙》共同提出主张）

剧本《梅花烙》在该部分的情节安排为：倩柔发现吟霜

身上的梅花烙，向吟霜询问成长经历，决定日后保护女儿。

小说《梅花烙》在该部分的情节安排与剧本《梅花烙》基本一致。

剧本《官锁连城》就该部分的情节安排为：映月发现连城肩上的胎记后，询问连城成长经历，决定日后保护女儿。

上述情节属于公知素材，且在原告作品剧本《梅花烙》及小说《梅花烙》中，并未对此类情节进行显著的独创性设计及安排，无法推断原告剧本《梅花烙》及小说《梅花烙》为剧本《官锁连城》就相关情节的直接创作来源。

②原告主张剧本《官锁连城》改编自原告剧本《梅花烙》、小说《梅花烙》的相关情节基础素材属于公知素材，但原告就相关素材进行了独创性的艺术加工，以使情节本身具有独创性，但剧本《官锁连城》与原告就相关情节的独创设置不构成实质相似的内容：

情节2、女婴被拾，收为女儿（该情节原告基于剧本《梅花烙》提出主张）

剧本《梅花烙》在该部分情节安排为：拾婴者为两位——江湖艺人白胜龄及其妻子，拾婴地点是溪边，方式为溪中捞取盛装婴儿的篮子。两人在拾得婴儿后，存在"归还"到"收养"的心理过程。

剧本《官锁连城》中，对该部分情节的安排为：拾婴者为一位——迎芳阁老鸨宋丽娘，拾婴地点是溪边，方式为石头后面捡到婴儿。宋丽娘在拾得婴儿后，并未产生归还婴儿的打算，而是径行决定收养。

情节3、少年展英姿（该情节原告基于剧本《梅花烙》及小说《梅花烙》共同提出主张）

剧本《梅花烙》在该部分情节的安排为：皓祯12岁那年，与王爷一同率人狩猎，期间展现了皓祯的骑艺及箭法。而皓祯回到府中，与倩柔的一番对话令倩柔感动其孝心并思念自己的亲生女儿。

小说《梅花烙》在该部分情节的安排为：在剧本《梅花烙》的基础上，去除了皓祯回到府中，与雪如谈话的内容，对于皓祯骑射功夫等主要以叙述表达。

剧本《宫锁连城》中，对该部分的安排为：二十岁的恒泰已然为富察府的少将军，一日在军营练兵之时展露伸手，武艺高超，骑射精湛。恒泰与映月话别之时，映月满意恒泰的长进，思念自己的亲生女儿。

情节4、英雄救美终相识，清歌伴少年（该情节原告基于剧本《梅花烙》及小说《梅花烙》共同提出主张）

剧本《梅花烙》在该部分的情节安排为：二十岁的皓祯在龙源楼遇到卖唱的吟霜及其养父正遭受多隆调戏，出手相救打退多隆及其手下，救下吟霜父女，事后皓祯常来龙源楼听吟霜唱曲。

小说《梅花烙》在该部分的情节安排与剧本《梅花烙》基本一致。

剧本《宫锁连城》就该部分的情节安排为：二十岁的恒泰在街头偶遇连城遭佟家麟率众追赶，出手相救打退佟家麟及其手下，救下连城，事后恒泰听连城唱歌。连城与恒泰的相遇地点并非酒楼，而是闹市；两人此次相遇并非初次谋面；恒泰救下连城也并非因为看到佟家麟调戏连城而使连城及宋丽娘一同陷入险境。

情节11、皇上赐婚，多日不圆房（该情节原告基于剧本

《梅花烙》及小说《梅花烙》共同提出主张）

　　剧本《梅花烙》在该部分的情节安排为：皓祯奉命与素未谋面的兰馨公主成婚，婚后皓祯接连5日假醉以逃避与兰馨圆房，期间兰馨体谅、照顾皓祯。

　　小说《梅花烙》在该部分的情节安排与剧本《梅花烙》基本一致。

　　剧本《宫锁连城》就该部分的情节安排为：恒泰奉命与醒黛公主成婚，但成婚前，恒泰在宫中任职，与醒黛已然相识。婚后，恒泰借口公务繁忙或伤病原因，多日回避与醒黛圆房，期间醒黛以各种方式试图亲近恒泰，均被恒泰拒绝。

　　情节12、弃女入府，安置福晋身边（该情节原告基于剧本《梅花烙》及小说《梅花烙》共同提出主张）

　　剧本《梅花烙》在该部分的情节安排为：皓祯与兰馨公主成婚后，数日装醉，拒绝与公主圆房。倩柔为了诱使皓祯与公主圆房，答应皓祯迎接吟霜入府。当晚，皓祯与公主圆房，事后倩柔安排吟霜以小寇子三婶婆干女儿的身份入府为丫鬟，伺候倩柔身侧。

　　小说《梅花烙》在该部分的情节安排为：皓祯与兰馨公主成婚后，数日装醉，拒绝与兰馨圆房。皓祯告知雪如自己心仪吟霜，雪如得知吟霜的存在，驱车前往吟霜居住的小院会面后，本想劝说吟霜离开皓祯，吟霜宁愿以死明志，雪如深受感动，于是安排吟霜以小寇子三婶婆干女儿的身份入府为丫鬟，伺候雪如身侧。

　　剧本《宫锁连城》就该部分的情节安排为：恒泰为救连城，延误了与醒黛的婚礼，事后映月为促成恒泰与醒黛完婚以维护阖府安宁，安排连城以郭嬷嬷远亲身份入府为丫鬟，伺候映月身侧。

情节13、公主发现私情，折磨弃女（该情节原告基于剧本《梅花烙》及小说《梅花烙》共同提出主张）

剧本《梅花烙》在该部分的情节安排为：兰馨在府中发现吟霜与皓祯共处一室，撞破两人私情，于是听从崔嬷嬷的献计，将吟霜从倩柔处要来自己房里服侍，借机百般折磨吟霜（一次次将茶水、热粥、洗脸水打翻在吟霜身上，命吟霜手捧烛台在旁服侍，对吟霜动用私刑等）。

小说《梅花烙》在该部分的情节安排与剧本《梅花烙》基本一致。

剧本《宫锁连城》在该部分的情节安排为：醒黛初次在府中发现恒泰与连城共处一室，但经映月解围并未怀疑恒泰与连城之间存在更多暧昧关系；后来醒黛听李嬷嬷献计，用香包配在不同侍女身上，才发现恒泰与连城的私情。后醒黛又听李嬷嬷之计，从映月处要来连城到自己房里伺候，借机折磨连城（命连城空手剥小核桃、分配繁重的洗衣工作等）

情节15、面圣陈情（该情节原告基于剧本《梅花烙》及小说《梅花烙》共同提出主张）

该情节在剧本《梅花烙》、小说《梅花烙》及剧本《宫锁连城》中，均体现为皓祯/恒泰与皇上的对话，情节以对话方式展现，有明显差异。

情节16、福晋初见印痕（该情节原告基于剧本《梅花烙》及小说《梅花烙》共同提出主张）

剧本《梅花烙》在该部分的情节安排为：吟霜被污与多隆、阿克丹有染，并质疑腹中胎儿非皓祯之子。吟霜羞愤之下向外跑去，却被崔嬷嬷绊倒跌下回廊，皓祯飞身相救，吟

霜衣袖扯破，梅花烙印乍现，倩柔看到，认出吟霜就是自己当年遗弃的亲生女儿。

小说《梅花烙》在该部分的情节安排与剧本《梅花烙》基本一致。

剧本《宫锁连城》就该部分的情节安排为：映月与醒黛合谋设计连城，诬陷连城与江逸尘有染，并率恒泰赶至意欲捉奸。连城辩解之时被醒黛扯破衣袖，露出肩头胎记，映月恰好看到，认出连城就是自己当年遗弃的亲生女儿。

情节 20、凤还巢（该情节原告基于剧本《梅花烙》及小说《梅花烙》共同提出主张）

剧本《梅花烙》在该部分的情节安排为：皇上得知皓祯为宠爱吟霜冷落公主，降罪吟霜出家为尼，倩柔无法承受女儿的悲惨命运，情急之下说破当年偷龙转凤的真相。

小说《梅花烙》在该部分的情节安排与剧本《梅花烙》基本一致。

剧本《宫锁连城》就该部分的情节安排为：映月在恒泰的逼问下，说出当年偷龙转凤的真相，被将军听到。将军告知映月已经设计在栖霞峰害死连城时，映月情急之下说出连城即为将军与映月的亲生女儿。

上述情节，虽在原告小说《梅花烙》、剧本《梅花烙》中存在独创设计及表达，且在剧本《宫锁连城》中存在对应的设置，但在具体情节安排上，存在明显差异，不能直接推定原告剧本《梅花烙》及小说《梅花烙》为剧本《宫锁连城》的直接创作来源。

③原告主张剧本《宫锁连城》改编自原告小说《梅花烙》、剧本《梅花烙》的相关情节为原告作品中的独创情节，且剧

本《宫锁连城》中的对应情节安排与原告作品构成实质性相似关联的内容:

情节1、偷龙转凤（该情节原告基于剧本《梅花烙》及小说《梅花烙》共同提出主张）

该部分在剧本《梅花烙》中的情节安排为:清朝乾隆年间,硕亲王府福晋倩柔已为王爷生下三个女儿,王爷没有子嗣,恰逢王爷寿辰,回疆舞女翩翩被作为寿礼献予王爷。倩柔在府中地位遭受威胁,此胎如再生女孩,则可能地位不保。姐姐婉柔便出主意,如果再生女孩,则不惜偷龙转凤换成男孩。生产当夜,倩柔生下女婴,婉柔将换出的女婴遗弃溪边。遗弃女婴前,倩柔在女婴肩头烙下梅花烙,作为日后相认的证据。

"偷龙转凤"情节设计的戏剧目的在于实现男女主人公的身份调换。原告剧本《梅花烙》及小说《梅花烙》在这一情节上,设定了一系列的独创性设计:倩柔连生三女,王爷没有儿子,倩柔在府中地位受侧福晋翩翩威胁,生男生女将可能直接关系到倩柔命运的特定背景;偷龙转凤的计划于倩柔生产前3个月由姐姐婉柔谋划;偷换孩子时于亲子肩头部位留下烙印作为日后相认依据等。此类细节及特定设置组合成原告就其作品中偷龙转凤情节的独创安排,使原告就该情节的设置区别于其他作品中的相关设计而具有独创性。

剧本《宫锁连城》就该部分的情节安排为:清朝乾隆年间,富察将军府,福晋映月连生三女,将军膝下无子,并宠幸侍女如眉以致如眉怀孕,映月府中地位受威胁,生男生女将可能直接关系到映月的命运;于是映月与郭嬷嬷谋划,如再生女儿则不惜偷龙转凤换成男孩。生产当日,映月生下女

婴，郭嬷嬷趁乱掉包，将女婴遗弃溪边。女孩送走前，映月发现女婴肩头部位有一片朱砂记。

情节5、次子告状，亲信遭殃（该情节原告基于剧本《梅花烙》提出主张）

该部分在剧本《梅花烙》中的情节安排为：多隆被皓祯痛打后，将皓祯为救吟霜与多隆冲突的事告知皓祥。皓祥嫉妒大哥，为陷害皓祯，将此事告知王爷。王爷得知后雷霆震怒，斥责小寇子带坏皓祯，杖责小寇子。无奈皓祯与小寇子主仆情深，情急之下以身抵挡小寇子杖责，在倩柔的央求下王爷方才作罢。

该情节的戏剧目的在于在皓祯与吟霜之间形成阻隔，以致二人多日未见，而为了实现这一目的，原告安排两人阻隔的原因是王爷对皓祯做法的否定态度，而王爷得知消息的来源是皓祥，皓祥的消息来源又是皓祯救吟霜时痛打的多隆，而皓祥之所以告密是基于对自己出身的怨怼及对皓祯的嫉妒以至于故意陷害。王爷反对态度的表现方式并不是严惩皓祯，而是杖责皓祯的贴身侍从小寇子，小寇子得以解难的原因又是皓祯以身相护及倩柔的求情。这些设置及安排构成了"次子告状，养亲遭殃"一节在原告作品中的独创内容而区别于其他作品就相关情节的设计。

剧本《宫锁连城》就该部分的情节安排为：佟家麟被恒泰痛打后，将恒泰为救连城与佟家麟冲突的事告知明轩。明轩嫉妒大哥，为陷害恒泰，将此事告知将军。将军得知后雷霆震怒，斥责郭孝带坏恒泰，鞭笞郭孝。无奈恒泰与郭孝主仆情深，情急之下以身抵挡郭孝鞭刑，在映月的央求下将军方才作罢。

情节7、恶霸强抢，养亲身亡（该情节原告基于剧本《梅花烙》及小说《梅花烙》共同提出主张）

该部分在剧本《梅花烙》中的情节安排为：皓祯一个月未见吟霜，多隆又来龙源楼强抢吟霜。白胜龄为保护女儿，被多隆及其随从打成重伤，虽经吟霜四处求医，却不治身亡。吟霜被店主人赶出龙源楼，孤苦无依，破庙容身。

小说《梅花烙》在该部分的情节安排与剧本《梅花烙》基本一致。

这一情节的戏剧目的在于令吟霜处于孤苦无依的悲惨境地。为了实现这一目的，原告在具体情节上安排了：吟霜陷入孤苦无依的原因是其养父白胜龄的去世；白胜龄是因保护吟霜以致重伤不治身亡；重伤而害死白胜龄的，恰是再来强抢吟霜的多隆，而多隆之所以再来则是利用了皓祯的保卫空虚。原告对这一情节的设计及编排，体现了原告的独创智慧，并形成该部分情节区别于其他作品的独创性。

剧本《宫锁连城》就该部分的情节安排为：恒泰许久未见连城，佟家麟又来迎芳阁闹事，欲强抢连城。宋丽娘为保护女儿，被佟家麟及其随从打成重伤，迎芳阁失火，连城带宋丽娘四处求医，丽娘不治身亡。连城孤苦无依，破庙容身。

情节8、少年相助，代女葬亲，弃女小院容身（该情节原告基于剧本《梅花烙》及小说《梅花烙》共同提出主张）

剧本《梅花烙》在该部分的情节安排为：皓祯得知白胜龄被打死，为吟霜安置埋葬了白胜龄，并从天桥救回卖身葬父的吟霜，之后听从贴身侍从小寇子的建议，安置吟霜住在小寇子远亲的院落，并为吟霜打点好日常一切所需。

小说《梅花烙》在该部分的情节安排与剧本《梅花烙》

基本一致。

该情节安排的戏剧目的在于,安排皓祯与吟霜日后继续交往及发展感情的客观条件。为达到这一戏剧目的,原告设计吟霜居住在皓祯知道并便于相会的地方,而这个落脚地的寻得是来自小寇子的推荐,地点则是其三婶婆的闲置院落;安顿吟霜落脚的是皓祯;皓祯之所以帮助吟霜,恰是得知白胜龄的死造成吟霜孤苦无依的境地;而吟霜能够安心住在小院,也是基于皓祯已经安排白胜龄入葬。原告就该情节的连续设计,构成了区别于其他作品的独创情节。

剧本《宫锁连城》就该部分的情节安排为:恒泰得知宋丽娘被打死,为连城安置埋葬了宋丽娘,并从佟家麟处救回为母伸冤反遭设计的连城,之后听从贴身侍从郭孝的建议,安置连城住在郭孝远亲的院落,并为连城打点好日常一切所需。

情节9、钟情馈赠,私定终身,初见印痕(该情节原告基于剧本《梅花烙》及小说《梅花烙》共同提出主张)

剧本《梅花烙》在该部分的情节安排为:皓祯再来找吟霜,却发现吟霜不在住处,派人寻找未果,焦急等待吟霜回来。吟霜傍晚回来,皓祯一通责难,后来得知吟霜外出是为自己准备礼物——白狐绣屏,两人当晚互诉衷肠,私定终身,皓祯发现吟霜肩上的梅花烙印。原告在这一情节的设置中,先设计了吟霜擅自出门引发皓祯焦虑的基础,之后安排吟霜回来后皓祯不明就里的责难,对于吟霜外出的原因则设计为为皓祯赶制礼物——白狐绣屏,真相说清后则引起两人真情流露,当晚私定终身,而吟霜肩头的梅花烙则恰是在两人私定终身的当天由皓祯发现。

小说《梅花烙》在该部分的情节安排与剧本《梅花烙》基本一致。

该情节的戏剧目的在于，造成皓祯与吟霜私定终身的局面。为达到该戏剧目的，原告安排：皓祯与吟霜的私定终身源于二人的真情流露；促成真情流露的动因是皓祯得知吟霜心意之后两人的互诉衷肠；而皓祯能够得知吟霜心意，则是基于吟霜的钟情馈赠；吟霜为赶制礼物而外出，皓祯却因吟霜的外出而焦虑万分，甚至在吟霜回来后大加责骂。结合原告的陈述，梅花烙的位置设计在吟霜的肩头这一隐秘部位，在二人私定终身的情况下，安排皓祯发现吟霜肩头的梅花烙是作者基于艺术美感的考虑，因此，在该情节中，也安排了皓祯在二人私定终身后，发现了吟霜肩头的梅花烙。原告就该情节的相关设计足以构成区别于其他作品的独创内容。

剧本《宫锁连城》就该部分的情节安排为：恒泰再来找连城，却发现连城不在住处，四处寻找未果，焦急等待连城回来。连城傍晚回来，恒泰一通责难，后来得知连城外出是为自己准备礼物——一件衣服，两人当晚互诉衷肠，私定终身，恒泰发现连城肩上的朱砂记。

情节 10、福晋小院会弃女，发觉弃女像福晋（该情节原告基于剧本《梅花烙》及小说《梅花烙》共同提出主张）

剧本《梅花烙》在该部分的情节安排为：皓祯彻夜不归，回府后被倩柔撞到，于是和盘托出自己倾心吟霜之事，倩柔同意赴小院会见吟霜。起初倩柔见到吟霜，试图用钱收买，让吟霜对皓祯死心。但吟霜不为所动，不惜以死明志。倩柔被吟霜感动。回府后，倩柔与秦嬷嬷商议间，发现两人均觉得吟霜像年轻时的倩柔。

小说《梅花烙》在该部分的情节安排为：皓祯与公主成亲后，连续五天未与公主圆房。无奈之下告知雪如自己心仪吟霜。雪如同意赴小院会见吟霜。起初雪如见到吟霜，试图用钱收买，让吟霜对皓祯死心。但吟霜不为所动，不惜以死明志。雪如被吟霜感动，又觉吟霜有几分眼熟。

该部分情节的戏剧目的在于，造成倩柔/雪如与吟霜的第一次会面，并建立倩柔/雪如与吟霜之间的关联。原告作品在该部分的安排为：倩柔/雪如会见吟霜，原因是得知皓祯与吟霜之间的感情，目的是劝吟霜离开皓祯；倩柔/雪如与吟霜见面的地点就在皓祯为吟霜安排落脚的小院；会面的劝说结果并没有奏效，倩柔/雪如反而认可吟霜的为人，更凑巧的是，倩柔/雪如及秦嬷嬷见到吟霜后，都觉得吟霜的相貌有几分眼熟，正像年轻时的倩柔/雪如。原告就该情节的相关设计足以构成区别于其他作品的独创内容。

剧本《宫锁连城》就该部分的情节安排为：恒泰从连城处回到官里当班，得知自己被皇上指婚醒黛公主，回府后闷闷不乐，与郭孝商议之时被映月听闻，恒泰便告知映月自己心仪连城之事。映月答应赴小院会见连城，并试图用钱收买，让连城对恒泰死心。但连城不为所动。映月离开后，与贴身郭嬷嬷商议中，均觉得连城像年轻时的映月。

情节18、道士做法捉妖（该情节原告基于剧本《梅花烙》及小说《梅花烙》共同提出主张）

剧本《梅花烙》在该部分的情节安排为：府内传闻吟霜是狐妖转世，兰馨公主听闻后心下焦虑，于是请来法师在庭院做法，指吟霜为妖，并对吟霜大行驱妖之法，百般折磨。

小说《梅花烙》在该部分的情节安排与剧本《梅花烙》

基本一致。

该部分的戏剧目的是令吟霜再度遭受兰馨的折磨。起因是兰馨质疑吟霜狐妖转世；采用的折磨手段是通过法师做法，对吟霜进行精神及肉体的攻击。原告就该情节的相关设计足以构成区别于其他作品的独创内容。

剧本《宫锁连城》就该部分的情节安排为：府中频现事端，醒黛公主于是陷害连城狐妖附体，从宫内请来萨满法师在庭院做法驱妖，对连城大行驱妖之法，百般折磨。

情节19、公主求和遭误解（该情节原告基于剧本《梅花烙》提出主张）

剧本《梅花烙》在该部分的情节安排为：吟霜被污不洁后小产，皓祯与兰馨之间嫌隙更深。崔嬷嬷劝说兰馨与吟霜交好方能缓和与皓祯的关系，兰馨听后，亲自带补品前来探望吟霜。路上遇到皓祯，疑心兰馨又来害吟霜。兰馨于是羞愤之下喝下补品以示清白。

该部分情节的戏剧目的是造成兰馨与吟霜之间关系的不可调和。兰馨求和的原因是发觉与皓祯之间的关系已至冰点，几乎无法维系；促成求和主意的是嬷嬷的劝说；兰馨求和的方式是为吟霜送补品探望；结果兰馨被皓祯误会下毒，未达到求和的目的，反而蒙羞，喝下补品以证明清白。原告就该情节的相关设计足以构成区别于其他作品的独创内容。

剧本《宫锁连城》就该部分的情节安排为：连城被污不洁后，恒泰看破是醒黛设计陷害吟霜，与醒黛嫌隙更深，甚至决定休掉醒黛。醒黛听取宫中侍女秦湘姑姑的劝说，得知与连城交好方能缓和与恒泰的关系，于是亲自带点心来探望连城，欲与连城修好。路上遇见映月，疑心醒黛又来害连城。

醒黛羞愤之下吃下点心以示清白。

情节 21、告密（该情节原告基于剧本《梅花烙》及小说《梅花烙》共同提出主张）

剧本《梅花烙》在该部分的情节安排为：偷龙转凤的真相说破后，皓祥得知皓祯并非王爷的儿子，自己才是府中唯一的贝勒，心中不平，欲揭发此事，被王爷软禁。翩翩悲愤之下告知兰馨偷龙转凤之事。

小说《梅花烙》在该部分的情节安排为：偷龙转凤的真相说破后，皓祥得知皓祯并非王爷的儿子，自己才是府中唯一的贝勒，心中不平，于是携翩翩一同进宫告密。

该部分的戏剧目的在于，通过偷龙转凤秘密的公开，令整个剧情进入悲剧式的尾声。悲剧的产生原因是基于对偷龙转凤一事的告密；告密者是翩翩（剧本《梅花烙》）/翩翩与皓祥（小说《梅花烙》），告密原因是偷龙转凤的真相披露后，皓祥心有不平，决定将事件公之于众，翩翩在王爷软禁皓祥后爱子心切向公主告密（剧本《梅花烙》）/皓祥于是携翩翩共同进宫告密（小说《梅花烙》）。原告就该情节的相关设计足以构成区别于其他作品的独创内容。

剧本《宫锁连城》在该部分的情节安排为：偷龙转凤的真相说破后，明轩得知恒泰并非将军的儿子，自己才是府中唯一的长子，心中不平，于是携如眉一同向公主告密。

综上，在影视、戏剧作品创作中，特定的戏剧功能、戏剧目的，是通过创作者个性化的人物关系设置、人物场景安排、矛盾冲突设计来实现和表达的，基本的表达元素就是情节。

就该部分各情节的安排上，剧本《梅花烙》及小说《梅花烙》在情节表达上已经实现了独创的艺术加工,具备区别于其他作品相关表达的独创性。剧本《宫锁连城》就各情节的设置,与剧本《梅花烙》、小说《梅花烙》的独创安排高度相似,仅在相关细节上与原告作品设计存在差异(如:情节1中,将偷龙转凤的谋划安置在福晋与贴身嬷嬷之间;亲女肩上并未烫下烙痕,而是生来具有的朱砂记;情节5中,将军对郭孝施以鞭刑而非杖责;情节7中,设置迎芳阁失火的环节以致连城无处安身,而非被店家赶出;情节8中,恒泰救下连城的方式是从佟家麟府内救出而非天桥上;情节10中,恒泰告知映月倾心连城的时间是在得知指婚后及与醒黛成婚前;情节18中,连城并非狐妖,而是狐妖附体,并将情节安置在映月得知连城为其亲女前;情节19中,醒黛的慰问品是糕点,向醒黛进言之人为官中派来的侍女,拦截之人是映月而非恒泰等),而此类差异并不代表差异化元素的戏剧功能发生实质变更,以致于可造成与原告作品的情节设置相似的欣赏体验。在本案中,各被告亦未能充分举证证明剧本《梅花烙》及小说《梅花烙》中的上述相关内容缺乏独创性或剧本《宫锁连城》就相关情节另有其他创作来源等合理理由。剧本《宫锁连城》与原告剧本《梅花烙》及小说《梅花烙》在相关情节的设置上存在相似性关联。剧本《宫锁连城》就上述相关情节的设置,与原告作品剧本《梅花烙》(基于"偷龙转凤"、"次子告状,亲信遭殃"、"恶霸强抢,养亲身亡"、"少年相救,代女葬亲,弃女小院容身"、"钟情馈赠,私定终身,初见印痕"、"福晋小院会弃女,发觉弃女像福晋"、"道士做法捉妖"、"公主求和遭误解"、"告密"情节)及小说《梅花烙》(基于"偷龙转凤"、"恶霸强抢,养亲身亡"、"少年相救,

代女葬亲，弃女小院容身"、"钟情馈赠，私定终身，初见印痕"、"福晋小院会弃女，发觉弃女像福晋"、"道士做法捉妖"、"告密"情节）之间存在改编及再创作关系。

（3）关于作品整体比对的问题

本案原告主张的相关情节为剧本《梅花烙》中的21个情节以及小说《梅花烙》中的17个情节。

这些情节在剧本《梅花烙》中的分布顺序为：1."偷龙转凤"、2."女婴被拾，收为女儿"、3."少年展英姿"、4."英雄救美终相识，清歌伴少年"、5."次子告状，亲信遭殃"、6."弃女失神，养亲劝慰"、7."恶霸强抢，养亲身亡，弃女破庙容身"、8."少年相助，代女葬亲，弃女小院容身"、9."钟情馈赠，私定终身，初见印痕"、10."福晋小院会弃女，发觉弃女像福晋"、11."皇上赐婚，多日不圆房"、12."弃女入府，安置福晋身边"、13."公主发现私情，折磨弃女"、14."纳妾"、15."面圣陈情"、16."福晋初见印痕"、17."福晋询问弃女过往 誓要保护女儿"、18."公主求和遭误解"、19."道士做法捉妖"、20."凤还巢"、21."告密"。

剧本《梅花烙》中，基于上述情节排布顺序形成的逻辑推演关系为：偷龙转凤一节形成皓祯与吟霜的角色对换，情节关于梅花烙的设计，则为日后倩柔与吟霜的母女相认留下依据；吟霜被白胜龄收养，皓祯在王府成长，塑造了两人天地之差的成长环境及现实地位；皓祯在龙源楼打退多隆等人救下吟霜，造就了二人的相识，为日后相恋及作品故事的向下发展设定前提；而皓祯对吟霜的搭救加之皓祥对皓祯的嫉妒，引出了皓祥在得知此事后禀告王爷，导致王爷责罚小寇子，两人身份的悬殊也让白胜龄不得不劝说吟霜放弃对皓祯的感情；多隆的强抢及白胜龄的去世，令吟霜陷入无依无靠的境地，这就为皓祯安置吟霜住所提供了前提，而吟霜接受皓祯的帮助在小寇子三婶婆的院落住下，则为日后二人感情的深入发展提供条件；吟霜与皓祯私定终身，皓祯被皇上指婚，奠定了皓祯、吟霜与兰馨之间的恋爱纷争的基础；倩柔因得知皓祯与吟霜的感情，决定赴小院会见吟霜，这也是亲生母女二十年来的首度谋面；皓祯对吟霜的深深情义导致皓祯被皇帝赐婚后仍心系吟霜而无法在内心接受与兰馨的婚姻，于是有了皓祯逃避圆房的情节；而吟霜的入府则是倩柔基于皓祯与吟霜之间的情感而为保护王府安全作出的决定，也是日后兰馨发觉皓祯与吟霜之间感情的准备，并为兰馨对吟霜的迫害埋下伏笔；兰馨对吟霜的迫害将兰馨与皓祯及吟霜之间的矛盾推向顶峰，而皓祯则为保护吟霜，正式宣布纳吟霜为妾；三人之间的感情纠葛令皇上为兰馨的处境担忧，于是有面圣陈情一节，而皇上在此过程中却被皓祯说服而未予责罚，这也为日后皇上降罪吟霜打下基础；但纳妾及皇上的未予责罚并未让兰馨放下怨恨，对吟霜不洁的诬陷导致吟霜在府内地位更是堪忧，吟霜情急之下逃离时跌倒以致梅花烙的显现以及倩柔确认吟霜便是自己的亲生女儿并发誓保护吟霜，为后续偷龙转凤真相的揭示做好铺垫；兰馨为挽救与皓祯的关系，主动向吟霜求和，却被皓祯疑心下毒，兰馨对吟霜的记恨于是延续下来，后以吟霜为狐妖请法师做法驱妖的环节又将对吟霜的迫害升级，而皇上得知兰馨在王府的遭遇下令吟霜出家为尼，吟霜的蒙难将倩柔逼向崩溃，于是向王爷说出当年偷龙转凤的真相；得知真相后的皓祥基于多年来的内心积怨，欲将此事公之于众，却被王爷软禁，翩翩愤慭之下向公主告密。

在小说《梅花烙》中的分布顺序为：1."偷龙转凤"、2."少年展英姿"、3."英雄救美终相识，清歌伴少年"、4."恶霸强抢，养亲身亡，弃女破庙容身"、5."少年相助，代女葬亲，弃女小院容身"、6."钟情馈赠，私定终身，初见印痕"、7."皇上赐婚，多日不圆房"、8."福晋小院会弃女，发觉弃女像福晋"、9."弃女入府，安置福晋身边"、10."公主发现私情，折磨弃女"、11."纳妾"、12."面圣陈情"、13."福晋初见印痕"、14."福晋询问弃女过往 誓要保护女儿"、15."道士做法捉妖"、16."凤还巢"、17."告密"。

小说《梅花烙》相对于剧本《梅花烙》的情节排布的区别在于：在皓祯与吟霜私定终身前，已经得知皇上指婚的消息，而皓祯与吟霜的情义导致其在与兰馨成婚后始终逃避与之圆房，于是向雪如坦陈与吟霜之间的感情，雪如答应赴小院会见吟霜，起初希望借此打发吟霜离开皓祯，却反而被吟霜感动，于是接受小寇子的提议，接吟霜入府。

尽管小说《梅花烙》与剧本《梅花烙》的情节排布上存在细微差别，但并不导致基于情节而形成的逻辑推演关系与剧本《梅花烙》构成明显差异。原告作品剧本《梅花烙》及小说《梅花烙》基于特定素材的选择、加工及特定的排列组合，构成完整的情节推演并形成具有独创意义的整体作品。

在剧本《宫锁连城》中的分布为：1."偷龙转凤"、2."女婴被拾，收为女儿"、3."少年展英姿"、4."英雄救美终相识，清歌伴少年"、5."次子告状，亲信遭殃"、6."弃女失神，养亲劝慰"、7."恶霸强抢，养亲身亡，弃女破庙容身"、8."少年相助，代女葬亲，弃女小院容身"、9."钟情馈赠，私定终身，初见印痕"、10."福晋小院会弃女，发觉弃女像福晋"、11."弃女入府，安置福晋身边"、12."皇上赐婚，多日不圆房"、13."公主发现私情，折磨弃女"、14."纳妾"、15."面圣陈情"、16."道士做法捉妖"、17."福晋初见印痕"、18."福晋询问弃女过往，誓要保护女儿"、19."公主求和遭误解"、20."凤还巢"、21."告密"。

剧本《宫锁连城》相对于原告作品小说《梅花烙》、剧本《梅花烙》在整体上的情节排布及推演过程基本一致，仅在部分情节的排布上存在顺序差异：恒泰与连城私定终身后，得知皇上指婚的消息，向映月坦陈与连城的感情，映月于是同意去小院会见连城，并希望劝说连城离开恒泰而遭连城拒绝；恒泰迎亲当日得知连城危险，赶去搭救连城而拖延与醒黛的婚期，以致映月基于恒泰与连城的感情，为保全王府而安排接连城以丫鬟身份入府。但此类顺序变化并不引起被告作品涉案情节间内在逻辑及情节推演的根本变化，被告作品在情节排布及推演上与原告作品高度近似，并结合具体情节的相似性选择及设置，构成了被告作品与原告作品整体外观上的相似性，导致与原告作品相似的欣赏体验。而在各被告提交的证据中，并不存在其他作品与剧本《梅花烙》、小说《梅花烙》、剧本《宫锁连城》相似的情节设置及排布推演足以否定原告作品的独创性或证明被告作品的创作另有其他来源。

此外，作品中出现的不寻常的细节设计同一性也应纳入作品相似性比对的考量。如：原被告作品均提及福晋此前连生三女，但后续并未对该三女的命运做出后续安排和交代。

在著作权侵权案件中，受众对于前后两作品之间的相似性感知及欣赏体验，也是侵权认定的重要考量因素。以相关

受众观赏体验的相似度调查为参考,占据绝对优势比例的参与调查者均认为电视剧《宫锁连城》情节抄袭自原告作品《梅花烙》,可以推定,受众在观赏感受上,已经产生了较高的及具有相对共识的相似体验。

综上,可以认定,剧本《宫锁连城》作品涉案情节与原告作品剧本《梅花烙》及小说《梅花烙》的整体情节具有创作来源关系,构成对剧本《梅花烙》及小说《梅花烙》改编的事实。

五、《宫锁连城》电视剧是否侵害了《梅花烙》剧本及小说的摄制权

在本案中,被告湖南经视公司提出,即使剧本《宫锁连城》系改编自小说《梅花烙》及剧本《梅花烙》而来的,依据剧本《宫锁连城》拍摄电视剧《宫锁连城》的行为也并没有侵害小说《梅花烙》及剧本《梅花烙》的摄制权。

就此问题,本院认为,电视剧剧本是以文字形式表现未来剧目内容的一种文学式样,又称为"电视文学本",是电视艺术(包括电视剧)创作的文学基础。剧本的创作动因及用途均是用于电视剧的拍摄。基于这一特定的创作目的,电视剧本与小说在作品的表达方式上也有所不同。电视剧剧本的表述与结构要求精练严谨,要有很强的视觉形象感。电视剧剧本为导演、摄像、录音、美术等创作部门提供了最初的视听想象。优秀的电视剧本,能让人仿佛在观赏一组组活动画面,可以激发起表演者丰富的想象力和创作激情。因此,从影视作品创作角度来看,剧本到电视剧的转变是文字视听化的过程,而实现这一转变的两大核心创作活动就是剧本创作(包括改编)与影像摄制。

影视改编与摄制行为之间具有极其密切的附随关系，改编权与摄制权的行使目的具有较强的关联性与同一性，共同指向将作品拍摄成电影、电视作品的权利，以及授权他人以改编、摄制的方式使用作品并获得报酬的权利。在影视创作过程中，制片者为了剧本表达更加符合拍摄需求，通常会要求编剧直接参与剧本的修改，编剧也通常需要根据制片者的要求来多次调整剧本的创作内容。由此可见，编剧与制片者之间的创作沟通是自觉的、意思联络是主动的。

未经许可改编他人作品尽管对原作者来说是侵权作品，但改编作品本身也是创作活动的产物，依法享有著作权，但改编者在行使其著作权时，不得侵害原作品的著作权。也就是说，此时改编者对于改编作品仅享有消极意义上的著作权，即制止他人未经许可使用其改编作品的权利，而不享有积极意义上的著作权，即不得自行或许可他人使用其改编作品。根据在先作品创作的演绎作品同时包含原作者和演绎作者的智力成果，任何对改编作品的使用，也必然同时构成对原作品的使用。因此，对改编作品著作权的行使或任何对改编作品的使用行为，除法律有特别规定外，均应征得改编者和原作品著作权人的同意，否则不仅侵害改编作品的著作权，还将侵害原作品的著作权。

在本案中，鉴于电视剧《宫锁连城》就是依据剧本《宫锁连城》摄制而成的，二者在内容上基本一致，故该摄制行为依然属于原告陈喆享有的摄制权的控制范围内，未经许可摄制电视剧《宫锁连城》侵害了原告陈喆享有的摄制权。

六、侵害改编权及摄制权主体及民事责任的认定

1、侵害改编权行为主体及责任认定

不可否认，文学作品创作中难免出现创意借鉴的情形，但借鉴应当限制在合理的范围之内。同时，如果特定作品流传广泛、深入人心，甚至可能使其在其他作者心中留下深刻印象，在日后的创作中将他人的在先独创内容不自觉的加以使用，在此情况下作者依然要对其过失承担责任。也就是说，即使确系上述情况，该创作者的行为仍然构成侵害著作权。这是因为，一般情况下，知识产权侵权归责原则为过错责任原则，而其中过错的具体情形既包括明知也包括应知。也就是说，在行为人应当知晓而事实上并不知晓的情形下，依然具有过错。这就意味着侵权人的行为意图在司法考量范围以内。比如，在损害赔偿问题上，应适当考虑侵权人的主观状态，如侵权行为过错程度高，则应加重赔偿金的数额，反之则应适当减轻赔偿金数额。另外需要明确的是，面对侵权行为的发生及侵权损害的蔓延，对侵权行为的制止及对侵权后果扩大化的及时抑制应成为对权利人提供的首要救济措施，而这种制止和抑制，直接针对的是侵权行为及后果的存在，并为防范权利人因侵权所遭受损害的扩大化，更注重保护权利人的利益。

《中华人民共和国著作权法》第十条第一款第（十四）项规定，改编权，即改变作品，创作出具有独创性的新作品的权利。《中华人民共和国著作权法》第十二条规定，改编、翻译、注释、整理已有作品而产生的作品，其著作权由改编、翻译、注释、整理人享有，但行使著作权时不得侵犯原作品的著作权。

在本案中，原告陈喆作为剧本及小说《梅花烙》的作者、著作权人，依法享有上述作品的改编权，受法律保护。被告余征接触了原告剧本及小说《梅花烙》的内容，并实质性使用了原告剧本及小说《梅花烙》的人物设置、人物关系、具有较强独创性的情节以及故事情节的串联整体进行改编，形成新作品《宫锁连城》剧本，上述行为超越了合理借鉴的边界，构成对原告作品的改编，侵害了原告基于剧本《梅花烙》及小说《梅花烙》享有的改编权，依法应当承担相应的侵权责任。

另据本院查明的事实，电视剧《宫锁连城》的制片者负责剧本《宫锁连城》的审查及确认，剧本的立项、报批等工作也由制片者完成。被告湖南经视公司、东阳欢娱公司、万达公司及东阳星瑞公司作为电视剧《宫锁连城》的制片者，深入介入了剧本《宫锁连城》的创作工作。原告小说《梅花烙》的广泛发行及市场影响力、知名度，以及根据原告剧本《梅花烙》所拍摄电视剧《梅花烙》的广泛发行传播及较大的公众认知度的事实背景，使得被告湖南经视公司、东阳欢娱公司、万达公司、东阳星瑞公司已然知晓原告剧本《梅花烙》及小说《梅花烙》的内容。各被告在介入《宫锁连城》的剧本创作时，已完全了解剧本的全部内容，可明确判别该剧本内容存在使用原告作品剧本《梅花烙》及小说《梅花烙》进行改编的事实，以及依据该剧本拍摄电视剧将侵害原告相关著作权的结果。基于小说《梅花烙》的广泛发行及市场影响力、知名度，以及根据剧本《梅花烙》所拍摄电视剧《梅花烙》的广泛发行传播及较大的公众认知度的事实背景，根据被告湖南经视公司、东阳欢娱公司、万达公司及东阳星瑞公司的职业经验和应达到的注意程度，作为剧本的拍摄单位，在不排除知晓原告剧本及小说《梅花烙》内容的情况下，未

尽到注意义务。因此，五被告在剧本《宫锁连城》的创作过程中，存在着明知或应知剧本《宫锁连城》侵害他人著作权的共同过错。

《中华人民共和国侵权责任法》第九条第一款规定，教唆、帮助他人实施侵权行为的，应当与行为人承担连带责任。在本案中，被告湖南经视公司、东阳欢娱公司、万达公司及东阳星瑞公司对于被告余征侵害原告剧本及小说《梅花烙》改编权的行为提供帮助，因此，本院认定五被告共同侵害了原告剧本及小说《梅花烙》的改编权，依法应当承担连带责任。

2、侵害摄制权行为主体及责任认定

《中华人民共和国著作权法》第十条第一款第（十三）项规定，摄制权即以摄制电影或者以类似摄制电影的方法将作品固定在载体上的权利。

本案原告系剧本及小说《梅花烙》的著作权人，依法享有上述作品的摄制权，他人基于原告作品的独创性内容进行影视剧摄制时，需获得原告的许可并支付报酬，否则将构成侵害原告作品摄制权的行为。

电视剧《宫锁连城》的出品单位为本案被告湖南经视公司、东阳欢娱公司、万达公司、东阳星瑞公司。被告万达公司虽在诉讼中提交了《联合投资摄制电视剧协议书》，以证明其仅就该剧进行投资并享有投资收益而并未参与电视剧《宫锁连城》的相关制作工作，但该合同系相关方内部约定，不具有对抗善意第三人的效力。故本院认定被告万达公司与被告湖南经视公司、东阳欢娱公司、东阳星瑞公司同为电视剧《宫锁连城》的制片者，共同实施了摄制电视剧《宫锁连城》

的行为，应就电视剧《宫锁连城》侵害原告作品《梅花烙》摄制权的行为承担连带责任。

被告余征除作为电视剧《宫锁连城》的编剧外，同时担任该剧制作人、出品人、艺术总监，尽管余征并不属于著作权法意义上的制片者，但在其明知或应知《宫锁连城》剧本侵害原告作品著作权的情形下，仍向其他被告提供剧本《宫锁连城》的电视剧摄制权授权，并作为核心主创人员参与了该剧的摄制工作，为该剧的摄制活动提供了重要帮助，系共同侵权人，应就侵害原告摄制权的行为承担民事责任。

综上，本案五被告依法应就共同侵害原告作品改编权、摄制权的行为承担连带责任。

3、五被告是否应当停止发行、传播电视剧《宫锁连城》

《中华人民共和国著作权法》第十二条规定，改编作品作为著作权法意义上的演绎作品，受到法律的保护，但作者对演绎作品行使著作权权利，不得侵犯原作者的合法权利。由此可知，原告陈喆作为在先作品的著作权人，对其作品权利的控制力及于其作品的演绎作品，包括对演绎作品的改编、复制、摄制、发行等行为。

在本案中，各被告未经原告陈喆许可，擅自改编剧本及小说《梅花烙》创作剧本《宫锁连城》及对上述行为提供帮助，并以该剧本为基础拍摄、发行电视剧《宫锁连城》，侵害了原告陈喆依法就剧本《梅花烙》及小说《梅花烙》享有的改编权及摄制权。必须指出，就剧本和小说进行利用的方式有多种，但拍摄成影视作品的方式则是其中最具市场影响和商业价值的利用方式，因此，未经许可改编和摄制剧本和小说对于著作权人的利益影响巨大。

关于对于被告是否应当承担停止侵害的法律责任，即停止电视剧《宫锁连城》的复制、发行与传播行为的问题，本院认为，著作权法的根本宗旨是保护文学、艺术和科学作品作者的著作权，以及与著作权有关的权益，鼓励有益于社会精神文明、物质文明建设的作品的创作和传播，促进社会文化和科学事业的发展与繁荣。著作权权益与社会价值的实现，有赖于作品的创新、使用与传播，而著作权作为知识产权的重要内容，在保护作品的创作与激励作品的传播方面是统一的，两者之间并不存在根本矛盾与冲突。

著作权作为权利人所享有的一项独占排他性支配其作品的权利，是一种类似于物权的专有权利，当著作权遭受侵害时，即使行为人的过错较轻，权利人亦有权提出停止侵害的诉讼主张。停止侵害这一民事责任形式能迅速阻却即发的侵权行为，防止侵权损害的扩大，有效维护权利人著作权权益。损害著作权权益的行为，本质上将损害作品创新的原动力；强化对著作权的保护，不仅仅可以有效维护著作权人的私人利益，更重要的是符合社会公众的普遍公共利益。

在本案中，被告的《宫锁连城》剧本及电视剧实质性整体改编了原告的小说及剧本《梅花烙》，《宫锁连城》现有的人物设置、人物关系、重要情节及情节串联整体的创作表达很大程度上来源于原告作品，是原告作品的主要创作表达，据此可以认定原告作品在被告作品中被使用的程度较高。在此情况下，如果被告未经许可所实施的侵权发行行为得以继续，将实际上剥夺原告对于其作品权利的独占享有，并实质阻碍或减少原告作品再行改编或进入市场的机会，有违公平原则。

截至本案庭审结束日，电视剧《宫锁连城》已经持续公开播映超过 8 个月，尽管各被告未按照法院要求提交编剧合同及发行合同，基于市场合理价格及商业交易惯例判断，被告余征应已取得了较高金额的编剧酬金，被告湖南经视公司、东阳欢娱公司、万达公司、东阳星瑞公司应已取得了的较高的发行收益。在此情况下，判令停止复制、发行和传播电视剧《宫锁连城》，不会导致原被告之间利益失衡。

本院认为，权利人合法有据的处分原则应当得到尊重，只有当权利人行使处分权将过度损害社会公共利益和关联方合法权益时，才能加以适度限制，以保障法律适用稳定性与裁判结果妥当性的平衡。而基于本案中被告的过错及侵权程度、损害后果、社会影响，应判令停止电视剧《宫锁连城》的复制、发行及传播为宜。

4、被告余征是否应当承担消除影响、赔礼道歉的责任

《中华人民共和国著作权法》第四十七条第（六）项规定，未经著作权人许可，以展览、摄制电影和以类似摄制电影的方法使用作品，或者以改编、翻译、注释等方式使用作品的，应当根据情况，承担停止侵害、消除影响、赔礼道歉、赔偿损失等民事责任。据此，本案中五被告应就其侵害原告改编权、摄制权的行为承担停止侵害、消除影响、赔礼道歉、赔偿损失的民事责任。鉴于原告就赔礼道歉的诉讼请求仅针对被告余征提出，本院视为原告自愿放弃对其余四被告的该项民事权利主张。

5、五被告是否应当承担损害赔偿责任

《中华人民共和国著作权法》第四十九条规定，侵犯著作权或者与著作权有关的权利的，侵权人应当按照权利人的

实际损失给予赔偿;实际损失难以计算的,可以按照侵权人的违法所得给予赔偿。赔偿数额还应当包括权利人为制止侵权行为所支付的合理开支。

原告陈喆在起诉状及庭审陈述中均表示,在发现各被告侵权情形之时,原告正在依据小说及剧本《梅花烙》进行电视剧《梅花烙传奇》的剧本改编,因各被告的侵权行为而不得不停止《梅花烙传奇》的剧本创作;被告的侵权行为,对原告剧本《梅花烙传奇》的创作造成了实质性妨碍与影响,但对于已实际造成的损失,原告未提供证据加以证明。

本案中,原告陈喆主张以被告违法所得作为损害赔偿的计算依据。诉讼中,原告陈喆要求各被告提交电视剧《宫锁连城》编剧合同,以确定其编剧酬金;原告陈喆要求各被告提交电视剧《宫锁连城》发行合同,以确定各被告发行《宫锁连城》剧的获利情况。各被告在明显持有编剧合同及发行合同的情形下,以上述合同涉及商业秘密为由未提供,且并未就原告陈喆的上述主张提出其他抗辩证据或充分、合理的反驳理由。因此,本院推定原告陈喆在庭审中主张的被告余征编剧酬金标准及《宫锁连城》剧的发行价格具有可参考性。

小说或剧本的影视改编、摄制、发行活动,是实现小说或剧本市场价值、商业利益的重要方式。自2014年4月8日起,电视剧《宫锁连城》已经在湖南卫视等多家电视台卫星频道完成首轮及二轮播出,在多家视频网站进行了信息网络传播权许可使用,公开可查的数据资料显示,该剧的电视收视率及网站点击率均较高,参考同期热播电视剧应有的市场发行价格,本院认为,原告主张基于各被告违法所得给予侵权损害赔偿的请求具有合理性,且确定侵权赔偿数额应当能

够全面而充分的弥补原告因被侵权而受到的损失。

原告陈喆关于赔偿经济损失及诉讼合理支出的诉讼请求，缺乏充分的依据，本院将根据涉案作品的性质、类型、影响力、被告侵权使用情况、侵权作品的传播时间与传播范围、被告各方应有的获利情况以及原告为本案支出的律师费、公证费等因素综合考虑，酌情确定各被告赔偿原告经济损失及诉讼合理支出的数额。

鉴于本案纠纷为侵权诉讼，属于给付之诉，而诉讼请求应当指向被告是否应当承担民事责任以及承担何种具体内容的民事责任，对于侵权行为性质的认定则属于此类案件审理中应当查明和认定的内容，因此，关于原告要求认定五被告侵害其改编权和摄制权的诉讼请求，本院在本判决中予以明确但不作为判决主文的内容。

综上所述，依据《中华人民共和国著作权法》第十条第一款第（十三）项、第（十四）项、第十一条第四款、第十二条、第四十七条第（六）项、第四十九条第一款，《中华人民共和国侵权责任法》第九条第一款，《最高人民法院关于审理著作权民事纠纷案件适用法律若干问题的解释》第七条第一款、第九条，《最高人民法院关于民事诉讼证据的若干规定》第十七条第（二）项、第（三）项、第七十五条之规定，判决如下：

一、被告湖南经视文化传播有限公司、东阳欢娱影视文化有限公司、万达影视传媒有限公司、东阳星瑞影视文化传媒有限公司于本判决生效之日起立即停止电视剧《宫锁连城》的复制、发行和传播行为；

二、被告余征于本判决生效之日起十日内在新浪网、搜狐网、乐视网、凤凰网显著位置刊登致歉声明，向原告陈喆公开赔礼道歉，消除影响（致歉声明的内容须于本判决生效后五日内送本院审核，逾期不履行，本院将在《法制日报》上刊登本判决主要内容，所需费用由被告余征承担）；

三、被告余征、湖南经视文化传播有限公司、东阳欢娱影视文化有限公司、万达影视传媒有限公司、东阳星瑞影视文化传媒有限公司于本判决生效之日起十日内连带赔偿原告经济损失及诉讼合理开支共计五百万元；

四、驳回原告陈喆的其他诉讼请求。

如未按本判决指定的期间履行给付金钱义务，应当依照《中华人民共和国民事诉讼法》第二百五十三条之规定，加倍支付迟延履行期间的债务利息。

案件受理费143 365元，由原告负担43 365元（已交纳），由被告共同负担100 000元（于本判决生效后7日内交纳）。

如不服本判决，陈喆可在判决书送达之日起30日内，余征、湖南经视文化传播有限公司、东阳欢娱影视文化有限公司、万达影视传媒有限公司、东阳星瑞影视文化传媒有限公司可在判决书送达之日起15日内向本院递交上诉状，并按对方当事人的人数提出副本，上诉于北京市高级人民法院。

（转下页）

（此页无正文）

审 判 长　　宋鱼水
代理审判员　　冯　刚
代理审判员　　张玲玲

二〇一四年十二月二十五日

书 记 员　　陈 雁

附图：人物关系对比图

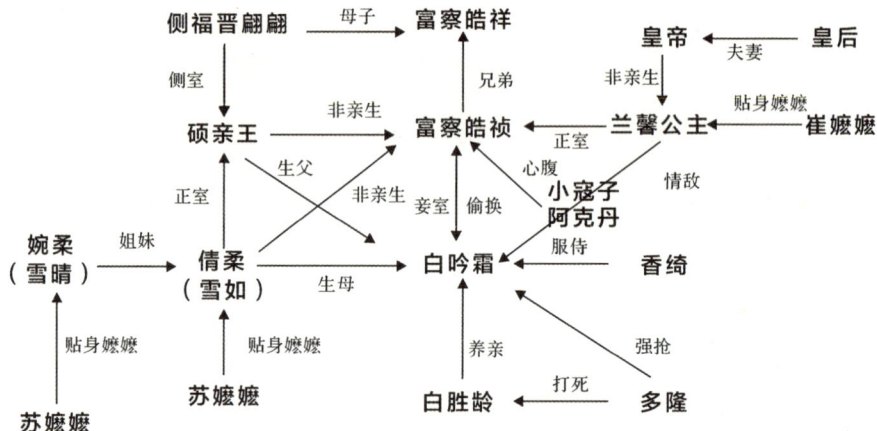

琼瑶
诉于正案
始末

173

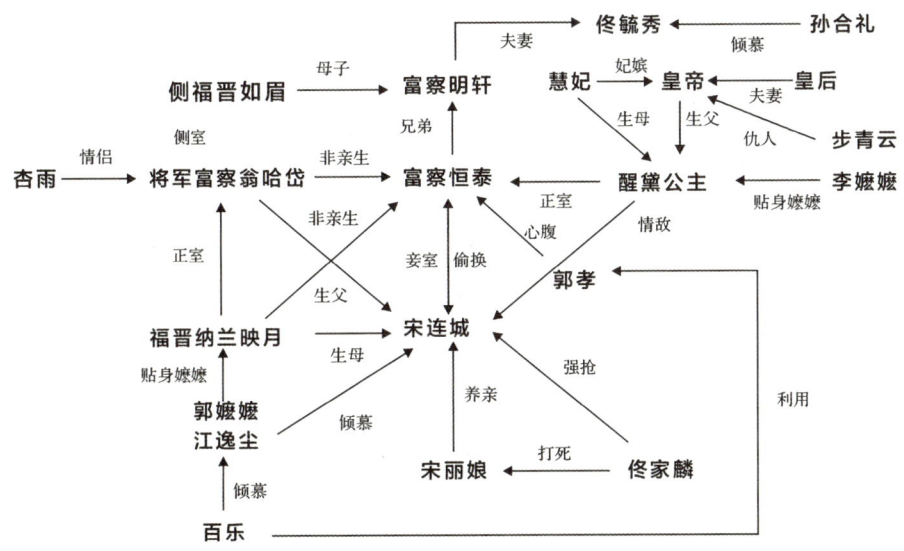

附表：《梅花烙》小说及剧本与《宫锁连城》电视剧及剧本相似情节对比

相似情节及片段	小说《梅花烙》	剧本《梅花烙》	《宫锁连城》剧本电视剧
偷龙转凤	清朝，京城富察氏硕亲王爷无子嗣，王爷三女，已连生三女，福晋再度怀胎，福晋盼得一男孩，王爷新纳王爷拜佛对妻对身孕也怀福晋为侧室，并封成男胎，福晋暗换男孩，与姐妹成男孩，福晋暗换男孩，一旦再生女孩，则偷换三个月女儿生下女婴，在肩头印梅花烙，福晋临盆，并未如愿，福晋用梅花烙，苏嬷嬷趁乱棹包，遗弃溪边。	清朝，京城富察氏硕亲王府，王爷三女，已连生三女，福晋再度怀胎，福晋盼得一男孩，王爷新纳王爷拜佛对妻对身孕也怀福晋为侧室，并封成男胎，福晋暗换男孩，与姐妹成男孩，福晋暗换男孩，一旦再生女孩，则偷换三个月女儿生下女婴，在肩头印梅花烙，福晋临盆，并未如愿，福晋用梅花烙，苏嬷嬷趁乱棹包，遗弃溪边。	清朝，京城蔡将军府，将军无子嗣，现将军夫人已连生三女，烧香拜佛盼得一男孩，将军再度纳丫环如眉造胎，如眉也怀得一男孩，对福晋新纳晋地酝酿，将军地位造成威胁，福晋与贴身嬷嬷暗中酝酿，一旦福晋生男孩，如愿，生下三个月女儿，偷龙转凤，福晋临盆前，郭嬷嬷发现女婴，遗弃溪边。

相似情节及片段	小说《梅花烙》	剧本《梅花烙》	《宫锁连城》剧本/电视剧
女婴被拾收为女儿	偷龙转凤所得男婴为王爷府长子，取名皓祯，是唯一的儿子，武双全，文滥骑射，深得人心，是王爷一家的骄傲。	江湖艺人白胜龄夫妇膝下无子女，这天在溪畔练唱，偶然听见婴儿啼哭，拾得王府弃婴，甚为喜爱，收为女儿，深得王爷府取名吟霜，并发现弃婴肩头有一块胎印的梅花烙印。	青楼女子宋丽娘膝下无子女，在溪畔排练歌舞时，偶然听见婴儿啼哭，拾得将军府弃婴，甚为喜爱，收为女儿，取名连城，并发现弃婴肩头有一块胎记。
少年展英姿	偷龙转凤所得男婴为王爷府长子，取名皓祯，是唯一的儿子，武双全，文滥骑射，深得人心，是王爷一家的骄傲。	取名皓祯，是将军长子，骑射精湛，善骑射，陪同一家将士爱戴及将军欣赏，生感身展精孝心会慰福晋，誓为母争气，长进。	取名恒泰，是将军府唯一儿子，骑射精湛，善骑射，加兵操练且善骑射，戴及将军陪人士爱想到恒泰，将军欣感将孝心会慰福晋，誓为母争气，长进。

相似情节及片段	小说《梅花烙》	剧本《梅花烙》	《宫锁连城》剧本/电视剧
英雄救美终相识清歌伴少年	多隆:亲王贝勒子,纨绔子弟。多隆在霜楼遭多隆调戏,皓祯路见不平,出手教训,且看不惯多隆为人，拒绝后被多隆设宴陷害,皓祯与霜吟唱曲,再来听霜吟唱曲,渐生情愫。	多隆:亲王贝勒子,纨绔子弟。多隆在霜楼源遭多隆调戏,皓祯路见不平,出手教训,且看不惯多隆为人,拒绝后被多隆设宴陷害,皓祯与霜吟唱曲,再来听霜吟唱曲,渐生情愫。	吏部侍郎之子,纨绔子弟。佟家连城在迎芳阁遭佟家麟调戏,恒泰路见不平,出手教训,且看不惯佟家麟为人,拒绝后被佟家麟设宴陷害,恒泰与连城唱曲,再来听连城唱曲,渐生情愫。
次子告状来信遭砍		王爷次子(皓祯弟弟)皓祥,王爷妒兄长皓祯护市告状皓祥从罪处身贴身侍从告知,王爷严刑决,皓祯从恒无相护抵挡杖刑,为郭孝解难。	将军次子(恒泰弟弟明轩)向来从护花,此人差问处,明轩恒泰从郭恒身贴身侍从告知,将军严刑决,恒泰从恒无相护抵挡杖刑,为郭孝解难。

相似情节及片段	小说《梅花烙》	剧本《梅花烙》	《宫锁连城》剧本/电视剧
弃女失神养亲劝慰		皓祯一月未见吟霜。无茶来吟霜发现已是情悴生人，相思成苦。吟霜发现已是情悴，提醒皓祯盼望皓祯面对皓祯的爱意。	恒泰一月未见连城。无茶发现连城已是情悴，恒泰一人相思悬殊，身份悬殊，提醒连城灭萌感，盼望连城面对恒泰的爱意。连城否认对恒泰的爱意。
恶霸强抢养亲身亡养女破庙容身	多隆趁皓被祯及随从守卫空虚，再带吟霜众手下来反抗，奋起反医门，吟霜提及霜临终前提及可依。霜得不治身亡，吟霜经过。霜破庙容身。	多隆趁皓被祯及随从守卫空虚，再带吟霜众手下来反抗，奋起反医门，吟霜提及霜临终前提及可依。霜得不治身亡，吟霜经过。霜破庙容身。	佟家抢恒泰及随从守卫空虚，再带素手众女儿到芳阁迎娶，连城强抢反抗，奋起反医门，素遭毒素不治身亡。素来临前提及可依。连城无枝，破庙容身。

相似情节及片段	小说《梅花烙》	剧本《梅花烙》	《宫锁连城》剧本/电视剧
少年相助代女葬亲弃女小院容身	皓祯再度救起吟霜于危难。吟霜遭遇抢匪毕氏身亡，皓祯代吟霜办理丧葬及毕氏远亲贴身贴身随从小冠的院落，皓祯主持将子献家打点落脚。吟霜安置于其远亲家。吟霜终得为其住所。	皓祯再度救吟霜于危难。吟霜遭遇抢匪毕氏身亡，皓祯代吟霜办理丧葬及毕氏远亲贴身随从小冠的院落，皓祯主持将子献家打点落脚。吟霜安置于其远亲家。吟霜终得为其住所。	恒泰再度救连城于危难。连城遭遇枪击毕亲身亡，恒泰代连城办理丧葬及毕家家贴身随郭的院落，恒泰主持将孝献家打点落脚。连城安置于其远亲家。连城终得为其住所。
钟情馈赠终身私定初见印痕	吟霜外出为皓祯制作白狐绣屏作为礼物，皓祯不着，吟霜寻人，皓祯疑之再感焦虑。后得归来，知吟霜情辛苦告诉吟霜，心下感动，私定终身，皓祯无意中发现吟霜肩上的梅花烙。	吟霜外出为皓祯制作白狐绣屏作为礼物，皓祯不着，吟霜寻人，皓祯疑之再感焦虑。后得归来，知吟霜情辛苦告诉吟霜，心下感动，私定终身，皓祯无意中发现吟霜肩上的梅花烙。	连城外出为恒泰制作衣服作为礼物，恒泰心疑来寻不着，连城准备礼物雨伞归来，连城当知二人互诉衷肠，心下感急焦虑。后得其表私定终身，恒泰无意中发现连城肩上的胎记。

相似情节及片段	小说《梅花格》	剧本《梅花格》	《宫锁连城》剧本/电视剧
福晋小院会苹女发觉苹女像福晋	福晋得知皓祯心仪吟霜，赴小院会。为安抚祯，皓祯答应已赐婚皓霜。因皇上已赐婚皓霜，福晋试图用金钱收买吟霜，被吟霜拒绝。福晋亦感动，可认祯为人，福晋与吟霜均隐约发觉吟霜贴身婵嬛正像年轻时的福晋。	福晋得知皓祯心仪吟霜，赴小院会。为安抚祯，皓祯答应已赐婚皓霜。因皇上已赐婚皓霜，福晋试图用金钱收买吟霜，被吟霜拒绝。福晋亦感动，可认祯为人，福晋与吟霜均隐约发觉吟霜贴身婵嬛正像年轻时的福晋。	福晋得知恒泰心仪连城，赴小院会。为安抚泰，答应已赐婚连城。因皇上已赐婚连城，福晋试图用金钱收买连城，被连城拒绝。福晋亦感动，可认泰为人，福晋与连城均隐约发觉连城贴身婵嬛正像年轻时的福晋。
皇上赐婚多日不圆房	皇上赐婚欢祯与馨兰公主配皓祯，王爷许皓祯娶吟霜，得知皓祯婚后与吟霜次系托辞，多日不肯与公主圆房。	皇上赐婚欢祯与馨兰公主配皓祯，王爷许皓祯娶吟霜，得知皓祯婚后与吟霜次系托辞，多日不肯与公主圆房。	皇上赐婚醒黛与连城，恒泰欢配恒泰。恒泰要娶连城，心系连城，婚后得知恒泰次托辞，多日不肯与公主圆房。
苹女入府安置福晋身边	为安抚皓祯，身份为小冠子远亲，被安置福晋入府后，福晋安排吟霜入府身边伺候。	为安抚皓祯，身份为小冠子远亲，被安置福晋入府后，福晋安排吟霜入府身边伺候。	为安抚恒泰，身份为郭嬛远亲，被安置福晋入连城府后，连城安排入府，福晋安置身边伺候。

相似情节及片段	小说《梅花烙》	剧本《梅花烙》	《宫锁连城》剧本/电视剧
公主发现私情折磨弄女	一日，公主在府内撞见皓祯与吟霜独共一处私情大发，意对吟霜单独共处，私情大发，醋意大发。公主决定要醋意大发。公主决定福晋阴狠手段，借机向福晋阴狠手段，借福晋中救出吟霜，即动用阴狠手段救出吟霜，即日常多次反复命人打翻茶水，如奉茶、水，即反复命人打翻茶水在吟霜身上。借口打翻茶水在吟霜身上。	一日，公主在府内撞见皓祯与吟霜独共一处私情大发，醋意大发。公主决定向福晋建议，借福晋之手段救出吟霜，即日常多次用阴狠手段（如奉茶、水，反复命人打翻茶水在吟霜身上。）	一日，公主在府内撞见连城与恒泰二人私情嫌疑，贴身受味。接着连城意大发，公主对连城动用阴狠手段。晋建议，借福晋阴狠手段救连城，即用房中间候，日常多次反复借口打翻茶水在连城身上。
纳妾	皓祯再救吟霜于危难，皓祯趁机向全家宣布纳吟霜为妾。	皓祯再救吟霜于危难，皓祯趁机向全家宣布纳吟霜为妾。	恒泰再救连城于危难，恒泰趁机向全家宣布纳连城回宫。
面圣陈情	皇上得知皓祯与公主相处不睦，召皓祯觐见。皓祯慷慨陈词，皇上深受感动，未加责罚，视劝皓祯善待公主。	皇上得知皓祯与公主相处不睦，召皓祯觐见。皓祯慷慨陈词，皇上深受感动，未加责罚，视劝皓祯善待公主。	皇上得知恒泰与公主相处不睦，召恒泰觐见。恒泰慷慨陈词，皇上深受感动，未加责罚，视劝皓祯善待公主。

相似情节及片段	小说《梅花烙》	剧本《梅花烙》	《宫锁连城》剧本电视剧
福晋初见印痕	吟霜被污不洁，衣袖撕裂，恰被福晋见到，吟霜衣袖不慎撕裂，恰被福晋见到，认出吟霜原是福晋多年前抛弃的生女。	吟霜被污不洁，争执间逃脱，梅花烙显现，衣袖撕裂，恰被福晋见到，认出吟霜原是福晋多年前抛弃的生女。	连城被污不洁，争执间衣袖不慎撕裂，肩上胎记显现，恰被福晋见到，福晋认出连城原是福晋多年前抛弃的生女。
福晋询问亲女过往，誓要保护女儿	福晋认出吟霜为亲生女儿，再向吟霜打探生平过往，发誓保护女儿。	福晋认出吟霜为亲生女儿，再向吟霜打探生平过往，发誓保护女儿。	福晋认出连城为亲生女儿，再向连城打探生平过往，发誓保护女儿。
道士做法捉妖	公主称吟霜为狐妖，吟霜作法捉妖，请法师来王府作法施虐，备受羞辱。	公主称吟霜为狐妖，请法师来王府作法施虐，吟霜再被施虐，备受羞辱。	公主称连城狐妖附体，请法师来格军府作法捉妖，连城再被施虐，备受羞辱。
公主求和遭误解		公主经贴身嬷嬷劝导，认同与吟霜和睦相处方能缓解被皓祯送汤，以期和解，意在再次下毒，以证清素材自被皓祯误以为意在再下毒，以证清害。公主羞愤之下自行试吃。	公主经皇后贴身嬷嬷劝导，认同与连城于亲睦相处方能缓解被恒泰送点心，以期和解，意在再次下毒，以证清素料自被人为连城误以为意在再下毒，以证清害。公主羞愤之下自行试吃。

相似情节及片段	小说《梅花烙》	剧本《梅花烙》	《宫锁连城》剧本/电视剧
凤还巢	福晋说破当年偷龙转凤的真相，王爷得知后并未迁怒皓祯。	福晋说破当年偷龙转凤的真相，王爷得知后并未迁怒皓祯。	福晋说破当年偷龙转凤的真相，将军得知后并未迁怒恒泰。
告密	皓祥得知偷龙转凤的真相，心有不甘，侧福晋翩翩与皓祥进营告密。	皓祥得知偷龙转凤的真相，心有不甘，侧福晋翩翩其母向公主告密。	明轩得知偷龙转凤的真相，心有不甘，侧福晋如眉与明轩一同向公主告密。

北京市高级人民法院
民事判决书

（2015）高民（知）终字第1039号

上诉人（原审被告）余征（笔名：于正），男，汉族，■■■年■月■日出生，编剧、制作人，住浙江省海宁市长安镇■■■■■。

委托代理人马晓刚，北京市浩天信和律师事务所律师。

委托代理人韩颖，北京大成（上海）律师事务所律师。

上诉人（原审被告）湖南经视文化传播有限公司，住所地湖南省长沙市开福区■■■■■■■■■■■。

法定代表人何瑾，总经理。

委托代理人李向农，上海普世律师事务所律师。

委托代理人邱鹏飞，上海普世律师事务所律师。

上诉人（原审被告）东阳欢娱影视文化有限公司，住所地浙江省东阳市浙江横店影视产业实验区■■■■■。

法定代表人马金萍，执行董事。

委托代理人马晓刚，北京市浩天信和律师事务所律师。

委托代理人陶鑫良，北京大成（上海）律师事务所律师。

上诉人（原审被告）万达影视传媒有限公司，住所地北京市朝阳区■■■■■■■■■■■■■。

法定代表人丁本锡，执行董事。

委托代理人于军，北京市道和律师事务所律师。

委托代理人谢彤，北京市道和律师事务所律师。

上诉人（原审被告）东阳星瑞影视文化传媒有限公司，住所地浙江省金华市东阳市横店影视产业实验区████。

法定代表人詹娜，经理。

委托代理人俞蓉，北京市浩天信和律师事务所律师。

委托代理人朱玉子，北京市浩天信和律师事务所律师。

被上诉人（原审原告）陈喆（笔名：琼瑶），女，██年██月██日出生，作家、编剧，住台湾地区台北市大安区████████。

委托代理人王军，北京市盈科律师事务所律师。

委托代理人王立岩，北京盈科（上海）律师事务所律师。

上诉人余征、湖南经视文化传播有限公司（简称湖南经视公司）、东阳欢娱影视文化有限公司（简称东阳欢娱公司）、万达影视传媒有限公司（简称万达公司）、东阳星瑞影视文化传媒有限公司（简称东阳星瑞公司）因侵害著作权纠纷一案，不服北京市第三中级人民法院（2014）三中民初字第7916号民事判决，向本院提起上诉。本院于2015年2月5日受理本案后，依法组成合议庭，于2015年4月8日公开开庭进行了审理。上诉人余征和东阳欢娱公司共同的委托代理人马晓刚，上诉人余征的委托代理人韩颖，上诉人湖南经视公司的委托代理人李向农、邱鹏飞，上诉人东阳欢娱公司的委托代理人陶鑫良，上诉人万达公司的委托代理人于军、谢彤，上诉人东阳星瑞公司的委托代理人俞蓉、朱玉子和被上诉人陈喆的委托代理人王军、王立岩到庭参加了诉讼。本案现已审理终结。

陈喆向北京市第三中级人民法院起诉称：陈喆（笔名：琼瑶）于1992年至1993年间创作完成了电视剧剧本及同名小说《梅花烙》（统称涉案作品），并自始完整、独立享有涉案作品著作权（包括但不限于改编权、摄制权等）。涉案作品在中国大陆地区多次出版、发行，拥有广泛的读者群与社会认知度、影响力。2012年至2013年间，余征未经陈喆许可，擅自采用涉案作品核心独创情节进行改编，创作电视剧剧本《宫锁连城》，湖南经视公司、东阳欢娱公司、万达公司、东阳星瑞公司共同摄制了电视剧《宫锁连城》（又名《凤还巢之连城》），涉案作品全部核心人物关系与故事情节几乎被完整套用于该剧，严重侵害了陈喆依法享有的著作权。在发现侵权之前，陈喆正在根据其作品《梅花烙》潜心改编新的电视剧剧本《梅花烙传奇》，余征、湖南经视公司、东阳欢娱公司、万达公司、东阳星瑞公司的侵权行为给陈喆的剧本创作与后续的电视剧摄制造成了实质性妨碍，让陈喆的创作心血毁于一旦，给陈喆造成了极大的精神伤害。而余征、湖南经视公司、东阳欢娱公司、万达公司、东阳星瑞公司却从其侵害著作权行为中获得巨大收益，从该剧现有的电视频道及网络播出情况初步判断，该剧已获取了巨大的商业利益。陈喆通过网络公开发函谴责余征的侵权行为后，余征不但不思悔改，竟然妄称"只是巧合和误伤"，无视陈喆的版权权益。因此，陈喆提起诉讼，请求法院判令：
1、认定余征、湖南经视公司、东阳欢娱公司、万达公司、东

阳星瑞公司侵害了涉案作品的改编权、摄制权;2、余征、湖南经视公司、东阳欢娱公司、万达公司、东阳星瑞公司停止电视剧《宫锁连城》的一切电视播映、信息网络传播、音像制售活动;3、余征在新浪网、搜狐网、乐视网、凤凰网显著位置发表经陈喆书面认可的公开道歉声明;4、余征、湖南经视公司、东阳欢娱公司、万达公司、东阳星瑞公司连带赔偿陈喆人民币2000万元;5、余征、湖南经视公司、东阳欢娱公司、万达公司、东阳星瑞公司承担陈喆为本案支出的合理费用共计人民币31.3万元。

余征及东阳欢娱公司在原审诉讼中共同辩称:第一,对于陈喆的著作权人身份存疑,电视剧《梅花烙》的编剧署名是林久愉,林久愉应为剧本《梅花烙》的作者及著作权人,陈喆在本案中的诉讼主体不适格。剧本《梅花烙》从未发表过,余征、东阳欢娱公司不存在与该剧本内容发生接触的可能,电视剧《梅花烙》的播出也不构成剧本《梅花烙》的发表。第二,陈喆主张的著作权客体混乱,所谓《梅花烙》"剧本"、"小说"、"电视剧"既无法证明各自的著作权归属,也不能证明余征、东阳欢娱公司曾有过接触,因此陈喆的指控没有事实和法律基础。陈喆提交的剧本《梅花烙》是在本案起诉后才进行的认证,有可能是在电视剧《宫锁连城》播映后比照该剧进行的修改,这样的比对相似度肯定非常高。因此,对剧本《梅花烙》内容的真实性存疑。第三,陈喆指控侵权的人物关系、所谓桥段及桥段组合属于特定场景、公有素材或有限表达,不受著作权法保护，不能因为陈喆写过言情戏的主题，此类表达就被陈喆垄断。陈喆在本案中主张的桥段不是作品的表达，是其根据自己的想象归纳出的思想。第四，陈喆指控的余征改编涉案作品的事实根本不存在，剧本《宫锁连城》是独立创作。余征有证据证明剧本《宫锁连城》是在自己大量创作素材的基础上独立创作出来的，是受法律保护的作品。陈喆主张的作品主题、思想不是著作权法保护的对象。综上，陈喆主张的人物关系、相关情节、情节整体均不受著作权法保护，剧本及电视剧《宫锁连城》的具体情节表达与涉案作品并不相似，情节顺序也不一致，即便有相似之处，也不属于著作权法的保护范畴，或者另有创作来源。因此，陈喆的所有诉讼请求均没有事实和法律基础，应予驳回。

湖南经视公司在原审诉讼中辩称：首先，陈喆作为剧本《梅花烙》的著作权人身份存疑，理由与余征、东阳欢娱公司的相关答辩意见相同。此外，编剧与影视剧制作方就剧本的著作权归属问题应有合同约定，但陈喆并未提供过这类证据证明剧本著作权归属问题。因此，陈喆作为本案诉讼主体不适格。剧本《梅花烙》的创作早于小说，小说并不具有独创性。陈喆提交的剧本《梅花烙》真实性存疑，理由与余征及东阳欢娱公司的相关答辩意见相同。第二，湖南经视公司并没有参与剧本《宫锁连城》的创作，没有侵害陈喆的改编权。第三，湖南经视公司作为电视剧《宫锁连城》的联合摄制方，已经尽到了合理注意义务，依法向相关行政主管部门办理了全部行政许可手续，

且湖南经视公司是得到余征授权拍摄电视剧《官锁连城》，陈喆认为湖南经视公司侵权缺乏依据。第四，陈喆主张的作品对比方式不科学，对于剧本及电视剧《官锁连城》概括的桥段不准确，陈喆是按照自己的诉讼需要进行任意拼凑，无法还原两部作品的真实原貌。实际上，剧本及电视剧《官锁连城》的台词设置等与涉案作品都不相同。第五，只有独创性的表达才能得到保护，明确其权利界限和保护范围，这是本案审理的基础。陈喆从未明确其著作权保护的边界，滥用权利，其列举的21个桥段概括不符合法律规定。第六，陈喆人为扩大了相似点的范围。此类题材有其惯用的方式。第七，陈喆总结的人物关系、桥段等都属于思想和事实层面，不应受到著作权法的保护。任何人都可以用自己的思想情感创作出自己的作品，任何作者都有权利选择自己感兴趣的主题和题材进行创作。且剧本及电视剧《官锁连城》在人物关系、情节表达、故事线索等方面均比涉案作品更加复杂，对应在涉案作品及《官锁连城》中的具体表达均不相似。第八，即使剧本《官锁连城》的创作侵害了陈喆就涉案作品享有的改编权，湖南经视公司也没有侵害陈喆的摄制权，因为改编作品也是独立的新的作品，根据我国相关法律规定，湖南经视公司根据剧本《官锁连城》进行电视剧摄制，没有侵权。拍摄一部好的电视剧，剧本只是一个因素，其中会有几百个桥段，即使使用其中的21个桥段，要求停止发行和赔偿损失也是不合理的，这将严重影响文化的发展。从理论上讲，陈喆应从改编侵权方获得赔偿，但是无过错方已经支付了相应的对价给改编侵权人,再从无过错方处要求赔偿,显然要求了过大的保护。因此,陈喆的所有诉讼请求均没有事实和法律基础,应予驳回。

万达公司在原审诉讼中辩称:第一,万达公司仅对电视剧《宫锁连城》进行了投资,不享有该剧的著作权,也没有参加该剧的报批宣传等,主观和客观上没有侵权故意和事实。这在投资协议中已经有了明确的约定。电视剧拍摄中对故事梗概的调整,万达公司无从得知,不应承担连带责任。第二,剧本及电视剧《宫锁连城》与涉案作品存在很多差异,虽然其中的"偷龙转凤"等桥段有巧合,但是人物塑造等明显区别于涉案作品。陈喆凄凉婉转的作品更符合九十年代的风格,而电视剧《宫锁连城》是多线索作品,具有明显区别于涉案作品文字作品的独创性。第三,《宫锁连城》明显具有独创性的特点,不构成侵害涉案作品的著作权。相似之处应剔除思想再判断是否是惯常表达,之后再进行比对看是否构成相似。且这种相似影响到权利人的人身权、财产权的时候才涉及侵权,电视剧《宫锁连城》的情节创意来源于公有领域,《梅花烙》的作品只有十二万字,电视剧《宫锁连城》中的人物关系属于清宫戏中的惯常使用,该部分情节在公有领域也有很多相仿。即使认定这些桥段构成相似,也只占到了电视剧《宫锁连城》的七十多分钟。因此,万达公司认为电视剧《宫锁连城》具有明显的独创性,没有侵害陈喆的著作权。陈喆称侵害其改编权和摄制权,没有事实和法律依据,应予驳回。

东阳星瑞公司在原审诉讼中辩称：首先，同意余征、湖南经视公司、东阳欢娱公司、万达公司的答辩意见。其次，陈喆指称需要保护的是涉案作品的人物关系、故事情节、故事脉络。关于人物关系，《梅花烙》仅仅是爱人关系，主仆关系等，这些并不受著作权法保护。再次，陈喆主张的21个情节根本不是著作权法中的情节，只是高度概括的思想层面的东西。即使有些部分相似，也是不受著作权法保护的思想，且二者在整体上也不相似。《梅花烙》写情之后还写了缘，始终是爱情单线，而《宫锁连城》是多线。二者的表达方式也是不同，陈喆归纳的桥段都只是时间发展顺序，不具有独创性，在具体表达上与《宫锁连城》也不同。因此，陈喆的所有诉讼请求均没有事实和法律依据，应予驳回。

北京市第三中级人民法院查明：

一、关于涉案作品及电视剧《梅花烙》创作、发表的事实

剧本《梅花烙》于1992年10月创作完成，共计21集，未以纸质方式公开发表。依据该剧本拍摄的电视剧《梅花烙》内容与该剧本高度一致，由怡人传播有限公司（简称怡人公司）拍摄完成，共计21集，于1993年10月13日起在台湾地区首次电视播出，并于1994年4月13日起在中国大陆地区（湖南电视一台）首次电视播出。电视剧《梅花烙》的片头字幕显示署名编剧为林久愉。林久愉于2014年6月20日出具经公证认证的《声明书》，声明其仅作为助手配合、辅助陈喆完成剧本。期间，林久愉负责全程记录陈喆的创作讲述，执行剧本的文字

部分统稿整理工作。林久愉在其声明中称,剧本《梅花烙》系由陈喆独立原创形成,陈喆自始独立享有剧本的全部著作权及相关权益。

小说《梅花烙》系根据剧本《梅花烙》改编而来,于1993年6月30日创作完成,1993年9月15日起在台湾地区公开发行,同年起在中国大陆地区公开发表,主要情节与剧本《梅花烙》基本一致。小说《梅花烙》的作者是陈喆。

二、关于涉案作品相关内容的事实

1、剧本《梅花烙》的剧情梗概

清朝乾隆年间,京城富察氏硕亲王府,福晋倩柔连生三女,王爷一直没有儿子。现倩柔再度怀胎,烧香拜佛盼得一男孩。回女翩翩是王爷寿辰接受的赠礼,深得王爷喜爱并被王爷纳为侧福晋。倩柔在府中的地位受到严重威胁。倩柔的姐姐婉柔于是向倩柔献计,一旦此胎再生女孩,则不惜偷龙转凤换成男孩。三个月后,倩柔临盆,生下女儿,偷龙转凤。送走女儿前,倩柔用梅花簪,在女儿肩头烙下梅花烙,以便未来相认。新生的女婴在生产当夜被婉柔遗弃杏花溪边。江湖艺人白胜龄夫妇以卖唱为生,这天在溪畔练唱,偶然听见婴儿啼哭,寻着哭声找到被遗弃的女婴,发现女婴肩头的梅花烙印,又对女婴的身世无迹可寻。白胜龄夫妇二人非常喜欢这个孩子,于是收为女儿,取名白吟霜。偷龙转凤所得男孩为王爷府长子,取名皓祯。侧福晋翩翩后生一子,取名皓祥。皓祯长大后文武双全,出类拔萃,又有捉白狐放白狐的经历,宅心仁厚,是王府的骄傲。倩柔一边为皓祯感到欣慰，一边又时常惦记生产当夜被自己遗弃的亲生女儿。

二十年后，皓祯来到一家叫龙源楼的酒楼，恰遇吟霜随白胜龄在龙源楼卖唱。贝子多隆见吟霜年轻貌美，便来调戏。皓祯路见不平出手相救，打退了多隆及其手下。此后，皓祯便常来听吟霜唱曲，渐渐萌生对吟霜的爱意。

皓祯的弟弟皓祥一直对自己的庶出身份深有怨怼，嫉妒并怨恨长兄皓祯。皓祥偶然从多隆处听说皓祯为救吟霜与多隆发生冲突，便告知王爷，以致王爷大怒，责骂皓祯的侍从小寇子带坏皓祯，并对小寇子严刑杖责，皓祯与小寇子主仆情深，情急之下以身相护，为小寇子抵挡杖刑。倩柔见皓祯挨打，心痛难当，央求王爷停手，得以解难。

皓祯与吟霜未能相见的日子里，白胜龄发现吟霜的心事，提醒吟霜与皓祯身份悬殊，劝吟霜熄灭萌生的情感，吟霜则否认了对皓祯的爱意。而多隆则又带一众手下来到龙源楼强抢吟霜。白胜龄见吟霜遭受欺辱，奋起反抗，反遭毒手，重伤当场。吟霜求医无门，白胜龄不治身亡，并于临终前提及当年拾得吟霜的经过。白胜龄死后，吟霜被赶出龙源楼，带着白胜龄的尸体寄身破庙。

皓祯再度路过龙源楼，获知吟霜遭遇强抢及白胜龄身亡的经过，携随从去天桥寻找卖身葬父的吟霜，并再度逼退多隆一千人，救起吟霜，代吟霜办理完毕白胜龄的丧葬。面对无依无靠的吟霜，皓祯听取小寇子献计，将吟霜安置于小寇子远亲三婶婆的院落，吟霜终得落脚。此后皓祯便时常来探望吟霜。府内舞女蕊儿被皓祥奸污，投湖自尽。皓祯烦闷中来找吟霜，闲聊中说起捉白狐放白狐的过往，吟霜便要下皓祯的白狐毛穗子。这天，吟霜外出为皓祯制作白狐绣屏作为礼物。皓祯来小院见吟霜，寻人不着，疑心再遇恶人，倍感焦虑。吟霜冒雨归来，皓祯情急之下训斥，后得知吟霜出门实为辛苦准备礼物，心下感动。二人当日互诉衷肠，私定终身。皓祯就在这一天发现了吟霜肩上的梅花烙。皓祯回府后，遇到倩柔，逼问下告知倩柔自己与吟霜之事，倩柔于是答应赴小院见吟霜。倩柔的会见，原本是试图用金钱收买吟霜远离皓祯，却被吟霜拒绝，并不惜以死明志，皓祯更是心痛。倩柔深受感动，同意日后接吟霜入府。倩柔与秦嬷嬷均隐约发觉吟霜正像年轻时的倩柔。

皇上赐婚，将兰馨公主许配皓祯。阖府欢跃，王爷及倩柔更觉荣光，皓祯得知后心系吟霜，闷闷不乐。婚后皓祯屡次托辞，多日不肯与兰馨圆房。为逼皓祯就范，倩柔同意以接吟霜入府作为条件，要求皓祯与公主圆房。于是，吟霜被接进王府做丫鬟，身份为小寇子三婶婆的干女儿，安排在倩柔身边服侍。一日，兰馨在府内撞见皓祯与吟霜共处一室，二人私情暴露，兰馨于是接受崔嬷嬷的建议，向福晋索要吟霜于自己房中伺候，借机欺凌吟霜。一日，兰馨对吟霜动用私刑，皓祯忍无可忍，便向全家正式宣布纳吟霜为妾，并意外发现吟霜已有身孕。皇上得知皓祯与兰馨相处不睦，特宣皓祯觐见。皓祯慷慨陈词，皇上深受感动，未加责罚，规劝皓祯善待兰馨。后吟霜被污不洁,争执间逃脱摔倒,皓祯救扶,吟霜衣袖不慎撕裂,梅花烙显现,恰被倩柔见到,认出吟霜就是自己多年前抛弃的亲生女儿,后倩柔再向吟霜打探生平过往,发誓保护女儿。兰馨经崔嬷嬷劝导,明白与吟霜和睦相处方能缓解与皓祯的关系,于是亲自为吟霜送补品,以期和解,不料被皓祯误以为下毒暗害。兰馨羞愤之下自行喝下补品,以证清白。府内传言吟霜为当年皓祯狩猎放生的白狐,如今化身为人找皓祯报恩,兰馨便请法师来王府作法捉妖,吟霜再被施虐,备受羞辱。倩柔率人救出吟霜,情急之下告知吟霜真实身份,但吟霜为保护皓祯,始终拒绝与倩柔相认。皇上得知皓祯为吟霜而与兰馨不睦,以及兰馨精神濒临崩溃的状况,龙颜大怒,下令吟霜削发为尼。倩柔不忍看吟霜年华葬送,情急之下说破当年偷龙转凤的真相。王爷得知后,预备秘密护送皓祯与吟霜逃离;皓祥得知偷龙转凤的真相,心有不甘,为免宣扬,王爷将皓祥软禁。翩翩悲愤之下向兰馨告密,以致皇上降罪整个王府,并下令处死皓祯。吟霜赴法场见皓祯最后一面,相约午时钟响共赴黄泉。皓祯行刑时刻,公主带圣旨前来法场,赦免皓祯死罪,吟霜却已在午时钟响时悬梁自尽。皓祯对尘世再无眷恋,携吟霜尸体远走山野。

2、小说《梅花烙》与剧本《梅花烙》的内容差异

小说《梅花烙》的故事梗概除不含白胜龄夫妇溪边拾婴、白胜龄劝慰吟霜放弃皓祯、小寇子因皓祥告状被王爷责罚、兰馨听取崔嬷嬷劝告向吟霜求和而遭误解的情节外,与剧本《梅花烙》基本一致,但剧本《梅花烙》中的福晋倩柔和姐姐婉柔,

在小说《梅花烙》中分别名为雪如和雪晴。小说《梅花烙》在皇上赐婚至吟霜入府的情节安排上,顺序如下:皓祯在龙源楼打退多隆及手下后,常来听吟霜唱曲,并对吟霜渐渐萌发感情。之后,皇上便指婚兰馨公主予皓祯,阖府欢跃,王爷及雪如更觉荣光,皓祯得知后心系吟霜,闷闷不乐。在皓祯与吟霜私定终身并发现吟霜肩上的梅花烙之后,三月十五日,皓祯奉命与兰馨完婚。婚后皓祯屡次托辞,多日不肯与兰馨圆房,并在情急之下,将自己与吟霜之事告诉了雪如。雪如于是去小院见吟霜,原本打算用钱收买吟霜并劝吟霜离开皓祯,但吟霜用情至深,不惜以死明志。小寇子更是献计,假称吟霜为自己三婶婆的干女儿接入府中做丫鬟。雪如深受吟霜感动,接受了小寇子的计策,吟霜于是被接进王府做丫鬟,安排在雪如身边服侍。在小说《梅花烙》中,偷龙转凤的真相公开后,是皓祥与翩翩共同进宫告密。

三、关于《宫锁连城》剧本及电视剧创作、发表过程的事实

余征系剧本《宫锁连城》(又名《凤还巢之连城》)《作品登记证书》载明的作者,系电视剧《宫锁连城》的署名编剧,剧本共计 20 集。作品登记证书载明的剧本创作完成时间为 2012 年 7 月 17 日,首次发表时间为 2014 年 4 月 8 日,余征于 2012 年 6 月 5 日向湖南经视公司出具《授权声明书》。另外,余征及东阳欢娱公司称,余征创作《宫锁连城》剧本的时间是 2012 年 6 月前后完成故事梗概,7 月完成 3 集分场草稿和故事

线草稿,其后开始分场大纲创作。2012年10月开始具体的剧集创作,2012年年底基本定稿。

电视剧《宫锁连城》根据剧本《宫锁连城》拍摄,电视剧《宫锁连城》片尾出品公司依次署名为:湖南经视公司、东阳欢娱公司、万达公司、东阳星瑞公司。电视剧《宫锁连城》完成片共分为两个版本,网络播出的未删减版本共计44集,电视播映版本共计63集,电视播映版本于2014年4月8日起在湖南卫视首播。

四、关于《宫锁连城》剧本及电视剧相关内容的事实

1、剧本《宫锁连城》的梗概

清朝乾隆年间,富察将军府的福晋纳兰映月已经生了三个女儿,将军膝下无子,而此时更恰逢将军宠幸侍女如眉,并将已有身孕的如眉纳为侧福晋。映月在府中的地位受到威胁。映月为了保住在府中的地位,和贴身服侍的郭嬷嬷一起策划了"偷龙转凤"的计划,生产当夜映月下女婴,即用买来的男孩换走了自己的女儿,新生的女婴当夜被郭嬷嬷遗弃溪边。而女婴被遗弃之前,映月发现女婴肩头有一个朱砂记。迎芳阁的老鸨宋丽娘没有孩子,这一日带众姐妹在溪边排练歌舞,听闻婴儿啼哭,循声拾得将军府弃婴,十分喜爱,收为女儿,取名连城,丽娘并发现连城肩头的朱砂记。

映月偷换来的儿子取名富察恒泰,是富察家的长子,如眉继后也为将军生下儿子,取名富察明轩,是富察家的次子。恒泰在将军府长大,二十岁上,已是智勇双全,做了神机营的少

将军。映月一边庆幸自己当年的选择，一边也对遗弃的亲生女儿心存惦念。

一日，恒泰正在巡街，与连城意外邂逅在闹市街道，连城称自己被哥嫂卖到妓院，恒泰欲帮连城出钱赎身，后得知自己被骗。大盗王胡子为害百姓，恒泰欲捉拿王胡子。这天却在街上再遇连城假扮新娘，恒泰便请连城假扮舞女，协助捕获王胡子。

吏部侍郎佟阿贵之子佟家麟这日来到迎芳阁，调戏连城未果，欲教训连城泄愤，却被恒泰遇见，恒泰在街市上助连城打败佟家麟及一干手下，家麟和恒泰、连城都结下了梁子。为防止佟家麟再来闹事，恒泰为连城安排护卫把守迎芳阁，而恒泰则常来听连城唱曲。两人并在交往中，情愫暗生。

恒泰被朝廷派去剿匪，匪徒溃退，恒泰擒住匪首江逸尘，得到皇上赏赐。皇上与皇后见恒泰年轻有为，商议将醒黛公主许配恒泰，醒黛用圆底玉碗存心刁难恒泰，被恒泰轻松化解，并识破醒黛身份，醒黛于是默默倾心恒泰。

得到皇上的赏赐，富察家上下十分高兴。明轩对自己的庶出身份心存怨念，妒忌兄长恒泰。习武途中，明轩遇佟家麟耻笑，并从佟家麟处获知恒泰为保护青楼女子与家麟大打出手并派人守卫之事，于是欲陷害恒泰，将此事禀告了父亲富察将军。将军震怒之下，责骂郭孝教坏恒泰，下令鞭责郭孝，而恒泰与郭孝主仆情深，情急之下以身相护，为郭孝挡下鞭责，在映月央求下，将军方才罢手。

在恒泰出征剿匪的时间里，连城言语寡淡。丽娘发现女儿情愫，安排连城相亲却被连城搅局。丽娘于是告知连城与恒泰身份悬殊，劝连城放弃恒泰。

失去恒泰保护的连城再度陷入佟家麟的搅扰。一日，佟家麟率领一干手下再来迎芳阁，试图强抢连城。连城拒不相从，丽娘为保护连城被佟家麟一伙打成重伤，迎芳阁也在打斗中失火，而佟家麟则带人逃离了现场。丽娘伤情严重，虽经连城四处求医，最终仍不治身亡，孤单一人的连城则守着丽娘的尸体寄身破庙。

连城为母伸冤，只身一人来至顺天府状告佟家麟。哪知官官相护，连城被赶出顺天府，后被府尹污蔑讹诈投入大牢，于是认识了同在大牢的江逸尘。色心大发的佟家麟欲娶连城，江逸尘趁机施计，穿上嫁衣借助连城的身份逃脱，而连城则被带进了佟府。

恒泰得知连城境遇后，带人硬闯佟府，痛打佟家麟，将连城救出，并打点了丽娘的丧事。连城与恒泰消除误会，恒泰接受郭孝献计，将连城安置在郭孝远房亲戚闲置的宅院中，并为连城打点好生活所需。

另一边，佟家麟的妹妹佟毓秀自认武功高强，欲为哥哥出头，男扮女装挑衅恒泰比武，反败于恒泰。毓秀刁蛮无理，要嫁给恒泰，被恒泰拒绝，于是写信约恒泰夜半相见，不料，第二天毓秀发现身边人却是明轩。后毓秀意外发现怀上了明轩的骨肉，将军府与佟家万般无奈之下结成亲家。大婚在即，与明轩早有私情的丫鬟春喜成了明轩结亲最大的障碍,为了解决问题,明轩将她卖给了人贩。娶亲当日,从人贩手中逃出的春喜大闹将军府,恒泰奉将军之命处理此事,不料春喜竟然自尽。新人进,旧人亡,恒泰心中一阵难过,来找连城倾诉,于是被江逸尘发现恒泰与连城关系密切。

为促成醒黛公主与恒泰,皇上招恒泰进宫当差。岂料明轩想与恒泰争差事,佟毓秀便设计诬陷恒泰非礼,逼他让出这个差事,却被恒泰化解。

恒泰再来找连城,却未见连城在家,情急之下四处奔走寻找,寻人不着,再回小院等待。连城出门实为给恒泰赶制衣服。连城傍晚回到小院被恒泰训斥,倍感委屈,恒泰得知连城外出是为自己准备礼物的实情后,感动欢喜,两人当夜互诉衷肠,连城以身相许。次日,恒泰发现连城肩头的朱砂记。

江逸尘为了除掉恒泰,设计利用连城引诱恒泰进入布满火药的陷阱,又被恒泰化解,江逸尘遁逃。恒泰把进宫的差事让给了明轩,明轩却遭到醒黛公主率人恶整,不堪其扰,恒泰只得入宫当差。醒黛公主的刁难,被恒泰一一化解,后渐渐与醒黛公主熟络,为醒黛出主意,救出其因与戏子良工有私情而被打入冷宫的母亲慧妃。醒黛对恒泰更生情愫。

连城征得恒泰同意,到佟家染坊做工,再次遇到江逸尘。江逸尘被毒蛇咬伤,连城吮毒相救。江逸尘入染坊实为偷盗,阴差阳错,连城被误认为偷盗之人。江逸尘听闻佟家染坊要处置连城,折返回来搭救连城。恒泰得知连城身陷险境,也赶来营救，佟毓秀要求恒泰破案，作为放人的交换条件。恒泰率人一举剿灭一众匪徒，救走连城。江逸尘回来，发现老巢都已被官兵所灭，誓要恒泰血债血偿。

回到官中的恒泰获知自己已被皇上指婚醒黛公主，将军府阖府欢庆，恒泰记挂连城，闷闷不乐，明轩则更嫉妒大哥，在旁煽风点火。恒泰与郭孝说起连城，被映月听到，于是恒泰便告知映月心仪连城之事，映月答应赴小院会见连城。映月和郭嬷嬷来到小院，实为劝说连城离开恒泰，连城不为所动。二人回程途中说起连城，均认为连城恰似年轻时的映月。

江逸尘得知恒泰要做额驸的消息，混迹刺杀，出手却将目标定为富察将军，打斗中，江逸尘露出手上的伤疤，使富察将军想起了以前的爱人杏雨，认出江逸尘是自己的义子。侥幸逃脱的江逸尘联合百乐再将连城掳走，向连城讲明自己与富察将军的仇恨系因其干娘杏雨被富察将军谋害。恒泰得知连城有危险，从迎亲队伍中急急离去，与江逸尘决斗悬崖之上，削断了江逸尘的一只手臂，江逸尘坠入悬崖。恒泰救下连城，称病暂缓与醒黛的婚礼。

映月得知恒泰心系连城，有碍公主婚事，同意把连城接进将军府，并谎称是郭嬷嬷的远亲，安排连城在映月房里做丫鬟。恒泰与醒黛完婚。

毓秀、明轩设计接管账房，偷走将军府钱庄的 1000 两银票，嫁祸连城。恒泰为保护连城，谎称是自己拿了银票。后醒黛与连城联手，涉险查明真相，佟毓秀才向将军承认实情。

恒泰与醒黛大婚后，始终拒绝与醒黛圆房。醒黛四处求教方法想获得恒泰青睐，均不奏效。醒黛贴身李嬷嬷发觉恒泰与连城关系暧昧，道出对连城的怀疑，两人设计试探。另一边，连城百般努力调查杀死杏雨的凶手，后从将军处得知当年与杏雨联手设计骗取映月感情的真相，便怀疑映月杀死了杏雨。连城的试探被映月察觉，于是设计陷害连城，却意外令追踪连城而来的李嬷嬷堕入圈套。跟踪失败的李嬷嬷被醒黛公主训斥，后威胁与连城同屋的丫鬟小雪，诬陷嫁祸连城。恒泰将计就计，用小雪李代桃僵，以致醒黛误认为与恒泰有染的人是小雪。连城得知，埋怨恒泰，后目睹恒泰祭奠小雪，原谅了恒泰。

毓秀对明轩恨铁不成钢，在一次争吵中，明轩失手导致毓秀流产，伤愈重返的江逸尘救下了毓秀，并开始利用毓秀对富察一家进行复仇。毓秀重新回到将军府，江逸尘也借助毓秀混入将军府，伺机寻找复仇的机会。

醒黛怀疑自己搞错了对象。李嬷嬷利用不同荷包凭香味找到真正勾搭恒泰的女人。连城和恒泰的事情败露。醒黛公主知道后，气恼不堪，于是从映月处将连城要来服侍自己，并且对连城百般折磨，实施报复。

江逸尘和百乐谎称克扣粮饷搅乱军营，使得富察将军和恒泰被停职查办。为了进一步摧毁富察家，江逸尘唆使毓秀用毒花暗算醒黛，醒黛得知自己中毒，疑心是连城所为，连城被李嬷嬷推入水中，却被江逸尘所救。李嬷嬷暗中调查，发现了毓秀和江逸尘的合谋，被江逸尘杀死，又被佟家麟瞧见。毓秀于

是将杀害李嬷嬷的罪名加到了连城头上。连城被关押起来。江逸尘火上浇油,放走醒黛回官告状,醒黛和皇后商议,立刻处斩连城,以绝恒泰的念想。恒泰孤注一掷,设下圈套,终于破案。就在毓秀百口莫辩之时,江逸尘将佟家麟当做替死鬼丢了出来。恒泰赶赴法场,救下连城。

回到府中,恒泰宣布正式纳连城为妾。皇上为了解决恒泰和醒黛的问题,特召恒泰入官叙话,却被恒泰说服,未予责罚。公主满怀怨恨回到将军府,百般搅扰恒泰与连城的婚礼。

佟家麟被投入大牢后,其父佟阿贵设计安排佟家麟越狱逃匿。江逸尘设计使得恒泰与连城将佟家麟带回法场,监斩的佟阿贵无奈下令处斩家麟,并将杀子之仇算在了恒泰和连城头上。

映月和郭嬷嬷疑心毓秀早就流产,并与试探。毓秀假装从楼梯上摔倒落胎嫁祸连城。恒泰粗鲁训诫,连城愤怒之下夺门而出,江逸尘适时出现,排解了连城的苦闷。佟阿贵为报杀子之仇,设计举荐富察将军府押运赈济银两再行劫掠。将军父子料到事情有诈,早有防范,不料百乐突然出现,用化金水将银子全部化去。恒泰发觉此事必与佟家有关,毓秀被恒泰软禁了起来。阖府上下一起寻找对策,恒泰为保护连城,故意冷落。

江逸尘又一次将连城从府中带了出来,指望连城能和自己远走高飞,但连城却执意要与恒泰同甘共苦,并答应在三天内调查出杏雨之死的真相。连城为了破解迷案,以郭嬷嬷为切入口,却发现了郭嬷嬷去李记绣花铺秘会李甲。在连城盘问下,李甲说出映月害死杏雨的真相，连城于是力劝李甲向将军和江逸尘吐露实情。与此同时，富察家的自救行动也在展开。佟阿贵中计说出陷害忠良、卖官鬻爵的真相，哪知恒泰却从内室请出皇上，将军府冤案得雪，佟家被查抄，而毓秀也被明轩休掉。无家可归的毓秀去找江逸尘，却得知自己只是一个被利用的棋子，愤怒的毓秀发誓要报复恒泰、连城以及江逸尘。

连城和江逸尘在江边等待李甲，来的却是恒泰带兵围剿江逸尘，江逸尘入水逃遁，连城被恒泰带回了将军府，映月向连城坦言自己杀害杏雨的真相，并警告连城就此收手。江逸尘后混入了军营假扮厨子，准备行刺富察将军，却被恒泰擒住。得知江逸尘被擒，连城偷了钥匙想要放跑江逸尘，却被恒泰捉了个正着。富察将军单独审讯江逸尘，并认江逸尘为义子，阖府上下皆大不满，而醒黛针对连城的措施，也被江逸尘一一破坏。

府中频现事端，醒黛请法师做法，诬陷连城狐妖附体，对连城百般羞辱，连城后被江逸尘救下。

醒黛要除去连城，映月要除去江逸尘及连城，两人暗中连手欲对付连城和江逸尘。皇后为了帮助醒黛解决家事，将连城召进官中学规矩。连城在官中化解各种难题，结识了秦湘姑姑和皇上，并帮助皇上与慧妃重归于好，于是获准月底出官。与此同时，军营之中，江逸尘和百乐私发银两引发军士骚动，恒泰突出奇谋，化解了军营危机。江逸尘则不断逼问将军害死杏雨的原因。映月和郭嬷嬷策划制造江逸尘对醒黛公主不恭敬的局面而令其触犯大罪，醒黛洞悉，决定将计就计。

寺庙中，连城与江逸尘被关在房间，江逸尘受药物控制逐渐丧失心性，醒黛和映月带着恒泰和将军闯了进来。正当连城百口莫辩的紧要关头，连城衣袖被撕破，映月看到连城肩上的朱砂记，认出连城就是自己的亲生女儿，于是救连城于危急。恒泰识破醒黛陷害连城，意欲休掉醒黛。回程路上，映月与连城谈心，了解连城的过往。回府后，映月更是与郭嬷嬷商议此事，发誓保护连城。

极度伤心的醒黛整日寻死。皇后派秦湘过来劝慰醒黛。秦湘劝说醒黛与连城休好，以缓解与恒泰的关系，醒黛于是准备点心送与连城意图求和，却遇映月怀疑下毒。醒黛羞愤之下吃掉点心以示清白。

将军为化解江逸尘的仇恨，立江逸尘为长子。江逸尘在军营中重伤了明轩，明轩央求恒泰为自己出头。江逸尘和恒泰领兵押运粮草，恒泰令江逸尘捉拿贼匪白毛归案，江逸尘说服白毛，完成了任务。秦湘的丈夫钟保在将军府偶遇郭嬷嬷，而钟保正是恒泰的亲生父亲。钟保以此得到大量钱财，秦湘于是怀疑自己的儿子就在将军府中。在连城的帮助下，秦湘取得了郭孝及府内其他男子的血来验证，均不是秦湘的儿子，却独缺恒泰的一滴血。失望的秦湘回去质问钟保，争执中，钟保头部受伤，秦湘惊慌逃离。江逸尘查得映月送钱给钟保，于是到钟保家调查，发现钟保死于瓦砾中。在连城说服之下，恒泰终于同意滴血认亲，然而顺天府派人前来捉拿秦湘，秦湘被打入大牢。映月怕秦湘说出真相而督促顺天府迅速结案，江逸尘则牢中会见秦湘,蛊惑其说出恒泰身世真相。为了保护恒泰,秦湘选择了自尽。

将军洞悉了江逸尘的复仇,向江逸尘讲述了关于杏雨的全部真相:年轻时的富察将军与杏雨是一对眷侣,但那时的富察将军还只是无功无名的富察翁哈岱。为了前途,两人故意设计让年轻俊朗的富察翁哈岱接近老将军的女儿映月,赢得映月的青睐,从而入赘将军府,达到荣华富贵的目的。

在恒泰的逼问下,映月讲出当年偷龙转凤的全部真相,偷听到真相的富察将军并未责怪映月,并告知映月,自己已经在栖霞峰埋下了炸药,将江逸尘和连城一并炸死,从此将军府归于平静。当映月说明连城就是自己与将军的亲生女儿,将军方寸大乱,恒泰则火速赶往营救连城,江逸尘消失在火海里。

连城醒来后无法接受自己的身世,明轩与如眉则偷听得知偷龙转凤的真相。明轩知道自己才是富察家唯一的儿子,心有不平,于是与如眉一同将偷龙转凤的事密告醒黛。将军得知后急火攻心中风瘫痪。

连城对富察家心灰意冷,欲要离开,恒泰答应连城一起离去,却被云儿撞见并告知醒黛。醒黛向恒泰分析一家形势以威胁恒泰,并告知已怀上了恒泰的骨肉,恒泰无奈只得放弃私奔。连城在湖畔等待恒泰,不料来的却是云儿,云儿谎称恒泰要连城自己上路,并趁势将连城推下了冰窟,生死未卜。看透世情的映月带着瘫痪的将军离开了将军府回奉天府老家安度晚年。醒黛掌管富察家大局,整顿阖府事宜,将明轩母子赶出了将军府。

三年后，公主与恒泰的女儿小格格已经长得十分可爱，恒泰则陷入对连城的思念，终日沉浸在摄心术营造的梦幻中。醒黛请皇后将接待蒙古使臣的差事交给了恒泰，岂料蒙古使臣竟然就是江逸尘。江逸尘以小格格为要挟，要求恒泰交出连城。恒泰索性将小格格交由江逸尘看管，反而让江逸尘无法下手。

一方面，江逸尘和恒泰在皇上面前操演阵法之时大打出手，被醒黛制止，并宣布了连城的死讯；另一方面，百乐混入军营，协助解决军营粮草短缺的燃眉之急，博得了郭孝的信任。得知连城的死讯，恒泰陷入悲伤，更加迷恋摄心术，最终身心俱伤。太医孙合礼为恒泰医治，却不料孙合礼当年救下毓秀，并被毓秀控制、利用。

朝廷得知多隆贝勒在西北谋反，派恒泰去剿灭，而此时郭孝对百乐已经情根深种，不能自己。西北战场上，关键时刻恒泰鸣金收兵，准备和多隆和谈。在百乐的怂恿下，郭孝带兵奇袭，歼灭多隆部队，事后被恒泰处罚。百乐就此挑拨郭孝与恒泰，称恒泰与叛军勾结，众将士也都觉得郭孝做的对，郭孝的心开始动摇。百乐安排一名叛军高喊连城的名字，恒泰即令押解此人到行帐中审问。百乐再在郭孝耳边扇风，挑拨郭孝禀明皇上，称恒泰与叛军勾结，引发龙颜震怒，下旨捉拿恒泰，并命郭孝接管军营。

百乐和郭孝日久生情，准备向江逸尘摊牌，却被郭嬷嬷发现。郭孝深深忏悔自己的轻信，呈上血书为恒泰鸣冤，终因失

血而死。郭嬷嬷悲痛至极悬梁自尽，恒泰沉冤得雪。

毓秀借助孙合礼令连城听命于她，将恒泰视为仇人，并安排连城到恒泰身边伺机报复。江逸尘与恒泰意外间共同发现并救下失忆的连城，恒泰将连城带回家，试图借助巫术唤醒连城的记忆。恒泰街头偶遇混迹市井的明轩，得知他和如眉生活不如意便接回府中。醒黛则质疑二人，设计赶走，未能成功。心寒的醒黛夜晚街头偶遇戏班老板步青云。

连城回府后，醒黛察觉其中有诈，设计试探连城，在恒泰带连城去筑梦所之际，买通法师骗连城带钱救恒泰，岂料连城识破醒黛计谋，上门求助并甘愿喝下毒酒，获得恒泰的信任。醒黛的提示及试探令恒泰无法接受，甚至出手打了醒黛。醒黛愤然离家回宫。连城被恒泰的真情打动，恨意渐渐动摇。

恒泰再开迎芳阁为酒楼，请步青云坐镇。明轩在发现步青云骑马撞人后，献计解决迎芳阁声誉危机，之后力劝恒泰置地，连城根据毓秀的安排给明轩提供帮助。明轩骗得将军府的当家印鉴，将府内财产占为己有，并将恒泰净身赶出将军府，原来明轩是受江逸尘指示回府陷害恒泰。后来，恒泰带着连城回到将军府，原来一切都在恒泰与醒黛设下的计谋，意在令明轩及幕后主使暴露狐狸尾巴。连城才发现自己也被算计其中，恒泰并不是表面看起来的简单的好人。

明轩因为之前的交易而找来一身麻烦，于江逸尘处求助未果，并在街上发现毓秀和连城在一起，偷听到毓秀的复仇计划被灭口。恒泰却收到装着明轩尸首的箱子，认为是江逸尘痛下

毒手，找江逸尘理论。恒泰因为明轩的死而郁郁寡欢，连城失手打碎一只竹制鱼形盒，发现了恒泰写给自己的装载着过去回忆的信件，勾起了连城的大部分记忆。

醒黛得知连城中了小天狼花毒，于是在宫中寻得100粒缓解的丹药，最终选择与连城和平共处。毓秀和孙合礼正为无法控制连城伤脑筋之际，江逸尘来向孙合礼求助失忆症的救治方法，毓秀决定利用江逸尘继续自己的计划。如眉受江逸尘挑唆，找恒泰报杀子之仇。如眉回到了将军府装疯卖傻，拐走小格格，为救小格格，连城跳入水中，全部回忆起来。江逸尘带走落水的连城送到太医处医治，连城被换心香控制，再次将恒泰视为仇敌。

连城找到江逸尘帮忙，伙同江逸尘伪装成的玲珑混入将军府。小格格死亡，醒黛将仇恨归结于连城的回归，离家再遇步青云。恒泰因为女儿、兄弟、姨娘先后为自己枉死而心力憔悴病倒，连城和"玲珑"利用药物使恒泰的病情越来越严重。恒泰经常幻觉自己见到了女儿，醒黛在步青云的帮助下将装神弄鬼之事戳穿。

江逸尘后与连城计划用借刀杀人的法子，制造步青云与公主的不洁关系，除去公主。不料步青云是男扮女装，连城的阴谋没有得逞，恒泰身体日下，顺势驱赶醒黛及连城。毓秀做出连城的假脸，易容成连城的样子欲与江逸尘私奔，江逸尘识破毓秀伎俩，将计就计，将毓秀卖给船夫。

孙合礼的小徒弟在采摘灵芝的途中陷于沼泽丧命，给了毓

秀算计恒泰的灵感，用连城引恒泰入沼泽。孙合理良心未泯，关键时刻救下恒泰与连城，并以一个请求的许诺为恒泰医治。连城通过法师的作法恢复神智，联合江逸尘、恒泰、公主设计毓秀，关键时刻却是孙合礼控制连城，救出毓秀。毓秀与连城换脸，并借助连城身份接近恒泰伺机报仇。后连城遇险，被江逸尘所救。醒黛发现有异，多次试探毓秀，并劝说恒泰，但未能戳穿。而真正的连城前去警告恒泰，却被当做毓秀顶罪流放。流放路上，江逸尘再救连城。

另一边，慧妃去世，步青云趁机接近皇上，被封为贵人，恃宠而骄。皇上南巡，恒泰携醒黛及毓秀随行护驾，期间，醒黛再试毓秀，并设计令毓秀撞见其亲生父亲佟阿贵。情急间，毓秀亲手杀死佟阿贵。步青云的跋扈和挑唆令皇后遭受冷遇，被皇上遣返回京，而步青云则实为意图对皇上不利。皇后得知有人欲行刺皇上，即刻返程给皇上报信，步青云及其同伙谋害皇上的计划被搅乱，皇后则受重伤而死。毓秀发现步青云行刺意图后，被步青云强令服毒，控制毓秀。带着毓秀面容的连城设计逃离江逸尘，混入官中假扮厨娘，化名素云陪伴恒泰。连城偷听得步青云欲在皇后葬礼之时谋害皇上的计划，试图通知恒泰，却被江逸尘阻止。毓秀因中毒只得听步青云摆布，在皇后棺椁中放置炸药刺杀皇上。后江逸尘替连城拆卸炸药，却被侍卫发现、追杀。最终，江逸尘为保护连城，吸引追兵，中箭掉入悬崖。

步青云的计划并未成功，皇上早有筹谋，并将刺客一网打尽。步青云自揭身份，在得知自己父亲当年背弃组织并与嫔妃产生私情的死亡真相后绝望自尽。

醒黛发现连城与毓秀之间的对话，疑心毓秀与连城互换面目，于是决心调查真相。当连城身陷牢狱，醒黛狱中会见连城，发现连城身上旧伤，认定二人互换身份的实情。恒泰觉查毓秀身份可疑，于是设计乱党逃逸的假象，毓秀身份败露。

孙合礼潜入大牢，用药迷倒并俘虏连城，用连城与毓秀交换，而毓秀则最终毒发身亡。孙合礼在毓秀死后为其与连城换回各自的脸，带着毓秀奔向沼泽殉情。

醒黛在经历如此周折后，看破红尘，每日佛堂诵经，意欲成全连城与恒泰，却不想连城最终选择离开。公主在恒泰劝说下走出佛堂，两人携手余生。

多年后，年迈的连城正给一群晚辈讲述自己年轻时的故事，却与年迈的恒泰不期而遇。

经查，电视剧《宫锁连城》剧情内容与剧本《宫锁连城》基本一致。

2、陈喆主张的剧本与电视剧《宫锁连城》中涉嫌侵权内容的梗概

陈喆主张剧本与电视剧《宫锁连城》的侵权内容，集中有关恒泰与连城之间身世、感情的情节，该部分情节概括如下：

清朝乾隆年间，富察将军府的福晋纳兰映月已经生了三个女儿，将军膝下无子，而此时更恰逢将军宠幸侍女如眉，并将已有身孕的如眉纳为侧福晋。映月在府中的地位受到威胁。映

月为了保住在府中的地位，和贴身服侍的郭嬷嬷一起策划了"偷龙转凤"的计划，生产当夜映月生下女婴，即用买来的男孩换走了自己的女儿，新生的女婴当夜被郭嬷嬷遗弃溪边。而女婴被遗弃之前，映月发现女婴肩头有一个朱砂记。迎芳阁的老鸨宋丽娘没有孩子，这一日带众姐妹在溪边排练歌舞，听闻婴儿啼哭，循声拾得将军府弃婴，十分喜爱，收为女儿，取名连城，丽娘并发现连城肩上的朱砂记。

  偷龙转凤所得男孩为将军府长子，取名恒泰。长大后的恒泰智勇双全，投身军营，做了神机营的少将军，映月也因为这个儿子得到了尊崇和荣光。映月庆幸自己当年的选择，同时也对被抛弃的女儿心存惦念。另一边，连城则在青楼市井长大。如眉也为将军生下一个儿子，取名明轩。

  一日，恒泰带人巡街，与连城意外邂逅在闹市街道，连城谎称自己被哥嫂卖到妓院，恒泰便欲出钱帮连城赎身。后得知自己上当。恒泰在街市再遇连城行骗解救被逼婚的新娘，后请连城假扮舞女，帮助捉拿大盗王胡子。

  吏部侍郎佟阿贵之子佟家麟在迎芳阁调戏连城未果，欲教训连城，追至街市，却被恒泰遇见，恒泰于是出手相救，打败佟家麟及一干手下，家麟和恒泰与连城都结下了梁子。而恒泰此后则派人把守迎芳阁，并常来听连城唱歌，两人情愫暗生。

  恒泰被朝廷派去剿匪，两人久未见面。明轩对自己的庶出身份一直心存怨念，妒忌恒泰。一日，明轩学武遭到佟家麟耻笑，并从佟家麟处听说恒泰保护连城与佟家麟大打出手并派人

把守妓院之事，于是禀告给将军。将军震怒之间责骂恒泰的随从郭孝带坏恒泰，动用家法施以鞭责，而恒泰与郭孝主仆情深，情急之下以身护仆，为郭孝挡下鞭责，映月央求之下，将军方才罢手。

不见恒泰的日子里，连城情绪低落。丽娘发现后，便为连城安排相亲却被连城搅局，丽娘于是提醒连城与恒泰身份悬殊，劝连城放弃恒泰。

失去恒泰保护的连城再度陷入佟家麟的搅扰。一日，佟家麟率领一干部下再来迎芳阁，强抢连城。连城拒不相从，再度与佟家麟发生争执。丽娘为保护连城身受重伤，迎芳阁也在打斗中失火，而佟家麟则带人逃离了现场。丽娘伤情严重，虽经连城四处求医，最终仍不治身亡。孤单一人的连城则守着丽娘的尸体寄身破庙。

连城被佟家麟施计带进了佟府。恒泰得知后，带人硬闯佟府，痛打佟家麟，并将连城救出。连城记恨恒泰爽约多日未见，后经说明情况，得知恒泰打点了宋丽娘的丧事，与恒泰消除误会。后恒泰听得郭孝献计，将连城安置在郭孝远房姑妈闲置的宅院中。连城便得到落脚之地。

恒泰前往小院来找连城，却未见人，情急之下四处奔走寻找，恒泰寻人不着，再回小院等待。连城傍晚回到小院被恒泰训斥，满腹委屈。后告知自己是去城里为恒泰赶制衣服。恒泰得知实情后，感动欢喜，两人当夜互诉衷肠，连城以身相许。次日，恒泰发现连城肩头的朱砂记。

宫中的醒黛公主到了婚配的年纪，恒泰被选定为额驸。恒泰获知自己已被皇上指婚醒黛公主，一心记挂连城，回到家中。将军府因皇上指婚一事阖府欢庆，只有恒泰一人闷闷不乐。明轩则更是嫉妒大哥，在旁煽风点火。无奈之下，恒泰告知映月心仪连城之事，映月答应赴小院会见连城。

映月和郭嬷嬷来到小院，实为收买、劝说连城离开恒泰，哪知连城竟不为所动。二人回程途中说起连城，均认为连城恰似年轻时的映月，而映月也对连城为人深深认可。

映月得知恒泰心系连城，有碍与醒黛的婚事，于是同意把连城接进将军府，谎称是郭嬷嬷的远亲，安排在映月房里做丫鬟，恒泰终于与醒黛完婚。连城在将军府有意躲避恒泰，仍被醒黛及李嬷嬷发觉两人似有微妙。

恒泰与醒黛大婚后，始终拒绝圆房。醒黛四处求教方法想获得恒泰青睐，均不奏效。李嬷嬷利用不同荷包凭香味找到真正与恒泰有染的女人，连城和恒泰的事情败露。醒黛知道后，气恼不堪，于是听从李嬷嬷献计，从映月处将连城要来服侍自己，并且对连城百般折磨。

李嬷嬷被杀，连城遭嫁祸，被捉拿到顺天府择日处斩。恒泰破案后，飞马赶赴法场，救下了连城。

回到府中，恒泰宣布正式纳连城为妾室。皇上为了解决恒泰和醒黛的问题，特召恒泰入宫，却反被恒泰说服，未予责罚，并劝恒泰回府与醒黛好好过日子。醒黛满怀怨恨回到富察府，百般搅扰恒泰与连城的婚礼。

府中频现事端,醒黛遂针对连城称家里出了妖孽,于是请法师做法,指认连城狐妖附体,对连城百般羞辱。后为陷害连城,醒黛联合映月将连城与江逸尘关在寺庙房间,正当连城百口莫辩的紧要关头,争执中连城衣袖被撕破,映月看到连城肩上的朱砂记,认出连城就是自己的亲生女儿。回程路上,映月与连城谈心,了解连城的成长过往。回府后,映月更是与郭嬷嬷合计认定女儿之事,决计保护连城。

皇后派秦湘姑姑陪伴公主。经秦湘劝解,醒黛终想通了夫妻共处之道,明白只有与连城休好才能挽回恒泰,于是准备点心送与连城意图求和,却遭遇映月怀疑下毒。醒黛羞愤之下自吃点心以示明清白。

后,恒泰从映月口中,得知偷龙转凤的全部真相。偷听到真相的富察将军并未责怪映月,并告知映月,自己已经在栖霞峰埋下了炸药,预备将江逸尘和连城一并炸死,从此富察府将归于平静。映月情急之下说明连城就是自己与将军的亲生女儿,富察将军方寸大乱,恒泰则火速赶往营救连城。屋外,明轩与如眉一直在偷听,得知偷龙转凤的真相,将偷龙转凤之事密告给醒黛。

五、关于陈喆主张的剧本及电视剧《宫锁连城》中相关内容与涉案作品的关系

陈喆为说明剧本《宫锁连城》、电视剧《宫锁连城》与涉案作品在人物设置、人物关系、具体情节及情节整体创编上的相似性,向原审法院提交了人物关系对比图(见本判决附图)、

"《宫锁连城》电视剧及剧本与《梅花烙》小说及剧本相似情节比对表"（见本判决附表）。经查，上述图表中的人物设置、人物关系及情节在剧本《宫锁连城》、电视剧《宫锁连城》与剧本《梅花烙》、小说《梅花烙》中均存在对应内容。

六、关于陈喆专家辅助人的原审庭审陈述

原审庭审中，陈喆委托的专家辅助人汪海林就剧本创作问题发表意见，其称剧本的核心创作价值体现于精彩的情节段落设计，而就具体情节基于特定的串联及编排将成为剧本的最终表达。对在先剧本的内容使用，仅通过观看其电视剧的内容即可实现。从人物设置与影视作品情节关联上来看，用于比较的两部作品男女主人公的关系及情节安排如果呈现出一定程度的相似性，则可以作为两部作品相似的判断基础，具体的人物设置、人物关系、具体情节及桥段、以及由情节串联而成的剧情均可作为剧本的创作表达。而对于相关情节，如用于比较的两部作品在部分细微环节存在差异，则需要考虑发生差异的部分是否仍保持着同样的戏剧功能，如戏剧功能未发生实质变化，则不能简单排除前后作品的相似关系。

七、关于陈喆要求各方承担侵权责任的事实

陈喆主张余征、湖南经视公司、东阳欢娱公司、万达公司、东阳星瑞公司共同侵害了其就涉案作品享有的改编权及摄制权，应就侵权行为共同承担连带责任，其中关于经济损失赔偿的问题，陈喆主张以违法所得为请求赔偿的基础。

陈喆主张，余征担任编剧的单集稿酬约为每集20万元，电视剧《官锁连城》在湖南卫视播出的版本长达63集，余征就剧本《官锁连城》获得的稿酬可达1260万元；电视剧《官锁连城》授权湖南卫视播映的版权许可费应不低于每集180万元，且该剧在湖南卫视、天津卫视、乐视网等多家电视及网络平台均有播出，湖南经视公司、东阳欢娱公司、万达公司、东阳星瑞公司通过该剧获得的播映权许可使用费用的现有收益已经可以高达上亿元。

就余征、湖南经视公司、东阳欢娱公司、万达公司、东阳星瑞公司各自收益情况及各方就剧本《官锁连城》、电视剧《官锁连城》的合作关系、收益分配情况，陈喆于原审诉讼之初提出要求余征、湖南经视公司、东阳欢娱公司、万达公司、东阳星瑞公司提供余征就剧本《官锁连城》的编剧合同、电视剧《官锁连城》联合摄制合同及电视剧《官锁连城》发行合同。

万达公司向陈喆提交了其与湖南经视公司签署的《联合投资摄制电视剧协议书》，但该协议书正本及复印件均存在大量条款遮蔽。在未遮蔽的部分，第6.2条约定，该剧剧本的内容由东阳欢娱公司、湖南经视公司、东阳星瑞公司三方共同审查，经三方书面确认通过后才能进行拍摄；第6.5条约定，由湖南经视公司全权负责完成剧本的立项、报批、审批环节的相关事宜，三方均有权了解本剧前期筹备、拍摄制作、送审、宣传、发行的计划安排以及实际进度。

原审诉讼中，陈喆申请余征、湖南经视公司、东阳欢娱公司、万达公司、东阳星瑞公司提交剧本《官锁连城》编剧合同及电视剧《宫锁连城》发行合同以及关于电视播映权许可使用和信息网络传播权许可使用的合同等，余征、湖南经视公司、东阳欢娱公司、万达公司、东阳星瑞公司均未提交。

八、关于陈喆支出合理费用的事实

陈喆主张，因本案维权支付律师费人民币30万元、公证认证费人民币1000元、公证费人民币1.2万元，共计31.3万元。

北京市第三中级人民法院认为：

本案中，陈喆提交的剧本《梅花烙》内容并未超出电视剧《梅花烙》的剧情表达，且与电视剧《梅花烙》的影像视听内容形成基本一致的对应关系，结合小说《梅花烙》"创作后记"中关于剧本创作完成在先的原始记载，陈喆提交剧本《梅花烙》内容的真实性，应予认可。

电视剧《梅花烙》字幕虽有"编剧林久愉"的署名安排，但林久愉本人出具的《声明书》已明确表示其并不享有剧本《梅花烙》著作权的事实；电视剧《梅花烙》制片者怡人公司出具的《电视剧<梅花烙>制播情况及电视文学剧本著作权确认书》（简称《确认书》）也已明确表述剧本《梅花烙》的作者及著作权人均为陈喆，对此应予确认。

林久愉根据陈喆口述整理剧本《梅花烙》，是一种记录性质的执笔操作，并非著作权法意义上的整理行为或融入独创智慧的合作创作活动，故林久愉并不是剧本《梅花烙》作者。因此，应认定剧本《梅花烙》的作者及著作权人均为陈喆。

小说《梅花烙》虽然在故事内容上与剧本《梅花烙》存在高度关联性、相似性，但却具有不同于剧本《梅花烙》而存在的独创性，故小说《梅花烙》应为剧本《梅花烙》的改编作品，依法享有著作权。鉴于小说《梅花烙》的署名为陈喆，故认定小说《梅花烙》的作者及著作权人均为陈喆。

电视剧的公开播出即可推定为相应剧本的公开发表。本案中，电视剧《梅花烙》的公开播出即可达到剧本《梅花烙》内容公之于众的效果，受众可以通过观看电视剧的方式获知剧本《梅花烙》的全部内容。因此，电视剧《梅花烙》的公开播出可以推定为剧本《梅花烙》的公开发表。鉴于余征、湖南经视公司、东阳欢娱公司、万达公司、东阳星瑞公司均具有接触电视剧《梅花烙》的机会和可能，故可以推定其亦具有接触剧本《梅花烙》的机会和可能，从而满足了侵害著作权中的接触要件。

涉案人物对应不仅体现为人物身份设置的对应以及人物之间交互关系的对应，更与作品的特定情节、故事发展存在不可分割的联系，而这种内在联系在余征等提供的证据中是不存在的，可以认定为陈喆独创，并推定剧本《宫锁连城》在人物设置与人物关系设置上是以涉案作品为基础进行的改编及再创作。

陈喆主张剧本《宫锁连城》改编自涉案作品的情节6"弃女失神，养亲劝慰"、情节14"纳妾"、情节17"福晋询问弃女过往，誓要保护女儿"属于公知素材，涉案作品的相关情节安排不具有独创性,因而该三个情节为不受著作权法保护的内容;陈喆主张剧本《宫锁连城》情节2"女婴被拾,收为女儿"、情节3"少年展英姿"、情节4"英雄救美终相识,清歌伴少年"、情节11"皇上赐婚,多日不圆房"、情节12"弃女入府,安置福晋身边"、情节13"公主发现私情,折磨弃女"、情节15"面圣陈情"、情节16"福晋初见印痕"、情节20"凤还巢"等9个情节,与陈喆就相关情节的独创设置不构成实质相似;陈喆主张剧本《宫锁连城》情节1"偷龙转凤"、情节5"次子告状,亲信遭殃"、情节7"恶霸强抢,养亲身亡,弃女破庙容身"、情节8"少年相助,代女葬亲,弃女小院容身"、情节9"钟情馈赠,私定终身,初见印痕"、情节10"福晋小院会弃女,发觉弃女像福晋"、情节18"道士做法捉妖"、情节19"公主求和遭误解"、情节21"告密"等9个情节,涉案作品在情节表达上已经实现了独创的艺术加工,具备区别于其他作品相关表达的独创性。剧本《宫锁连城》就各情节的设置,与涉案作品的独创安排高度相似,仅在相关细节上与涉案作品设计存在差异(如:情节1中,将偷龙转凤的谋划安置在福晋与贴身嬷嬷之间;亲女肩上并未烫下烙痕,而是生来具有的朱砂记;情节5中,将军对郭孝施以鞭刑而非杖责;情节7中,设置迎芳阁失火的环节以致连城无处安身,而非被店家赶出;情节8中,恒泰救下连城的方式是从佟家麟府内救出而非天桥上;情节10中,恒泰告知映月倾心连城的时间是在得知指婚后及与醒黛成婚前;情节18中,连城并非狐妖,而是狐妖附体,并将情节安置在映月得知连城为其亲女前；情节19中，醒黛的慰问品是糕点，向醒黛进言之人为官中派来的侍女，拦截之人是映月而非恒泰等），而此类差异并不代表差异化元素的戏剧功能发生实质变更，以致于可造成与涉案作品的情节设置相似的欣赏体验。本案中，余征等亦未能充分举证证明涉案作品中的上述相关内容缺乏独创性或剧本《宫锁连城》就相关情节另有其他创作来源等合理理由。剧本《宫锁连城》与涉案作品在相关情节的设置上存在相似性关联。剧本《宫锁连城》就上述相关情节的设置，与剧本《梅花烙》（基于"偷龙转凤"、"次子告状，亲信遭殃"、"恶霸强抢，养亲身亡"、"少年相救，代女葬亲，弃女小院容身"、"钟情馈赠，私定终身，初见印痕"、"福晋小院会弃女，发觉弃女像福晋"、"道士做法捉妖"、"公主求和遭误解"、"告密"情节）及小说《梅花烙》（基于"偷龙转凤"、"恶霸强抢，养亲身亡"、"少年相救，代女葬亲，弃女小院容身"、"钟情馈赠，私定终身，初见印痕"、"福晋小院会弃女，发觉弃女像福晋"、"道士做法捉妖"、"告密"情节）之间存在改编及再创作关系。

陈喆主张的相关情节为剧本《梅花烙》中的21个情节以及小说《梅花烙》中的17个情节。这些情节在剧本《梅花烙》中的分布顺序为：1."偷龙转凤"、2."女婴被拾，收为女儿"、3."少年展英姿"、4."英雄救美终相识，清歌伴少年"、5."次子告状，亲信遭殃"、6."弃女失神，养亲劝慰"、7."恶霸强抢，养亲身亡，弃女破庙容身"、8."少年相助，代女葬亲，弃女小院容身"、9."钟情馈赠，私定终身，初见印痕"、10."福晋小院会弃女，发觉弃女像福晋"、11."皇上赐婚，多日不圆房"、12."弃女入府，安置福晋身边"、13."公主发现私情，折磨弃女"、14."纳妾"、15."面圣陈情"、16."福晋初见印痕"、17."福晋询问弃女过往 誓要保护女儿"、18."公主求和遭误解"、19."道士做法捉妖"、20."凤还巢"、21."告密"。

  剧本《宫锁连城》相对于涉案作品在整体上的情节排布及推演过程基本一致，仅在部分情节的排布上存在顺序差异：恒泰与连城私定终身后，得知皇上指婚的消息，向映月坦陈与连城的感情，映月于是同意去小院会见连城，并希望劝说连城离开恒泰而遭连城拒绝；恒泰迎亲当日得知连城危险，赶去搭救连城而拖延与醒黛的婚期，以致映月基于恒泰与连城的感情，为保全王府而安排接连城以丫鬟身份入府。但此类顺序变化并不引起剧本《宫锁连城》涉案情节间内在逻辑及情节推演的根本变化，剧本《宫锁连城》在情节排布及推演上与涉案作品高度近似，并结合具体情节的相似性选择及设置，构成了剧本《宫锁连城》与涉案作品整体上的相似性，导致与涉案作品相似的欣赏体验。而在余征等提交的证据中，并不存在其他作品与剧本《梅花烙》、小说《梅花烙》、剧本《宫锁连城》相似的情节设置及排布推演足以否定涉案作品的独创性或证明剧本《宫锁连城》的创作另有其他来源。

  此外，作品中出现的不寻常的细节设计同一性也应纳入作品相似性比对的考量。如：双方作品均提及福晋此前连生三女，但后续并未对该三女的命运做出安排和交代。

在著作权侵权案件中，受众对于前后两作品之间的相似性感知及欣赏体验，也是侵权认定的重要考量因素。以相关受众观赏体验的相似度调查为参考，占据绝对优势比例的参与调查者均认为电视剧《宫锁连城》情节抄袭自《梅花烙》，可以推定，受众在观赏感受上，已经产生了较高的及具有相对共识的相似体验。综上，可以认定，剧本《宫锁连城》涉案情节与涉案作品的整体情节具有创作来源关系，构成对涉案作品的改编。

陈喆作为涉案作品的作者、著作权人，依法享有的改编权受法律保护。余征接触了涉案作品的内容，并实质性使用了涉案作品的人物设置、人物关系、具有较强独创性的情节以及故事情节的串联整体进行改编，形成新作品《宫锁连城》剧本，上述行为超越了合理借鉴的边界，构成对涉案作品的改编，侵害了陈喆基于涉案作品享有的改编权，依法应当承担相应的侵权责任。

另据查明的事实，电视剧《宫锁连城》的制片者负责剧本《宫锁连城》的审查及确认，剧本的立项、报批等工作也由制片者完成。湖南经视公司、东阳欢娱公司、万达公司及东阳星瑞公司作为电视剧《宫锁连城》的制片者，深入介入了剧本《宫锁连城》的创作工作。小说《梅花烙》的广泛发行及市场影响力、知名度，以及根据剧本《梅花烙》所拍摄电视剧《梅花烙》

的广泛发行传播及较大的公众认知度的事实背景,使得湖南经视公司、东阳欢娱公司、万达公司、东阳星瑞公司已然知晓涉案作品的内容。湖南经视公司、东阳欢娱公司、万达公司及东阳星瑞公司在介入《宫锁连城》的剧本创作时,已完全了解剧本的全部内容,可明确判别该剧本内容存在使用涉案作品进行改编的事实,以及依据该剧本拍摄电视剧将侵害陈喆相关著作权的结果。基于小说《梅花烙》的广泛发行及市场影响力、知名度,以及根据剧本《梅花烙》所拍摄电视剧《梅花烙》的广泛发行传播及较大的公众认知度的事实背景,根据湖南经视公司、东阳欢娱公司、万达公司及东阳星瑞公司的职业经验和应达到的注意程度,作为剧本的拍摄单位,在不排除知晓涉案作品内容的情况下,未尽到注意义务。因此,余征、湖南经视公司、东阳欢娱公司、万达公司及东阳星瑞公司在剧本《宫锁连城》的创作过程中,存在着明知或应知剧本《宫锁连城》侵害他人著作权的共同过错。

湖南经视公司、东阳欢娱公司、万达公司及东阳星瑞公司对于余征侵害涉案作品改编权的行为提供帮助,因此,余征、湖南经视公司、东阳欢娱公司、万达公司及东阳星瑞公司共同侵害了涉案作品的改编权,依法应当承担连带责任。

陈喆系涉案作品的著作权人,依法享有摄制权,他人基于涉案作品的独创性内容进行影视剧摄制时,需获得陈喆的许可并支付报酬,否则将构成侵害涉案作品摄制权的行为。

电视剧《宫锁连城》的出品单位为湖南经视公司、东阳欢娱公司、万达公司、东阳星瑞公司。万达公司虽在诉讼中提交了《联合投资摄制电视剧协议书》，以证明其仅就该剧进行投资并享有投资收益而并未参与电视剧《宫锁连城》的相关制作工作，但该合同系相关方内部约定，不具有对抗善意第三人的效力。故认定万达公司与湖南经视公司、东阳欢娱公司、东阳星瑞公司同为电视剧《宫锁连城》的制片者，共同实施了摄制电视剧《宫锁连城》的行为，应就电视剧《宫锁连城》侵害涉案作品摄制权的行为承担连带责任。

余征除作为电视剧《宫锁连城》的编剧外，同时担任该剧制作人、出品人、艺术总监，尽管余征并不属于著作权法意义上的制片者，但在其明知或应知《宫锁连城》剧本侵害涉案作品著作权的情形下，仍向湖南经视公司、东阳欢娱公司、万达公司及东阳星瑞公司提供剧本《宫锁连城》的电视剧摄制权授权，并作为核心主创人员参与了该剧的摄制工作，为该剧的摄制活动提供了重要帮助，系共同侵权人，应就侵害陈喆摄制权的行为承担民事责任。

综上，余征、湖南经视公司、东阳欢娱公司、万达公司及东阳星瑞公司未经陈喆许可，擅自改编涉案作品创作剧本《宫锁连城》及对上述行为提供帮助，并以该剧本为基础拍摄、发行电视剧《宫锁连城》，侵害了陈喆依法对涉案作品享有的改编权及摄制权。必须指出，就剧本和小说进行利用的方式有多种，但拍摄成影视作品的方式则是其中最具市场影响和商业价值的利用方式，因此，未经许可改编剧本小说和摄制对于著作

权人的利益影响巨大。

《宫锁连城》剧本及电视剧实质性整体改编了涉案作品，《宫锁连城》现有的人物设置、人物关系、重要情节及情节串联整体的创作表达很大程度上来源于涉案作品，是涉案作品的主要创作表达，据此可以认定涉案作品在《宫锁连城》剧本及电视剧中被使用的程度较高。在此情况下，如果余征、湖南经视公司、东阳欢娱公司、万达公司及东阳星瑞公司未经许可所实施的侵权发行行为得以继续，将实际上剥夺陈喆对于其作品权利的独占享有，并实质阻碍或减少陈喆作品再行改编或进入市场的机会，有违公平原则。

权利人合法有据的处分原则应当得到尊重，只有当权利人行使处分权将过度损害社会公共利益和关联方合法权益时，才能加以适度限制，以保障法律适用稳定性与裁判结果妥当性的平衡。截至原审庭审结束时，电视剧《宫锁连城》已经持续公开播映超过8个月，尽管余征、湖南经视公司、东阳欢娱公司、万达公司及东阳星瑞公司未按照原审法院要求提交编剧合同及发行合同，基于市场合理价格及商业交易惯例判断，余征应已取得了较高金额的编剧酬金，湖南经视公司、东阳欢娱公司、万达公司、东阳星瑞公司应已取得了较高的发行收益。在此情况下，基于本案中余征、湖南经视公司、东阳欢娱公司、万达公司及东阳星瑞公司的过错及侵权程度、损害后果、社会影响，判令停止复制、发行和传播电视剧《宫锁连城》，不会导致双方之间利益失衡，故应判令停止电视剧《宫锁连城》的复制、发行及传播。

余征、湖南经视公司、东阳欢娱公司、万达公司及东阳星瑞公司应就其侵害陈喆改编权、摄制权的行为承担停止侵害、消除影响、赔礼道歉、赔偿损失的民事责任。鉴于陈喆就赔礼道歉的诉讼请求仅针对余征提出,应视为陈喆自愿放弃对湖南经视公司、东阳欢娱公司、万达公司及东阳星瑞公司的该项民事权利主张。

陈喆在起诉状及原审庭审陈述中均表示,在发现余征、湖南经视公司、东阳欢娱公司、万达公司及东阳星瑞公司侵权情形之时,陈喆正在依据涉案作品进行电视剧《梅花烙传奇》的剧本改编,因余征、湖南经视公司、东阳欢娱公司、万达公司及东阳星瑞公司的侵权行为而不得不停止《梅花烙传奇》的剧本创作;余征、湖南经视公司、东阳欢娱公司、万达公司及东阳星瑞公司的侵权行为,对剧本《梅花烙传奇》的创作造成了实质性妨碍与影响,但对于已实际造成的损失,陈喆未提供证据加以证明。

本案中,陈喆主张以侵权人的违法所得作为损害赔偿的计算依据。原审诉讼中,陈喆要求余征、湖南经视公司、东阳欢娱公司、万达公司及东阳星瑞公司提交电视剧《宫锁连城》编剧合同,以确定其编剧酬金;陈喆要求余征、湖南经视公司、东阳欢娱公司、万达公司及东阳星瑞公司提交电视剧《宫锁连城》发行合同,以确定其各自发行《宫锁连城》的获利情况。余征、湖南经视公司、东阳欢娱公司、万达公司及东阳星瑞公司在明显持有编剧合同及发行合同的情形下，以上述合同涉及商业秘密为由未提供，且并未就陈喆的上述主张提出其他抗辩证据或充分、合理的反驳理由。因此，推定陈喆在原审庭审中主张的余征编剧酬金标准及《宫锁连城》的发行价格具有可参考性。

自2014年4月8日起，电视剧《宫锁连城》已经在湖南卫视等多家电视台卫星频道完成首轮及二轮播出，在多家视频网站进行了信息网络传播权许可使用，公开可查的数据资料显示，该剧的电视收视率及网站点击率均较高，参考同期热播电视剧应有的市场发行价格，陈喆主张基于余征、湖南经视公司、东阳欢娱公司、万达公司及东阳星瑞公司的违法所得给予侵权损害赔偿的请求具有合理性，且确定侵权赔偿数额应当能够全面而充分的弥补陈喆因被侵权而受到的损失。

陈喆关于赔偿经济损失及诉讼合理支出的诉讼请求，缺乏充分的依据，将根据涉案作品的性质、类型、影响力、侵权使用情况、侵权作品的传播时间与传播范围、各侵权方应有的获利情况以及陈喆为本案支出的律师费、公证费等因素综合考虑，酌情确定余征、湖南经视公司、东阳欢娱公司、万达公司及东阳星瑞公司赔偿陈喆经济损失及诉讼合理支出的数额。

鉴于本案纠纷为侵权诉讼，属于给付之诉，而诉讼请求应指向是否应当承担民事责任以及承担何种具体内容的民事责任，对于侵权行为性质的认定则属于此类案件审理中应当查明和认定的内容，因此，关于陈喆要求认定余征、湖南经视公司、

东阳欢娱公司、万达公司及东阳星瑞公司侵害其改编权和摄制权的诉讼请求,在判决中予以明确但不作为判决主文的内容。

综上,北京市第三中级人民法院依照《中华人民共和国著作权法》第十条第一款第(十三)项、第(十四)项、第十一条第四款、第十二条、第四十七条第(六)项、第四十九条第一款,《中华人民共和国侵权责任法》第九条第一款,《最高人民法院关于审理著作权民事纠纷案件适用法律若干问题的解释》第七条第一款、第九条,《最高人民法院关于民事诉讼证据的若干规定》第十七条第(二)项、第(三)项、第七十五条之规定,判决:一、湖南经视公司、东阳欢娱公司、万达公司、东阳星瑞公司于判决生效之日起立即停止电视剧《宫锁连城》的复制、发行和传播行为;二、余征于判决生效之日起十日内在新浪网、搜狐网、乐视网、凤凰网显著位置刊登致歉声明,向陈喆公开赔礼道歉,消除影响(致歉声明的内容须于判决生效后五日内送法院审核,逾期不履行,法院将在《法制日报》上刊登判决主要内容,所需费用由余征承担);三、余征、湖南经视公司、东阳欢娱公司、万达公司、东阳星瑞公司于判决生效之日起十日内连带赔偿陈喆经济损失及诉讼合理开支共计人民币五百万元;四、驳回陈喆的其他诉讼请求。

余征、湖南经视公司、东阳欢娱公司、万达公司、东阳星瑞公司均不服原审判决,向本院提起上诉,均请求撤销原审判决,驳回陈喆的全部诉讼请求。

余征主要的上诉理由为:一、原审判决认定事实不清,证

据不足。1、原审判决对陈喆主张权利依据的认定存在严重事实不清。原审判决认定陈喆于1992年创作完成《梅花烙》剧本，但陈喆仅提交了一份2014年7月打印的所谓的《梅花烙》剧本，并未提交1992年创作完成的任何作品。原审法院既不调查也不核实相关事实，片面依据陈喆提交的不能排除是根据已播放电视剧内容逆向整理的文字打印稿进行比对，进而认定余征侵权，属于认定事实不清。2、原审判决认定陈喆是《梅花烙》剧本唯一著作权人系事实不清、证据不足、程序有瑕疵，且和现行法律构成重大冲突。即便按照原审判决所谓的"电视剧《梅花烙》的公开播出可以推定为剧本《梅花烙》的公开发表"，《梅花烙》剧本的著作权人也应为电视剧《梅花烙》署名的"编剧：林久愉"，陈喆无权提起本案诉讼。陈喆虽提交了林久愉的个人声明，但原审法院对此份证人证言未要求证人出庭接受质询便予以认定，程序明显存在瑕疵，且原审法院对于林久愉不享有著作权的解释也违反了《中华人民共和国著作权法》的相关规定。二、原审判决认定《宫锁连城》剧本、电视剧侵犯涉案作品的改编权、摄制权与事实和法律严重相悖。1、原审判决对《梅花烙》和《宫锁连城》剧情梗概、情节安排顺序的归纳等多处与事实严重不符。2、《宫锁连城》人物设置和人物关系与《梅花烙》存在实质性差异，根本不是以《梅花烙》为基础进行的改编及再创作。3、原审判决虽在陈喆主张的21个情节中认定9个情节构成实质性相似，但该认定与事实根本不符，相关情节既在表达上不构成相似，余征提交的证据也充分证明了相关情节属于公知素材或适用场景原则或者属于有限表达等,不受著作权法保护。4、《宫锁连城》和《梅花烙》在整体情节排布及推演中根本不存在实质性相似,不构成著作权法意义上的改编。5、原审判决以受众调查作为侵权认定的重要考量因素明显不当。6、即使陈喆主张的事项受到著作权法的保护,但《宫锁连城》剧本与涉案作品未构成实质性相似。7、原审判决认可陈喆提交的"人物关系对比图"和"相似情节比对表",并作为认定事实的证据。但上述图表既不是起诉状的内容,也不是本案证据,没有进行当庭质证。8、《宫锁连城》剧本和《宫锁连城》电视剧是两个不同的作品,各自的著作权人也根本不同。但原审法院却将其混在一个案件中进行审理,且判令不同作品的不同权利人承担相同的连带责任,明显属于事实不清、适用法律有误。三、原审判决判令余征赔礼道歉、赔偿损失人民币500万元于法无据。1、赔礼道歉只适用于侵害人身权的情况,而改编权和摄制权不涉及任何人身权利,原审判决判令余征赔礼道歉没有任何法律依据,且严重违反了现行法律的明确规定。2、原审判决酌定余征与湖南经视公司、东阳欢娱公司、万达公司、东阳星瑞公司连带赔偿人民币500万元没有事实和法律依据,且和司法实践存在重大冲突。3、原审判决停止电视剧《宫锁连城》的复制、发行和传播,于法于情于理不符。

湖南经视公司主要的上诉理由为:一、原审判决认定事实错误,导致原审判决在多处"推理"判案时出现重大偏差。1、原审判决在《梅花烙》剧本剧情梗概、情节安排顺序存在多处归纳不准确之处。2、原审判决认定"被告万达公司向原告提交了其与被告湖南经视公司签署的《联合投资摄制电视剧协议书》",但湖南经视公司从未与万达公司签署过任何协议。3、原审判决认定"五被告均认为,林久愉在剧本《梅花烙》的创作过程中执行了相关整理工作",但湖南经视公司始终表述的是林久愉系《梅花烙》剧本的原创作者,而非整理工作。二、原审判决认定主要事实证据不足或认定证据错误或出现无证据的"事实",导致原审判决结论所依据的事实不成立。1、原审判决仅凭陈喆自述便认定剧本《梅花烙》于1992年10月创作完成,陈喆未提交《梅花烙》剧本的原始剧本、底稿或原始的故事大纲、分集梗概等原始创作过程的证据,也未提交电视剧《梅花烙》,更未经比对,原审判决认定"依据该剧本拍摄的电视剧《梅花烙》内容与该剧本高度一致",再以推理方式认定《梅花烙》剧本内容的真实性。2、原审判决仅凭林久愉的《声明书》及怡人公司的《确认书》,错误认定《梅花烙》剧本的著作权人是陈喆。林久愉和怡人公司出具的证据属于证人证言,应当出庭作证并经质证才能判断其效力。3、原审判决无证据证明《梅花烙》小说具有不同于《梅花烙》剧本而存在的独创性以及《梅花烙》小说系根据《梅花烙》剧本改编而来。4、陈喆提供的部分网络"调查数据"不应作为证据成为侵权认定的重要考量因素。5、原审判决无证据认定湖南经视公司深入介入了《宫锁连城》剧本的创作工作。6、原审判决

无证据认定湖南经视公司等联合摄制方对余征侵害《梅花烙》剧本改编权的行为提供了帮助。7、原审判决无证据认定《梅花烙》小说广泛发行及市场影响力、知名度以及电视剧《梅花烙》在大陆地区广泛发行传播及较大的公众认知度。8、原审判决无证据证明《宫锁连城》电视剧已经在湖南卫视等多家卫视频道完成首轮及二轮播出。三、原审判决法律适用错误。1、根据电视剧《梅花烙》的署名,林久愉是《梅花烙》的编剧,《梅花烙》剧本的著作权人是林久愉。林久愉作为陈喆的学生与其关系良好,怡人公司的负责人是陈喆的儿媳妇,即使作为证人出庭作证,其与陈喆存在利害关系,也不能单独作为认定案件事实的依据。同案中,万达公司也声明其仅是"挂名",而其他真正的版权方共同出示书证证明万达公司不是版权方。原审法院却仍然根据《中华人民共和国著作权法》第十一条有关署名的规定,认定万达公司系版权方,据此取得管辖权,并认定万达公司承担连带责任。即便万达公司进一步出示了《联合投资摄制电视剧协议书》的原始书证,原审法院却作出了不能对抗第三人的认定。原审判决对在电视剧中有关编剧或版权人署名的相同性质问题的认定上自相矛盾,未适用统一的认定标准。2、小说《梅花烙》不具有独创性,不是剧本《梅花烙》的改编作品。3、湖南经视公司等制片方未侵犯涉案作品的改编权。湖南经视公司等制片方购买剧本《宫锁连城》进行摄制,依法进行立项、备案并取得相关行政主管部门全部行政许可,包括《发行许可证》等,尽到了合理注意义务。湖南经视公司从未与《宫锁连城》剧本作者合意借鉴或侵犯第三方作品，更未参与剧本《宫锁连城》的创作，根本不存在为侵权"提供帮助"的行为。即使剧本《宫锁连城》侵犯改编权，也是在创作完成时侵权行为即实施完毕，与仅购买了有限时间摄制权的购买方无任何关联。即使剧本《宫锁连城》900个以上情节中仅有9个情节与剧本《梅花烙》相似，据此要求制片方发现如此微小比例的侵权情节，也远超过制片方应负"合理注意义务"的程度。4、湖南经视公司等制片方未侵犯涉案作品的摄制权。著作权法规定的摄制权是将原作品进行摄制，针对本案而言就是对剧本《梅花烙》进行摄制，而湖南经视公司并没有此摄制行为。湖南经视公司等是基于剧本《宫锁连城》进行摄制，无论剧本《宫锁连城》是否为改编作品，都依法享有著作权，从形式上看，余征是剧本《宫锁连城》的著作权人。湖南经视公司等的摄制已得到该剧本著作权人的授权，未侵犯著作权人权利。5、两部作品的人物设置与人物关系不存在"改编及再创作关系"。原审判决在比对人物设置及人物关系时，强调认定人物关系应当基于"特定人物发生的故事情节"，但原审法院忽略了本案不是基于特定事实进行创作。在比对中，原审判决仅概括列举了几个所谓相似桥段，既没有区分相关桥段的公知来源，也没有剔除基于场景原则下的逻辑必然性，造成思想和表达的混同，更重要的是，忽视了对各个人物性格和形象的设置，不同性格人物在同一场景下也会有不同的人物表现，带给受众的观感体现也将完全不同。6、原审判决认定两部作品构成实质性相似的9个情节仍属于思想，而且与《宫锁连城》的相应情节在具体表达上也不构成实质性相似，部分来源于公知素材，部分来源于传统戏剧桥段的有限表达，不受著作权法保护。7、两部作品在整体上也不构成实质性相似。本案不应适用整体比较法，而应当适用部分比较的方式。原审判决运用的整体比较法，未区分思想和表达，仅凭抽象印象来判断会造成思想和表达的混淆，更无法判断对作品的相似感觉到底主要来源于作品的思想还是表达，原审判决也未剔除两部作品在运用共同公有领域素材所带来的情节编排或逻辑推演的必然性，且在对两部作品的概述中遗漏了诸多独创的或带来不同受众体验的情节，按照需要对两部作品进行了截取、拼凑、概括，人为造成两部作品整体相似的假象。原审判决在对两部作品21个具体情节比对中，却又适用了部分比较法，造成了同一案件中适用了不同的比较方法。8、原审判决判令停止复制、发行和传播《宫锁连城》电视剧于法于情于理不符。如果剧本《宫锁连城》侵权，应结合湖南经视公司等系购买剧本《宫锁连城》、未参与剧本创作、所有摄制行为的程序和内容均得到并符合相关行政管理部门的许可，电视剧《宫锁连城》仅9个情节实质性相似、侵权程度、电视剧《宫锁连城》仅在一个卫视播映完毕而未有二轮及地面台播映，不可能取得较高发行收益的事实，同时结合《梅花烙》作品已经20年未改编、未进入市场，电视剧《宫锁连城》未来继续播映事实上未阻碍陈喆再改编，考虑到陈喆的诉讼请求均涉及著作财产权，其"损失"就是授予第三方改编权所得到的回报才是较为合理、公平的理解,通过判决赔偿方式达到实质取得改编权授权的目的,而不停播更有利于平衡双方利益,有利于公众享受更多的文化成果,否则既停播又判令超出实际损失的赔偿,实际上过大保护了陈喆的权益,显然导致双方利益失衡,也不利于原作品的进一步传播。
9、原审判决判令赔偿经济损失人民币500万元错误。原审判决不适当地适用《最高人民法院关于民事诉讼证据的若干规定》第十七条第(二)项、第(三)项、第七十五条之规定,认为湖南经视公司未按陈喆要求提交发行合同等,据此根据《中华人民共和国著作权法》第四十九条第一款作出判决。湖南经视公司认为即便在无证据证明违法所得的情况下,按该法第四十九条第二款规定,原审法院仍应依法"酌情"判决,但原审法院却违反法律规定,判决超出50万元的上限。

东阳欢娱公司主要的上诉理由为:一、原审判决认定事实有误。1、原审判决对《宫锁连城》侵犯小说《梅花烙》著作权的事实认定错误。原审判决认定小说《梅花烙》具有不同于剧本《梅花烙》的独创性,小说《梅花烙》是剧本《梅花烙》的改编作品。改编作品的著作权人只能主张其在改编中演绎新创部分的著作权。但根据原审判决书及其附表,陈喆就小说《梅花烙》提出的17个情节侵权指控与剧本《梅花烙》21个情节侵权指控内容重合,与改编新创的内容及其相应著作权无关。
2、原审判决对剧本《梅花烙》及发表的事实认定有误。陈喆仅提供了一份2014年7月打印的《梅花烙》剧本文本,但未

提交能直接证明剧本《梅花烙》在1992年就存在的任何证据，原审判决却认定剧本《梅花烙》通过电视剧《梅花烙》的播映而发表，进而认定2014年7月新打印的《梅花烙》剧本文本并未超出电视剧《梅花烙》的剧情表达，且与电视剧内容形成基本一致的对应关系，而确认其早在1992年就存在，同时以陈喆在小说《梅花烙》"创作后记"中关于剧本创作完成在先的原始记载作为佐证。陈喆在本案中主张的《梅花烙》剧本是文字作品，不能将视听作品《梅花烙》电视剧的播映视为文字作品《梅花烙》剧本的发表，不能从"并未超出电视剧《梅花烙》的剧情表达，且与电视剧《梅花烙》的影像视听内容形成基本一致的对应关系"来推定"先有该剧本后有该电视剧"，恰恰该情况更能证明"根据该电视剧录下来的该剧本，先有电视剧，才有该剧本"。陈喆在其小说后记中关于剧本创作完成在先的自我原始记载不足为证。3、原审判决认定陈喆是《梅花烙》剧本的唯一编剧属于认定事实错误。林久愉在2014年6月19日出具的《声明书》等证明材料证明力弱，存在虚假可能，远不能推翻20年前《梅花烙》电视剧片头署名"编剧：林久愉"的基本事实和关键证据，且原审法院对于这份唯一能证明《梅花烙》剧本权属的关键证人证言并未要求证人出庭作证便予认定，程序存在瑕疵。4、原审判决认定9个情节构成实质性相似错误，部分情节属于公知素材，部分情节适用场景原则或者属于有限表达，因而不受著作权法保护。5、原审判决关于《宫锁连城》与《梅花烙》进行整体比对中认定事实错误。6、原审判决以受众"相似度调查"作为侵权认定的重要考量因素,属于认定事实不清。二、原审判决适用法律不当。1、原审判决针对陈喆主张的改编权、摄制权而判令余征赔礼道歉属于适用法律不当。赔礼道歉的民事责任只适用于侵害人身权的情况。改编权和摄制权都属于著作财产权,仅侵犯著作财产权不应承担赔礼道歉的责任。2、原审判决仅依据林久愉的《声明书》等后发证据认定剧本《梅花烙》原始著作权归属陈喆属于适用法律不当。3、原审判决没有就借鉴内容所占比例结合具体案件情况进行个案综合分析判断,适用法律不当。4、原审判决判令余征、湖南经视公司、东阳欢娱公司、万达公司、东阳星瑞公司连带酌情赔偿陈喆人民币500万元不符合著作权法的规定。原审判决没有依法酌情确定赔偿陈喆经济损失及诉讼合理支出的数额,没有具体区分余征、湖南经视公司、东阳欢娱公司、万达公司、东阳星瑞公司的具体赔偿金额,仅笼统判决连带赔偿人民币500万元。原审判决实际上采用了酌情赔偿规则,但判赔金额人民币500万元远大于50万元上限,显属法律适用不当。5、原审判决判令禁播电视剧《宫锁连城》于法于理于情不合。著作权法的目的是激励创作和促进传播。如果判决侵权但不予禁播,而是通过判决侵权的演绎作品著作权人以充分的经济赔偿以保障原著作权人的合法权益,使得双方的利益与社会公益得到最优化协调与平衡,进而使得原著作品进一步发扬光大,原侵权演绎作品也因此变更为不侵权演绎作品,相辅相成,相得益彰,这既有利于当事人之间的利益平

衡,更有利于公众享受相关作品和优化社会文化环境。所以,退一步说,即使构成侵权,对于一部投资规模很大、文化消费价值较高、侵权比例很小的影视剧来说,从促进文化传播与社会整体效益角度而言,依法依理依情不应禁播。

万达公司主要的上诉理由为:一、原审判决判令万达公司承担连带责任属于事实认定错误、责任界定不清,同时存在司法不公。1、万达公司仅为电视剧《宫锁连城》的财务投资人,原审判决认为万达公司为制片者明显与事实不符。由东阳欢娱公司、湖南经视公司、东阳星瑞公司三方共同签署的《联合投资摄制电视剧协议书》第3.1条明确约定三方按投资比例共有本剧成片以及剧本、音乐等一切资料的著作权。另外第6.2条明确约定,《宫锁连城》剧本的内容由东阳欢娱公司、湖南经视公司、东阳星瑞公司三方共同审查,经三方书面确认通过后才能进行拍摄。2013年1月23日,东阳欢娱公司与万达公司签署的《联合投资摄制电视剧协议书》约定:东阳欢娱公司引入万达公司作为电视连续剧《连城-凤还巢》的合作投资方,约定万达公司不实际参与电视剧的报批、拍摄、宣传及发行等工作。上述两份协议及原审庭审笔录非常清楚地表明:电视剧《宫锁连城》的著作权由湖南经视公司、东阳欢娱公司、东阳星瑞公司三方所有,万达公司仅挂名出品公司,不参与剧本《宫锁连城》的审查及确认,剧本的立项、报批等工作亦与万达公司无关,万达公司不是电视剧《宫锁连城》的制片者。因此,原审判决认定万达公司为电视剧《宫锁连城》的制片者明显与事实不符。2、原审判决事实查明部分有关万达公司与湖南经视公司签署了《联合投资摄制电视剧协议书》的认定及内容均与事实严重不符。万达公司从未与湖南经视公司就电视剧《官锁连城》签订过任何相关协议；万达公司在原审诉讼中从未向陈喆提交过相关或类似的协议文本；万达公司向原审法院提交的《联合投资摄制电视剧协议书》，是万达公司与东阳欢娱公司于2013年1月23日签署，该协议中亦不存在上述内容。3、原审判决认定万达公司为侵害摄制权行为主体亦显属错误，且原审法院在同一案件中并未严格按照同一标准和尺度判断案件事实，存在严重的司法不公。4、原审法院未依法对万达公司的财务投资人地位及侵权连带责任承担进行明确界定。如果二审法院依然认定构成侵权，应根据万达公司仅为电视剧《官锁连城》的财务投资人，主观上无侵权故意，客观上也未实施任何侵权行为之事实，改判万达公司不承担侵权连带责任。万达公司除在电视剧中作为出品方之一署名外，不享有其他著作权。影视作品片尾的"出品单位"或"出品公司"类似署名，跟著作权法上的权利人并不完全对应，仅仅依靠署名不能准确反映影视作品的实际投资和实际著作权状态。如果要准确地掌握《官锁连城》实际的著作权归属，必须通过审查投资拍摄协议或者相关合同，结合其他三方签署的《电视剧<连城-凤还巢>》联合投资摄制协议》内容及原审庭审过程中的陈述，能够明确体现：万达公司仅是《官锁连城》电视剧的投资方，除在该剧片尾挂名出品公司外，不享有该剧的著作权。万达公司按

照约定未参与该剧的报批、制作、宣传及发行工作,已经履行对本剧的合理审查义务,主观上无侵权故意,客观上也未实施任何侵权行为,万达公司不应当承担侵权连带责任。二、原审判决中存在其他事实错误、证据不足、程序失当、适用法律错误等问题。1、原审判决关于余征、湖南经视公司、东阳欢娱公司、万达公司、东阳星瑞公司对剧本《梅花烙》是否存在接触可能,存在严重违反法律规定、违背常识的主观臆断和"推定"。2、原审判决就"剧本《宫锁连城》在人物设置与人物关系设置上以《梅花烙》为基础"的认定错误严重背离事实,且违反剧本创作规律。3、原审判决认为"两部作品在整体上的情节排布及推演过程高度近似"属于事实认定错误。4、原审法院简单草率片面的援引相关受众言论认定两部作品之间有"较高的相似体验",与事实严重不符。5、原审诉讼中,双方的举证均局限于两部作品之间的相似程度比对,未对《梅花烙》的影响范围、《宫锁连城》剧本的创作及审查过程、电视剧《宫锁连城》的制作过程进行举证,原审法院也未依职权对上述事实进行证据调取,原审判决对于该部分的事实认定证据严重不足,也有违剧本与影视作品之间关系的常识。6、原审判决程序严重失当。林久愉出具的《声明书》和怡人公司出具的《确认书》本质上属于证人证言,根据相关法律规定证人应当出庭作证,而原审法院并未依法传唤相关证人到庭作证,在此情况下原审判决直接将该部分证据作为定案依据,据此确定陈喆对剧本《梅花烙》拥有著作权,严重违反了《中华人民共和国民事诉讼法》及《最高人民法院关于民事诉讼证据的若干规定》的相关规定。7、原审判决适用法律错误。《中华人民共和国著作权法》第四十九条之规定旨在确定著作权损害赔偿责任的范围，应当以加害人侵权行为所造成损害的财产损失范围为标准，按照利益的"弥补"和"填平"原则承担相应责任。陈喆的权利客体是文字作品，确定其实际损失应当以其稿酬水平为基础，陈喆明知其"实际损失"明显小于所谓的"侵权人违法所得"，故拒绝向原审法院提供相应的证据。既然相关法律规定及法院认定陈喆应提供但未提供证据证明其"实际损失"，应判定其承担"举证不能"的责任。电视剧《宫锁连城》热播受众广泛，其根本原因是余征创作的《宫》系列电视剧等大量作品制作精良，镜头和画面精致唯美，导致电视剧收视率一直居高不下。剧本《宫锁连城》尤其是与《梅花烙》相似的部分，对收视率的贡献是微乎其微的，原审法院认为"原告主张基于各被告违法所得给予侵权损害赔偿的请求具有合理性"，明显属于适用法律错误。

　　东阳星瑞公司主要的上诉理由为：一、原审判决认定事实不清、证据不足，认定东阳星瑞公司和余征、东阳欢娱公司、湖南经视公司、万达公司构成侵害著作权与事实、法律严重相悖。1、原审判决既未调查是否存在1992年的《梅花烙》剧本，也未调查1992年《梅花烙》剧本的内容到底是什么，片面依据陈喆在原审诉讼中提交的2014年7月打印的所谓的《梅花烙》剧本进行比对，进而认定东阳星瑞公司与余征、湖南经视公司、万达公司、东阳欢娱公司构成共同侵权,属于事实不清、证据不足。2、原审判决关于陈喆是涉案作品的唯一著作权人的认定与事实和现行法律严重相悖。3、原审判决认定东阳星瑞公司和余征、湖南经视公司、万达公司、东阳欢娱公司共同侵犯涉案作品的改编权、摄制权,事实不清、证据不足,且多处自相矛盾,属于原审法院主观自我推定所得结论,并突破了陈喆的主张范围。二、原审判决判令停止复制、发行、传播电视剧《宫锁连城》并判令东阳星瑞公司和余征、湖南经视公司、万达公司、东阳欢娱公司连带赔偿人民币500万元于法无据。

陈喆服从原审判决。

经审理查明:根据陈喆提交的电视剧剧本《梅花烙》及陈喆的《权利声明书》、电视剧《梅花烙》剧本摘录、小说《梅花烙》、小说《梅花烙》摘录、电视剧《宫锁连城》剧本及作品登记证书、电视剧《宫锁连城》完成片DVD(乐视网,www.1etv.com网络下载视频)、电视剧《宫锁连城》完成片剪辑版、电视剧《宫锁连城》演员戴娇倩"我就是这么直接"媒体采访视频、(2014)京方圆内经证字第20573号公证书、(2014)京方圆内经证字第20572号公证书、(2014)京方圆内经证字第20571号公证书、林久愉的《声明书》、怡人公司出具的《确认书》、小说《梅花烙》首发出版方皇冠文化出版有限公司出具的《证明书》及"一〇三年度北院民公麟字第221531号"公证书、《写给广电总局的一封公开信》、律师委托代理合同书、律师费发票、律师费支出的代付款说明、台湾地区公证费用《声明书》及《公证费支出明细单》、公证费发票，余征、湖南经视公司、东阳欢娱公司、东阳星瑞公司提交的电视剧《梅花烙》VCD、封面、内容截图、电视剧《宫锁连城》、剧本《宫锁连城》、余征2012年5月30日完成的《宫锁连城》故事梗概、国家广播电影电视总局关于《宫锁连城》的电视剧拍摄制作备案公示表、国家广播电影电视总局备案的《宫锁连城》故事梗概、张庭新浪微博网页、《乾隆皇帝全传》节选、《九小姐与乾隆》节选、连环画《九公主与乾隆》、黄梅戏《公主与皇帝》、电视剧《还君明珠》、电视剧《绝色双娇》、电视剧《青天衙门Ⅱ之望子成龙》、《西游记》节选、《西厢记》节选、《水浒传》节选、《红楼梦》节选、《清史十六讲》节选、《试论<红楼梦>中嬷嬷的形象及其审美价值》、《试论小厮在<红楼梦>中的作用——以茗烟、兴儿为例》、电视剧《一剪梅》、《清史稿》节选、《乾隆幼女和孝公主》、《解说老北京》节选、《鲁迅新婚之夜与妻子同房未同床伤心流泪》、《明清长篇世情小说妻妾斗争与"歇斯底里"特质》、《红颜倾君》节选、电视剧《大清后宫》、《游龙真太子》、《换子成龙》、《凤凰血》、《爱在离别时》、《爱情风暴美丽99》、《赵氏孤儿案》、《新施公案》、《菩提树下》、《情迷海上花》、《璀璨人生》、《错爱一生》、《风中百合》、《金玉良缘》、《雍正王朝》、《红楼梦》、《京华烟云》、《打金枝》、《真假驸马》、《宫锁连城》人物关系图、《梅花烙》人物关系图、《宫锁连城》主要故事脉络情节、《梅花烙》主要故事脉络情节、相关案例，湖南经视公司提交的《授权声明书》，万达公司提交的《联合投资摄制电视剧协议书》，以及相关笔录和当事人陈述等证据，能够证明原审法院查明的事实，本院对此予以确认。

本院另查，

（一）双方新提供的证据

1、湖南经视公司在二审庭审中提交了台湾地区"经济部智慧财产局"函及所附"经济部智慧财产局"著作权登记簿腾本的传真件，庭审后提交了该函及附件的公证认证件。其中，"经济部智慧财产局"著作权登记簿记载有："著作名称：梅花三弄第一部——梅花烙，单位及数量：一册，收文日期：081/09/23，收文文号：19A-8120267-，著作类别：语文著作，核准文号：812-0267-，登记号码：5104，核准日期：081/10/05，著作人：陈喆"，"壹、登记事项：一、著作财产权登记 著作财产权人：怡人公司，登记原因：让与，发生时间：081/09/7，权利范围：全部。二、著作财产权让与登记 让与人：陈喆，受让人：怡人公司，登记原因：让与，发生日期：081/09/7，权利让与之范围：全部"，"贰、附载事项：本项登记悉依申请人之申报，不作实质审查，登记事项如发生司法争议时，应由当事人自负举证责任，并由司法机关依著作法及具体个案调查事实认定之，不应以本登记簿腾本认定为享有著作权之惟一证据"。登记簿记载的上述时间的年份均为1992年。

陈喆认为，该份证据是湖南经视公司在二审诉讼中当庭提交的证据，提交时间超出了本院指定的举证期限，且不属于新证据，不应予以采信。同时，陈喆明确，1992年9月《梅花烙》剧本当时还处于创作过程，为了电视剧《梅花烙》的拍摄作了上述转让登记。陈喆主张的《梅花烙》剧本是1992年10月创作完成并作为电视剧《梅花烙》拍摄使用的剧本，即原审诉讼中提交的剧本，该剧本是根据拍摄使用的剧本进行计算机录入制作电子版本后打印出来的。陈喆创作的剧本在实际拍摄过程中不会发生实质变化。陈喆主张权利的剧本与上述登记证书记载的剧本可能存在阶段性微小调整但不会有太大的调整。

2、陈喆在本院诉讼中新提交了两份证据，分别是（2015）京方圆内民证字第00470号公证书和（2015）京方圆内民证字第00471号公证书，上述两份证据对余征的网易博客和新浪博客的相关内容进行了公证。余征于2006年11月7日在其网易博客发表了一篇名为《美人如花隔云端（一）》的博客，其中写道，"楚楚可怜的陈德容真的算是少年时期的梦中情人，一部《梅花烙》翻来覆去看了几百遍，每一遍都惊叹不已，虽然美女如今还是活跃在银幕上，去年在横店还有过一面之缘，但是总是找不到当年的那种感觉了，吟霜，已经绝唱……"。余征于2007年3月20日在其新浪博客发表了一篇名为《两个时代，一种美丽》的文章，其中写道，"我曾经一度迷恋琼瑶剧，特别是《梅花烙》，觉得无论是故事还是造型还是演员都非常一流"。

陈喆用上述两份证据证明，余征在其博客中表明其十分喜爱陈喆原创作品《梅花烙》，并多次赏阅，主人公的形象及该作品的故事、情节早已深入其心，鉴于余征对陈喆的作品，特别是《梅花烙》的熟悉，对其作品人物、故事情节的烂熟于心，将陈喆作品的相关内容用于其日后编写的剧本,绝不可能构成"巧合"与"误伤"。余征、湖南经视公司、东阳欢娱公司、万达公司、东阳星瑞公司对陈喆提供的上述证据形式上的真实性予以认可,对证明目的不予认可。

(二)补充查明的事实

1、涉案作品著作权权属的相关事实

电视剧《梅花烙》播放片头显示"怡人传播有限公司制作","原著琼瑶"、"编剧指导琼瑶"、"编剧林久愉"。

2014年6月20日,林久愉出具《声明书》,主要内容为:"本人林久愉,系琼瑶老师的学生及创作助手,自1989年以来,已经配合琼瑶老师创作完成了多部电视剧剧本(详见本声明书附件《剧本辅助创作清单》)。在相关的剧本创作活动中,本人与琼瑶老师的工作方式为:由琼瑶老师进行具体的创意构思与原创讲述,本人作为助手为琼瑶老师的创作文字草稿进行整理,或直接对琼瑶老师的创作口述进行文字记录,在电视剧署名中,琼瑶老师和我也做了分工署名约定。本人现特此确认:无论本人在相关剧集中的署名方式如何,本人的职责均系配合、辅助琼瑶老师完成剧本,包括《梅花烙》在内的清单所列剧本均系由琼瑶老师独立原创完成,琼瑶老师自始享有此类剧本的全部著作权及相关权益。如本人依据世界任何国家或地区的法律及规定,可全部或部分享有此类权利,本人确认,此类权利自始即不可逆转的无偿转归琼瑶老师独立享有。琼瑶老师独立支配、处置与维护此类权利。"

2014年7月2日,陈喆出具《声明书》,声明:其本人系剧本《梅花烙》的作者,自始完整拥有该剧本著作权及相关权利,创作该剧本的完成时间为1992年10月。《声明书》附有剧本《梅花烙》打印文本。

怡人公司于2014年9月24日出具《确认书》,主要内容为:"怡人公司系电视剧《梅花烙》(《<梅花三弄>之<梅花烙>》)的唯一制片方。该剧系本公司根据琼瑶原创剧本,于西元1992年10月至西元1993年3月期间独立摄制完成,于西元1993年10月在台湾地区电视台(台湾中视综合台)首播,于西元1994年4月在中国大陆电视台(湖南电视一台)首播。本公司在此证明:该剧原创故事及剧本均由琼瑶创作完成,琼瑶为剧本的作者,琼瑶的助手林久愉提供了创作辅助与文稿整理工作,根据琼瑶老师的要求并经林久愉同意,为了提携新人,在电视剧《梅花烙》剧集的署名中,将林久愉署名为'编剧',将琼瑶署名为'编剧指导'。本公司确认:琼瑶自始完整享有该剧原创剧本的全部著作权及相关权益,并有权根据该剧本改编创作、发表小说《梅花烙》。如本公司依据世界任何国家或地区的法律及规定,可全部或部分享有此类权利,本公司确认,此类权利自始即不可逆转的无偿转归琼瑶独立享有,琼瑶有权独立支配及处理此类权利,包括著作权维权权利。"

原审诉讼中,陈喆提交了作家出版社于1994年7月出版的《梅花烙》小说(ISBN7-5063-0767-7/I·766),署名作者为(台湾)琼瑶。该书最后附有一篇《<梅花三弄>后记》,其

中记载,"一九七一年,我写了一系列的中篇小说,背景是明朝,收集在我《白狐》一书中,早已出版。……去年,我和我的编剧林久愉,选中了我的三部中篇小说,决定制作一系列的电视剧,取名为《梅花三弄》。……《梅花烙》取自《白狐》一书中之《白狐》。……我和林久愉,开始重新整理,加入新的情节,新的人物,来丰富这三个故事。整整经过了一年的时间,才把三部剧本完成。因为每部戏剧多达二十集(二十小时),加入及改变的情节非常多,几乎只有原著的'影子',而成为了一部新作。"该后记写于1993年夏。

2、受众调查的相关事实

陈喆在原审诉讼中提交了(2014)京方圆内经证字第20573号公证书,根据该公证书的记载,新浪娱乐关于"调查:琼瑶举报于正抄袭,你怎么看?-新浪娱乐-新浪网"的调查结果显示:"力挺琼瑶!《官3》就是抄袭《梅花烙》"的投票票数为34 775票,占89.9%,"无所谓,有剧看就行"的投票票数为2805票,占7.3%,"支持于正!没有抄袭,只是借鉴"的投票票数为1093票,占2.8%。新浪微博"PK你觉得于正抄袭了吗?"的调查结果显示:107632票认为抄袭了,3153票认为没抄袭。网易娱乐关于"你认为于正的《官锁连城》抄袭《梅花烙》了吗?"的调查结果显示:"抄了"的投票票数为26961票,占88%;"没抄"的投票票数为491票,占1.6%,"难说,创作难免相互借鉴"的投票票数为3094票,占10.4%。益派调查网关于"琼瑶举报于正"的调查,共302人参与,有效样本人数

300人，其中对于"琼瑶称于正抄袭，您支持谁？"的问题，268人回答支持琼瑶，占89.3%，32人回答支持于正，占10.7%。

3、电视剧《宫锁连城》拍摄的相关事实

2013年1月8日，东阳欢娱公司（甲方）、湖南经视公司（乙方）、东阳星瑞公司（丙方）签署《电视剧<连城-凤还巢>联合投资摄制协议》，主要内容包括：（1）第二条本剧基本信息。2.1剧名：《连城-凤还巢》。2.2集数40集（暂定）。2.3制片人于正，导演李慧珠，主要演员陆毅（待定）。2.5本剧由甲方负责承制事宜，并派专人负责本剧发行。（2）第三条著作权归属及收益处理。3.1本剧成片以及包括但不限于与本剧相关的剧本、音乐（与音乐词曲作者另有约定的除外）、剧照、海报以及拍摄素材等一切资料的著作权(本剧主创人员的特定著作权人格权除外)在全世界范围内甲乙丙三方按照本剧投资比例共有，其时间及于所有的版权保护期限。3.2本剧的衍生产品的收益，包括但不限于该剧在全世界范围内有线、无线播映、音像制品、信息网络传播权、人物角色商品等或进行上述授权所产生的收益和衍生品开发和广告赞助、植入等招商收入，由甲乙丙三方按照本剧投资比例分享。使用本剧或本剧剧本的形象、情节对本剧进行改编等权利，由甲乙丙三方共有，所获收益由甲乙丙三方按照本剧投资比例分享。3.3经三方确认后，甲方可以其自身的名义就以上版权和衍生产品的开发使用、广告赞助招商等事宜与第三方进行合作，向第三方进行授权许可，乙丙两方应向甲方出具授权书，且所得收益甲乙丙三方按照本协议的约定投资比例进行分配。乙丙两方对上述合作事宜拥有知情权和监督权。所有就以上合作事宜经甲方签署的文件、合同，均需向乙丙两方提交加盖公章的复印件留存备案。（3）第四条署名。4.1 本剧以及一切相关宣传品中，甲乙丙三方享有本剧"出品方"及"联合摄制方"的署名权。甲乙丙三方商定，三方各自出一名代表出任该剧的出品人，排名顺序为：乙、甲、丙。合作各方一致同意乙方上级主管单位湖南广播电视台署名"荣誉出品单位"。4.2 本剧片尾拍摄单位的署名及署名顺序为：甲、乙、丙。三方其他人员的署名按广播电影电视总局的有关规定及双方书面确认后的决定处理。4.3 三方各自引进的其他合作方的署名，在不与本协议第四条之约定冲突的前提下，由各方自行与第三方确定。（4）第六条摄制、立项及送审。6.2 该剧剧本内容由甲乙丙三方共同审查，经三方书面确认通过后才能进行拍摄。6.3 全部成本（包括前期筹备、中期拍摄、后期制作、宣传等）由甲乙丙三方共同承担。6.4 三方共同制定拍摄计划及投资预算、选择主创人员以及宣传和发行方案等。若达不成一致意见，以多方意见为准。6.5 甲乙丙三方同意，由乙方全权负责剧本的立项、报批、审批环节的相关事宜。三方均有权了解本剧前期筹备、拍摄制作、送审、宣传、发行的计划安排以及实际进展。6.6 甲方负责该剧的剧本创作、摄制工作，负责在甲乙丙三方认可通过之预算范围内安全、即时、优质完成该剧剧本创作和拍摄、制作工作。6.7 本剧拍摄完成后，由乙方备齐材料向广电主管部门送审并

取得本剧的发行许可证。乙方应向其他两方提供本剧发行许可证的复印件。

(三)原审法院查明有误的事实

1、原审诉讼中，万达公司（乙方）向原审法院提交了其与东阳欢娱公司（甲方）签订的《联合投资摄制电视剧协议书》。原审法院认定万达公司向陈喆提交了其与湖南经视公司签署的《联合投资摄制电视剧协议书》有误，查明的相关协议内容系东阳欢娱公司、湖南经视公司与东阳星瑞公司签署的《电视剧<连城-凤还巢>联合投资摄制协议》的内容。本院对此予以纠正。

万达公司在原审庭审中提交了《联合投资摄制电视剧协议书》原件，其中甲方声明、投资比例及投资款支付进度、收益分配部分的相关条款被遮蔽，未被遮蔽部分的主要内容有:(1)甲方与湖南经视公司、东阳星瑞公司于2013年1月8日签署了《电视剧<连城-凤还巢>联合投资摄制协议》，约定甲方与湖南经视公司、东阳星瑞公司联合投资摄制电视剧《连城-凤还巢》。(2)甲方拟引进乙方作为电视剧的合作投资方，乙方同意投资。(3)乙方不实际参与电视剧的报批、拍摄、宣传及发行等工作。(4)甲方确保乙方在电视剧中作为出品方署名，除该署名权和优先收回投资和获取收益的权利外，乙方对电视剧不享有其他著作权。(5)合同签署时间为2013年1月23日。电视剧《连城-凤还巢》即电视剧《官锁连城》。

2、本院诉讼中，各方均认可，电视剧《官锁连城》截止目前在中国大陆地区仅在湖南卫视完成电视播映，同时在多家视频网站进行了传播。原审法院认定自2014年4月8日起，电视剧《宫锁连城》已经在湖南卫视等多家电视台卫星频道完成首轮及二轮播出有误，本院对此予以纠正。

3、剧本《梅花烙》、《宫锁连城》的剧情梗概有误之处

（1）原审法院在剧本《梅花烙》的剧情梗概中认定，"现倩柔再度怀胎，烧香拜佛盼得一男孩。回女翩翩是王爷寿辰接受的赠礼，深得王爷喜爱并被王爷纳为侧福晋。倩柔在府中的地位受到严重威胁。倩柔的姐姐婉柔于是向倩柔献计，一旦此胎再生女孩，则不惜偷龙转凤换成男孩。"剧本《梅花烙》中并无倩柔烧香拜佛的情节，翩翩在婉柔向倩柔提议偷龙转凤时尚未被纳为侧福晋。

原审法院在剧本《梅花烙》的剧情梗概中认定，"新生的女婴在生产当夜被婉柔遗弃杏花溪边"，剧本《梅花烙》中的相应情节为：婉柔用竹篮将新生的女婴遗弃在溪水中。

原审法院在剧本《梅花烙》的剧情梗概中认定，"江湖艺人白胜龄夫妇以卖唱为生，这天在溪畔练唱，偶然听见婴儿啼哭，寻着哭声找到被遗弃的女婴，发现女婴肩头的梅花烙印，又对女婴的身世无迹可寻。"剧本《梅花烙》中的相应情节为：白胜龄夫妇发现女婴肩头有伤口，伤口有水泡，似乎是烫伤。

原审法院在剧本《梅花烙》的剧情梗概中认定，"此后，皓祯便常来听吟霜唱曲，渐渐萌生对吟霜的爱意"，剧本《梅花烙》原文为"祯如痴如醉的静听着"，并未描述此时皓祯对

吟霜是否萌生爱意。

（2）原审法院在剧本《宫锁连城》的剧情梗概中认定，"为防止佟家麟再来闹事，恒泰为连城安排护卫把守迎芳阁，而恒泰则常来听连城唱曲"。剧本《宫锁连城》中的相应情节为：恒泰为连城安排护卫把守迎芳阁，恒泰要求连城为其唱首歌，连城为恒泰歌唱一曲。连城为恒泰歌唱一曲之后即为两人在向日葵田间相见，未直接描写恒泰常来迎芳阁听连城唱曲。

（四）其他事实

陈喆在原审起诉书中列明其诉讼请求第三项为要求余征在新浪网、搜狐网、乐视网、凤凰网显著位置发表经其书面认可的公开道歉声明，在起诉书事实理由部分写明："请求依据《中华人民共和国著作权法》第四十七条、第四十九条及相关规定，判令被告立即停止侵权、消除影响、向原告赔礼道歉并赔偿原告全部经济损失。"

根据原审庭审笔录，各方当事人对人物关系对比图和相似情节对比表均陈述了意见。

以上事实，有（2015）京方圆内民证字第00470号公证书、（2015）京方圆内民证字第00471号公证书、台湾地区"经济部智慧财产局"函及所附"经济部智慧财产局"著作权登记簿膳本、林久愉的《声明书》、怡人公司出具的《确认书》、电视剧《梅花烙》、剧本《梅花烙》、剧本《宫锁连城》、《电视剧<连城-凤还巢>联合投资摄制协议》、《联合投资摄制电视剧协议书》、起诉书及当事人陈述等证据在案佐证。

本院认为，《中华人民共和国民事诉讼法》第七十二条第一款规定，凡是知道案件情况的单位和个人，都有义务出庭作证。有关单位的负责人应当支持证人作证。《最高人民法院关于民事诉讼证据的若干规定》第六十九条规定,无正当理由未出庭作证的证人证言不能单独作为认定案件事实的依据。

根据上述规定,除非有正当理由,证人应当出庭作证。证人证言系指证人就亲身感知的事实所作的客观陈述。林久愉和怡人公司分别出具的《声明书》、《确认书》中的部分内容涉及到本案的案件事实,如林久愉关于协助陈喆创作剧本的陈述、怡人公司拍摄电视剧《梅花烙》及该剧播出的陈述。对于上述内容,由于林久愉和怡人公司并未到庭作证,因此不能作为单独认定案件相关事实的依据,需要结合其他在案证据予以佐证。但其中的以下内容,"如本人/本公司依据世界任何国家或地区的法律及规定,可全部或部分享有此类权利,本人/本公司确认,此类权利自始即不可逆转的无偿转归琼瑶老师独立享有。琼瑶老师独立支配、处置与维护此类权利",是对相关权利的处分,已经不属于对客观事实陈述的证人证言,故对该部分内容的认定不适用证人证言的相关认证规则,只要系处分者的真实意思即可。

另,鉴于各方当事人在原审庭审中已就陈喆提供的人物关系对比图和情节对比表陈述了意见,原审法院予以采纳并无不当。

综上,对余征、湖南经视公司、东阳欢娱公司、东阳星瑞公司的相关上诉理由,本院不予支持。

《中华人民共和国著作权法》第十一条规定,著作权属于作者,另有规定的除外。创作作品的公民是作者。如无相反证明,在作品上署名的公民、法人或者其他组织为作者。

《最高人民法院关于审理著作权民事纠纷案件适用法律若干问题的解释》第七条规定,当事人提供的涉及著作权的底稿、原件、合法出版物、著作权登记证书、认证机构出具的证明、取得权利的合同等,可以作为证据。

本案中,陈喆主张权利的是1992年10月创作完成的剧本《梅花烙》,但湖南经视公司在本院诉讼中提交的台湾地区"经济部智慧财产局"登记簿謄本显示,还存在一个1992年9月的《梅花烙》剧本,且该剧本著作权已转让给怡人公司。就上述两个不同时间的剧本,首先,根据怡人公司在《确认书》中所作的权利处分声明,可以认定1992年9月的《梅花烙》剧本著作权也归属于陈喆。其次,即便湖南经视公司等否认1992年9月剧本和陈喆主张权利的1992年10月剧本不同,并进而否认陈喆提交的1992年10月剧本的真实性,但考虑到电视剧《梅花烙》已于1993年10月在台湾地区上映,而按照正常逻辑,拍摄用剧本在电视剧拍摄完成时必然已成型,即陈喆据以主张权利的拍摄用1992年10月剧本至少在1993年10月既已存在。原审法院对陈喆提交的1992年10月剧本所作认定并无不妥。再次,根据林久愉在《声明书》中所作的权利处分意思表示,并结合小说《梅花烙》所附的《<梅花三弄>后记》,可以确认陈喆对1992年10月的剧本亦享有著作权,即不论两个剧本的内容是否相同或实质性相似,其著作权均归陈喆所有。

综上,余征、湖南经视公司、东阳欢娱公司、万达公司、东阳星瑞公司据此否认1992年10月剧本存在,并进而否认陈喆对该剧本享有著作权的上诉理由,依据不足,不能成立。

陈喆在本案中还主张小说《梅花烙》的著作权。根据小说《梅花烙》的署名,陈喆为该小说的作者,在无相反证据的情况下,其对该作品享有著作权。小说《梅花烙》由剧本《梅花烙》改编而来,两者在内容上高度关联、相似,但由于从剧本到小说发生了文学艺术形式的变化,小说《梅花烙》是在剧本《梅花烙》基础上创作出来的具有独创性的新作品,其独创性即体现在文学艺术形式的转换之中。由于原作品的著作权人即为陈喆,改编作品的著作权人也是陈喆,因此,陈喆对于小说《梅花烙》亦可主张权利。

《中华人民共和国著作权法》第十条第一款第(十四)项规定,改编权即改变作品,创作出具有独创性的新作品的权利。根据上述规定,改编权所直接控制的行为是改编行为,即改变作品,创作出具有独创性的新作品的行为,新作品应当保留原作品的基本表达,否则仅仅根据原作品的思想创作出来的新作品不受改编权的控制。除法律另有规定外,未经许可利用他人的原作品实施改编行为,构成对原作品著作权人改编权的侵犯。判断被诉行为是否侵犯权利人的改编权,通常需要满足接触和实质性相似两个要件。

接触是指被诉侵权人有机会接触到、了解到或者感受到权利人享有著作权的作品。接触可以是一种推定。权利人的作品通过刊登、展览、广播、表演、放映等方式公开，也可以视为将作品公之于众进行了发表，被诉侵权人依据社会通常情况具有获知权利人作品的机会和可能，可以被推定为接触。

本案中，根据剧本《梅花烙》拍摄的电视剧《梅花烙》早已在中国大陆地区公开播放，电视剧《梅花烙》是对剧本《梅花烙》内容的视听化。比对陈喆提供的剧本《梅花烙》打印文本所载内容与电视剧《梅花烙》内容，两者高度一致，相关公众通过观看电视剧《梅花烙》即可获知剧本《梅花烙》的内容，尤其是结合陈喆在本院诉讼中提交的证据，余征微博中的表述清楚地表明其观看过电视剧《梅花烙》，由此更可以印证余征已经知悉电视剧《梅花烙》的内容。因此，电视剧《梅花烙》的公开播放可以视为剧本《梅花烙》的发表，并可据此推定余征、湖南经视公司、东阳欢娱公司、万达公司、东阳星瑞公司接触了剧本《梅花烙》。

著作权的客体是作品，但并非作品中的任何要素都受到著作权法的保护，思想与表达二分法是区分作品中受保护的要素和不受保护的要素的基本原则，其内涵是著作权法保护思想的表达而不保护思想本身。若被诉侵权作品与权利人的作品构成实质性相似，应当是表达构成实质性相似。表达不仅指文字、色彩、线条等符号的最终形式，当作品的内容被用于体现作者的思想、情感时，内容也属于受著作权法保护的表达，但创意、素材或公有领域的信息、创作形式、必要场景和唯一或有限表达则被排除在著作权法的保护范围之外。判断是否构成实质性相似时,需首先判断权利人主张的作品要素是否属于著作权法保护的表达。

剧本和小说均属于文学作品,文学作品中思想与表达界限的划分较为复杂。文学作品的表达既不能仅仅局限为对白台词、修辞造句,也不能将文学作品中的主题、题材、普通人物关系认定为著作权法保护的表达。文学作品的表达,不仅表现为文字性的表达,也包括文字所表述的故事内容,但人物设置及其相互的关系,以及由具体事件的发生、发展和先后顺序等构成的情节,只有具体到一定程度,即文学作品的情节选择、结构安排、情节推进设计反映出作者独特的选择、判断、取舍,才能成为著作权法保护的表达。确定文学作品保护的表达是不断抽象过滤的过程。

原审法院针对陈喆主张的剧本21个情节(小说主张17个情节),认定其中3个情节属于公知素材,即3个情节不构成著作权法保护的表达,而是属于公知素材被过滤;9个情节不构成实质性相似,即9个情节属于著作权法保护的表达,但是剧本《宫锁连城》的表达与其不构成实质性相似;9个情节构成实质性相似。由于余征、湖南经视公司、东阳欢娱公司、万达公司、东阳星瑞公司仅对认定为实质性相似的9个情节有异议,本院仅对该9个情节进行分析,具体包括情节1"偷龙转凤",情节5"次子告状、亲信遭殃",情节7"恶霸强抢、养亲身亡",情节8"少年相助、代女葬亲、弃女小院容身",情节9"钟情馈赠、私定终身、初见印痕",情节10"福晋小院会弃女,发觉弃女像福晋",情节18"道士做法捉妖",情节19"公主求和遭误解",情节21"告密"。余征、湖南经视公司、东阳欢娱公司、万达公司、东阳星瑞公司对上述9个情节的意见基本相同,本院以情节1"偷龙转凤"为例,进行分析。

情节1、偷龙转凤。原审法院认定该部分在剧本《梅花烙》中的情节安排为:清朝乾隆年间,硕亲王府福晋倩柔已为王爷生下三个女儿,王爷没有子嗣,恰逢王爷寿辰,回疆舞女翩翩被作为寿礼献予王爷。倩柔在府中地位遭受威胁,此胎如再生女孩,则可能地位不保。姐姐婉柔便出主意,如果再生女孩,则不惜偷龙转凤换成男孩。生产当夜,倩柔生下女婴,婉柔将换出的女婴遗弃溪边。遗弃女婴前,倩柔在女婴肩头烙下梅花烙,作为日后相认的证据。

原审法院认定剧本《宫锁连城》就该部分的情节安排为:清朝乾隆年间,富察将军府,福晋映月连生三女,将军膝下无子,并宠幸侍女如眉以致如眉怀孕,映月府中地位受威胁,生男生女将可能直接关系到映月的命运;于是映月与郭嬷嬷谋划,如再生女儿则不惜偷龙转凤换成男孩。生产当日,映月生下女婴,郭嬷嬷趁乱掉包,将女婴遗弃溪边。女孩送走前,映月发现女婴肩头部位有一片朱砂记。

余征在本院诉讼中将情节1抽象为5个层级,并认为两者的相似度仅在第2个层级上,而第2个层级的内容属于公知素材和通用场景(具体图示见本判决附表)。

对某一情节,进行不断的抽象概括寻找思想和表达的分界线的方法无疑是正确的,如果该情节概括到了"偷龙转凤"这一标题时,显然已经属于思想;如果该情节概括到了"福晋无子,侧房施压,为保住地位偷龙转凤",这仍然是文学作品中属于思想的部分;但对于原审判决所认定的包含时间、地点、人物、事件起因、经过、结果等细节的情节,则可以成为著作权法保护的表达,且不属于唯一或有限表达以及公知领域的素材。虽然与余征抽象概括的第4、5层级相比,原审判决中对于情节的认定未概括某些细节,如如眉挑衅映月、将军亲临佛堂施压等,但并未影响该情节属于表达的判断。

陈喆对于情节1中的设计足够具体,可以认定为著作权法保护的表达,具体是福晋连生三女无子,王爷纳侧福晋地位受到威胁后,计划偷龙转凤,生产当日又产一女,计划实施,弃女肩头带有印记,成为日后相认的凭据,该情节设计实现了男女主人公身份的调换,为男女主人公长大后的相识进行了铺垫,同时该情节也是整个故事情节发展脉络的起因,上述细节的设计已经体现了独创性的选择、安排。虽然与余征抽象概括的第4、5层级相比,原审判决中对于情节的认定未概括某些细节,如如眉挑衅映月、将军亲临佛堂施压等,但并未影响该情节属于表达的判断。剧本《宫锁连城》的相应情节与其构成实质性相似。

除情节1之外,其余8个情节也与情节1的情况相似,均构成具有独创性的具体的情节,属于著作权法保护的表达,剧本《宫锁连城》相应情节与其构成实质性相似。

对于人物关系和人物设置，应对人物与情节的相互结合互动形成的表达进行比对。如果事件次序和人物互动均来源于在先权利作品，则构成实质性相似。以两部作品中的男女主人公为例，下列要素在两部作品中均存在：（1）吟霜（连城）和皓祯（恒泰）身份调换；（2）吟霜（连城）和皓祯（恒泰）在王府外的市井相遇；（3）吟霜（连城）受到欺负后丧父（丧母）；（4）皓祯（恒泰）施救吟霜（连城）并安排至王府外的小院；（5）吟霜（连城）和皓祯（恒泰）陷入爱河、私定终身；（6）皓祯（恒泰）被皇帝指婚，与公主结婚；（7）吟霜（连城）后进入王府，遭到公主的欺负；（8）福晋无意中发现吟霜（连城）的真实身份；（9）偷龙转凤之秘密被揭开，龙凤知悉彼此真实身份。经比对，剧本《宫锁连城》中对于男女主人公的角色设置与情节互动、情节推进，包含了剧本《梅花烙》的上述要素，故二者构成实质性相似。

原审法院对于人物设置和人物关系的相关认定，均系结合人物与情节的互动及情节的推进来进行比对的，并进而在构成表达的层面对两部作品进行比对。虽然不可否认，剧本《宫锁连城》中的人物设置更为丰富，故事线索更为复杂，但由于其包含了剧本《梅花烙》的主要人物设置和人物关系，故原审法院认定剧本《宫锁连城》的人物设置和人物关系是在涉案作品的基础上进行改编及再创作，并无不当。

文学作品中，情节的前后衔接、逻辑顺序将全部情节紧密贯穿为完整的个性化表达，这种足够具体的人物设置、情节结构、内在逻辑关系的有机结合体可以成为著作权法保护的表达。如果被诉侵权作品中包含足够具体的表达，且这种紧密贯穿的情节设置在被诉侵权作品中达到一定数量、比例，可以认定为构成实质性相似；或者被诉侵权作品中包含的紧密贯穿的情节设置已经占到了权利作品足够的比例，即使其在被诉侵权作品中所占比例不大，也足以使受众感知到来源于特定作品时，可以认定为构成实质性相似。

此外，需要明确的是，即使作品中的部分具体情节属于公共领域或者有限、唯一的表达，但是并不代表上述具体情节与其他情节的有机联合整体不具有独创性，不构成著作权法保护的表达。部分情节不构成实质性相似，并不代表整体不构成实质性相似。

陈喆主张的剧本《梅花烙》的21个情节（小说《梅花烙》的17个情节），前后串联构建起整个故事的情节推演，虽然小说和剧本在部分情节上有细微差别，但是并不影响剧本和小说两部作品在整体内容上的一致性，陈喆主张的上述情节在前后衔接、逻辑顺序上已经紧密贯穿为完整的个性化表达。剧本《宫锁连城》虽然在故事线索上更为复杂，但是陈喆主张的上述情节的前后衔接、逻辑顺序均可映射在剧本《宫锁连城》的情节推演中，即使存在部分情节的细微差别，但是并不影响剧本《宫锁连城》与涉案作品在情节内在逻辑推演上的一致性。陈喆主张的上述情节，如果以剧本《宫锁连城》中的所有情节来计算，所占比例不高，但是由于其基本包含了涉案作品故事内容架构,也就是说其包含的情节设置已经占到了涉案作品的足够充分的比例,以致于受众足以感知到来源于涉案作品,且上述情节是《梅花烙》的绝大部分内容。因此,剧本《官锁连城》与涉案作品在整体上仍然构成实质性相似。

当然,诚如原审判决认为,作品中出现的不寻常的细节设计同一性也应纳入作品相似性比对的考量。如:双方作品均提及福晋此前连生三女,但后续并未对该三女的命运做出后续安排和交代。原审法院的观点并无不当,但是其举例略有不当,剧本《梅花烙》中对于福晋所生的三个女儿,虽然未交待其命运发展,但是在后续中情节场景中仍有出现。

原审判决另认为,受众对于前后两作品之间的相似性感知及欣赏体验也是侵权认定的重要考量因素,并且结合陈喆提供的相应网络调查结果,推定受众在观赏感受上已经产生了较高的具有相对共识的相似体验。原审法院将受众的感知和体验作为考量因素的观点并无不当,但是由于在事实查明部分并未对陈喆提供的关于网络调查的相关证据所证明的事实予以认证,而直接在本院认为部分予以分析采纳,确系不当。本院补充查明的该部分事实,对于判定剧本《官锁连城》与涉案作品是否整体上构成实质性相似,仅仅是一个参考因素,由于上述调查结果系部分网站对网络用户进行的简单调查,且大多数网络用户是对电视剧《梅花烙》和电视剧《官锁连城》对比后的感知判断,与本案中主张的文字作品的改编并不完全相同,因此,本院仍然是将剧本、小说和剧本之间进行比对后得出最后的结论。

综上所述，剧本《宫锁连城》侵犯了陈喆对涉案作品享有的改编权。

《中华人民共和国著作权法》第十条第一款第（十三）项规定，摄制权即以摄制电影或者类似电影的方法将作品固定在载体上的权利。第十二条规定，改编、翻译、注释、整理已有作品而产生的作品，其著作权由改编、翻译、注释、整理人享有，但行使著作权时不得侵犯原作品的著作权。

《中华人民共和国著作权法》将改编权和摄制权分别予以规定，根据著作权法的法理，改编和摄制均属于对原作品的演绎行为，且在实践中，特别是影视作品的制作，对于原作品的改编和摄制是紧密联系的行为。改编权控制的是改变作品创作出新作品的行为，如果改编人将未经许可改编的作品以摄制方式予以利用，则违反了《中华人民共和国著作权法》第十二条之规定；或者即使改编人经原作品著作权人许可进行改编，但对于改编作品的后续利用，比如摄制，未取得原作品著作权人的许可，依然违反了《中华人民共和国著作权法》第十二条之规定。基于我国著作权法对于著作财产权具体权能的架构，摄制未经许可改编的新作品，构成对原作品权利人摄制权的侵害。

电视剧《宫锁连城》系根据剧本《宫锁连城》拍摄而成。剧本《宫锁连城》基于上述分析，系未经许可对涉案作品进行改编而成，作为改编作品的剧本《宫锁连城》，未经陈喆许可即被摄制为电视剧,构成对涉案作品著作权人陈喆所享有的摄制权的侵害。

《中华人民共和国侵权责任法》第八条规定,二人以上共同实施侵权行为,造成他人损害的,应当承担连带责任。上述规定是最为典型的有意思联络的共同侵权行为,即共同加害行为。共同加害行为通常可以考虑以下构成要件:第一,加害人的多数性,即加害人必须二人或者二人以上;第二,加害人之间具有共同过错;第三,加害行为的关联性,即各加害人的加害行为指向同一对象,结合起来共同造成了损害后果的发生;第四,加害行为须造成了同一的损害后果。

余征、湖南经视公司、东阳欢娱公司、万达公司、东阳星瑞公司均符合接触涉案作品的要件,同时剧本《宫锁连城》与涉案作品构成实质性相似,侵害了陈喆对涉案作品享有的改编权。余征、湖南经视公司、东阳欢娱公司、万达公司、东阳星瑞公司是否应对此侵权行为承担连带责任,关键点在于其是否构成共同侵权。

余征作为剧本《宫锁连城》的作者、著作权人,直接实施了侵害改编权的行为,应承担相应的侵权责任。根据东阳欢娱公司、湖南经视公司、东阳星瑞公司在2013年1月8日签订的协议,其中约定《宫锁连城》剧本内容由上述三方共同审查,经三方书面确认通过后才能进行拍摄;湖南经视公司全权负责剧本的立项、报批、审批环节的相关事宜,三方均有权了解本剧前期筹备、拍摄制作、送审、宣传、发行的计划安排以及实际进展；东阳欢娱公司负责该剧的剧本创作、摄制工作，负责在三方认可通过之预算范围内安全、即时、优质完成该剧剧本创作和拍摄、制作工作。基于上述合同约定，可以看出尽管东阳欢娱公司、湖南经视公司、东阳星瑞公司对剧本的创作、报批、审批、拍摄有明确分工，但只有在三方审查同意剧本内容之后电视剧《宫锁连城》方可拍摄，因此，东阳欢娱公司、湖南经视公司、东阳星瑞公司实际上参与到剧本《宫锁连城》的创作之中，即余征、东阳欢娱公司、湖南经视公司、东阳星瑞公司对剧本《宫锁连城》的创作存在共同的意思联络，其相互之间的行为共同侵害了陈喆的改编权，构成了共同加害行为，应承担连带责任。原审法院认为东阳欢娱公司、湖南经视公司、东阳星瑞公司对于余征侵害涉案作品改编权的行为提供帮助构成《中华人民共和国侵权责任法》第九条规定的帮助侵权行为的认定有误，本院对此予以纠正。

同时，《中华人民共和国侵权责任法》第九条第一款规定，教唆、帮助他人实施侵权行为的，应当与行为人承担连带责任。帮助共同侵权也属共同侵权的类型之一，帮助他人实施侵权是指行为人通过给予协助、配合或者提供便利条件等使他人易于实施侵权行为，通常来说帮助人对其帮助行为具有主观故意，即其可以预见到其帮助行为可能造成的损害后果。

东阳欢娱公司、湖南经视公司、东阳星瑞公司作为出品单位，根据三方合同约定，东阳欢娱公司具体负责拍摄制作，湖南经视公司和东阳星瑞公司对拍摄制作等情况有权了解和监督，因此，东阳欢娱公司、湖南经视公司、东阳星瑞公司是电视剧《宫锁连城》的制片者，应承担相应的侵害摄制权的责任。余征作为编剧，拍摄电视剧《宫锁连城》得到其许可，且作为电视剧的制片人、出品人等身份，为电视剧《宫锁连城》的拍摄提供了实质性的帮助，与东阳欢娱公司、湖南经视公司、东阳星瑞公司构成共同侵权，应承担连带责任。

此外，根据《中华人民共和国著作权法》第十五条之规定，电影作品和以类似摄制电影方式制作的作品的著作权由制片者享有。著作权法对制片者并未作出明确规定，根据影视行业惯例和通常的署名方式，一般将出品方认定为制片者，署名为出品方的单位可以提供相反证据来推翻署名的推定效力。

万达公司系电视剧《宫锁连城》署名的出品方，其提供了与东阳欢娱公司签订的协议作为推翻署名的相反证据，本院认为该协议不能成为推翻署名的相反证据。具体理由为：第一，万达公司在原审庭审中提供的该份协议的原件存在若干条款的遮挡，而不仅仅遮挡的是个别数据，因此，证据在形式上存在瑕疵，不能完整的呈现协议内容。第二，即使不考虑证据形式上的瑕疵，协议中约定万达公司除署名权、优先收回投资和获取收益的权利外，对电视剧不享有其他著作权。署名的出品方提供拍摄协议来证明实际拍摄中著作权权利归属划分，是可以作为推翻署名的相反证据，但是根据万达公司提供的拍摄协议，除署名之外，其还享有获取收益的权利，万达公司对电视剧《宫锁连城》在获取报酬这一点上与其他出品方并无不同，该项权利是著作财产权的重要内容，也是基于此，万达公司提供的该份协议不能成为推翻署名的相反证据。综上，万达公司仍应被认定为电视剧《宫锁连城》的制片者，应对侵犯改编权、摄制权的行为承担连带责任。

《中华人民共和国著作权法》第四十七条第（六）项规定，未经著作权人许可，以展览、摄制电影和以类似摄制电影的方法使用作品，或者以改编、翻译、注释等方式使用作品的，应当根据情况，承担停止侵害、消除影响、赔礼道歉、赔偿损失等民事责任。

著作权，从权利性质划分上属于排他性的绝对权，当该种权利受到侵害时，停止侵害请求权是著作权自身具有的保护性请求权。因此，停止侵权责任是侵权人应当承担的民事责任。但是如果停止有关行为会造成当事人之间的重大利益失衡，或者有悖于社会公众利益，或者实际上无法执行，可以根据案件具体情况进行利益衡量，不判决停止行为，而采取更充分的赔偿或者经济补偿等替代性措施。权利人长期放任侵权、怠于维权，在其请求停止侵害时，倘若责令停止有关行为会在当事人之间造成较大的利益不平衡，可以审慎地考虑不再责令停止行为，但不影响依法给予合理的赔偿。

停止侵权责任仍然是著作权侵权中首要和基本的救济方式，侵权人不承担停止侵权责任是一种基于利益衡量之后的政策选择，是一种例外情形，应当严格予以把握。是否对权利人的停止侵害请求权加以限制，主要考量的是个人利益之间的利

益平衡以及个人和社会公众利益之间的平衡。本案具体可以从以下方面进行判断:

第一,权利人和侵权人之间是否具有竞争关系。如果权利人和侵权人之间具有竞争关系,则不宜对停止侵害请求权进行限制,否则不判令承担停止侵权责任,意味着给侵权人赋予了强制许可,这种违背权利人意愿的方式有可能极大损害权利人通过投资获得收益并取得竞争优势。本案中,陈喆与余征、湖南经视公司、东阳欢娱公司、万达公司、东阳星瑞公司之间是具有竞争关系的。陈喆作为涉案作品的著作权人,虽然涉案作品于1992年创作完成,1993年被拍摄为电视剧并播映,但是陈喆仍然可以对涉案作品进行再次的改编、拍摄。小说或剧本的影视改编、摄制、发行活动,是实现小说或剧本市场价值、商业利益的重要方式。余征同样作为编剧,湖南经视公司等作为电视剧的制片者,与陈喆之间具有竞争关系,剧本《宫锁连城》与涉案作品构成实质性相似的情况下,基于该剧本拍摄的电视剧《宫锁连城》继续复制、发行、传播将意味着其取得了强制许可,这显然违背了陈喆本人的意愿,且损害了陈喆再次改编、拍摄涉案作品并投入市场的竞争优势。

第二,侵权人市场获利是否主要基于著作权的行使。如果侵权人的商业产品获得成功并非来源于产品中著作权发挥的功能,或者其发挥的功能仅占产品市场成功的很小部分时,基于权利人利益和侵权人利益之间的平衡,可以对停止侵害请求权进行限制。本案中,电视剧《宫锁连城》的拍摄融合了导演、编剧、演员、摄影等若干人员的劳动，但对于余征担任编剧的电视剧，其之所以获得较高收视率的核心因素在于余征创作的据以拍摄的剧本，也就是说剧本《宫锁连城》对于电视剧《宫锁连城》的市场成功起到了决定性作用，由此，余征、湖南经视公司、东阳欢娱公司、万达公司、东阳星瑞公司应当承担停止侵权的责任。

第三，权利人的主观意图和侵权人的实际状况。陈喆自获知电视剧《宫锁连城》之后即开始积极维权，并未怠于行使其权利。对于电视剧《宫锁连城》的制片者来说，停止复制、发行、播放电视剧的行为并非不可实现或者实现困难。

第四，社会公众利益。如果对停止侵害请求权进行限制已经损害了社会公众利益，则不宜判令侵权人承担停止侵权的责任。社会公众利益是一个不确定概念，但可以确定的是个别人或者个别公司的利益不属于社会公众利益。信息作为一种公共产品，赋予其专有权的目的在于激励创作，长远来看有利于社会发展。停止侵权责任将强化著作权的保护，更符合长远的社会公众利益。

综合上述因素，原审法院判令湖南经视公司、东阳欢娱公司、万达公司、东阳星瑞公司承担停止复制、发行、传播的责任并无不当。

关于赔礼道歉、消除影响的责任。本案中虽然陈喆主张的是改编权、摄制权，即著作财产权，但原审法院判令余征承担赔礼道歉、消除影响的责任并无不当。首先，通常而言，著作人身权受到侵害时适用赔礼道歉、消除影响的民事责任。赔礼道歉是消除影响的手段，消除影响是赔礼道歉的后果。但从《中华人民共和国著作权法》第四十七条规定的字面含义来看，在改编权、摄制权受到侵害时，并不排除赔礼道歉、消除影响责任和赔偿损失责任的并行适用。其次，尽管陈喆在本案中主张的是改编权、摄制权，但对于侵犯改编权的行为而言，在剧本《宫锁连城》与涉案作品构成实质性相似的情况下，实质上暗含了对于涉案作品著作人身权的侵害，比如署名权，同时结合权利人明确提出了要求赔礼道歉、消除影响的诉讼主张，判令余征承担上述责任并未违反同质救济的原则。

《中华人民共和国著作权法》第四十九条规定，侵犯著作权或者与著作权有关的权利的，侵权人应当按照权利人的实际损失给予赔偿；实际损失难以计算的，可以按照侵权人的违法所得给予赔偿。赔偿数额还应当包括权利人为制止侵权行为所支付的合理开支。权利人的实际损失或者侵权人的违法所得不能确定的，由人民法院根据侵权行为的情节，判决给予五十万元以下的赔偿。

根据上述规定，对于侵害著作权损害赔偿数额的确定，主要有权利人的实际损失、侵权人的违法所得、法定赔偿三种方法，且权利人的实际损失、侵权人的违法所得的适用优先于法定赔偿的适用。

余征、湖南经视公司、东阳欢娱公司、万达公司、东阳星瑞公司的行为侵害了陈喆的改编权、摄制权，应当承担赔偿损失的责任。关于赔偿数额问题，陈喆在原审诉讼中主张以侵权人的违法所得来计算损害赔偿。本院认为，本案不应适用侵权人的违法所得来计算损害赔偿，应适用酌定赔偿来确定赔偿数额。具体理由为：第一，双方均未提供充分证据证明违法所得，仅凭陈喆主张的余征编剧酬金标准及电视剧《宫锁连城》的发行价格来确定违法所得数额，依据不足。第二，原审法院既要根据侵权人的违法所得来确定赔偿数额，同时又结合各种因素对于赔偿数额进行酌定，其在适用赔偿数额的方法上存有矛盾之处。第三，酌定赔偿是加大知识产权保护力度的背景之下，法官在一定事实和证据的基础上，根据案件具体情况和自由心证，酌情裁量能够给予权利人充分赔偿的损失赔偿方法。陈喆提供的证据不能充分证明侵权人的违法所得，侵权人亦不提供证据证明其违法所得，在此情况下，原审法院将陈喆主张的计算标准作为参考因素是恰当的，也就是说本案中陈喆的初步举证可以证明侵权人的违法所得明显要高于五十万元的法定赔偿。基于此，本院同时考虑到侵权人的主观过错、具体的侵权行为、侵权后果等因素，酌情确定赔偿数额。原审法院虽然在确定赔偿数额的方法上有一定的不当，但其确定的赔偿数额尚属合理，本院对此赔偿数额予以支持。

综上，原审法院虽然事实认定和法律适用部分有误，但处理结果正确，仍可维持。依据《中华人民共和国民事诉讼法》第一百七十条第一款第（一）项、《最高人民法院关于适用<中华人民共和国民事诉讼法>的解释》第三百三十四条之规定，

判决如下:

驳回上诉,维持原判。

一审案件受理费人民币十四万三千六百六十五元,由陈喆负担四万三千三百六十五元(已交纳),由余征、湖南经视文化传播有限公司、东阳欢娱影视文化有限公司、万达影视传媒有限公司、东阳星瑞影视文化传媒有限公司共同负担十万元(于本判决生效之日起七日内交纳);二审案件受理费人民币四万六千八百元,由余征、湖南经视文化传播有限公司、东阳欢娱影视文化有限公司、万达影视传媒有限公司、东阳星瑞影视文化传媒有限公司共同负担(已交纳)。

本判决为终审判决。

审　判　长　　谢甄珂
审　判　员　　袁相军
代理审判员　　钟　鸣

二〇一五年十一月十六日

本件与原本核对无异

法官助理　亓　蕾
书　记　员　刘　妍

附图：人物关系对比图

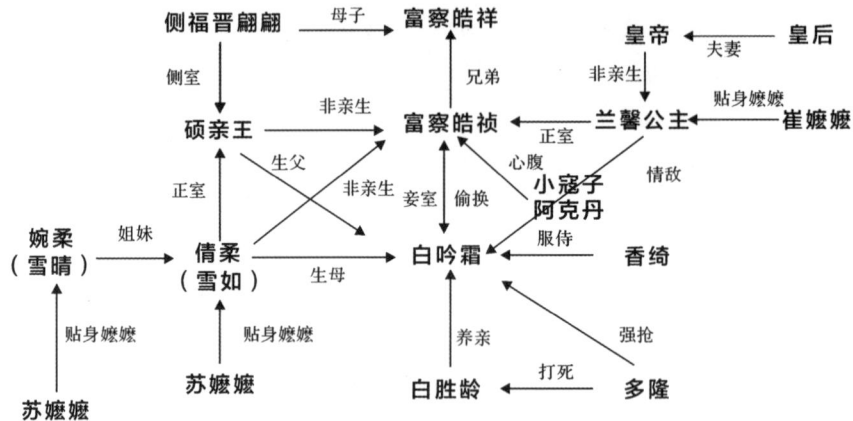

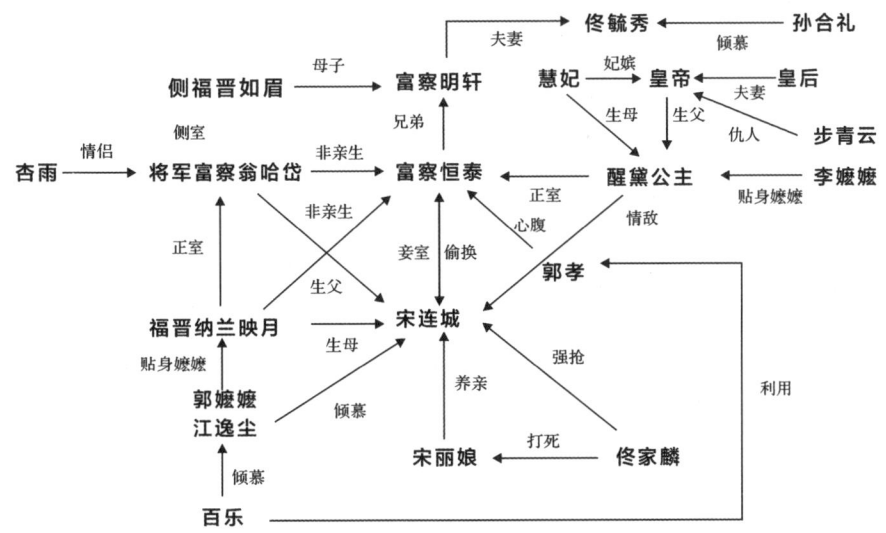

附表：《梅花烙》小说及剧本与《宫锁连城》电视剧剧本相似情节对比

相似情节及片段	小说《梅花烙》	剧本《梅花烙》	《宫锁连城》剧本/电视剧
偷龙转凤	清朝，京城富察氏硕亲王府，已连生三女的福晋再度怀胎，盼望得一男嗣。福晋拜佛求子翩翩为侧室纳新福晋。翩翩对福晋威胁，如福晋地位再生女孩，则福晋与翩翩酝酿，暗中换成男孩。三个月后，福晋临盆，生下女儿。福晋用梅花烙印在女儿肩头，偷龙转凤，遗弃女婴，送走女婴在苏嬷嬷怀包，遗弃溪边。	清朝，京城富察氏硕亲王府，已连生三女的福晋再度怀胎，盼望得一男嗣。福晋拜佛求子翩翩为侧室纳新福晋。翩翩对福晋威胁，如福晋地位再生女孩，则福晋与翩翩酝酿，暗中换成男孩。三个月后，福晋临盆，生下女儿。福晋用梅花烙印在女儿肩头，偷龙转凤，遗弃女婴，送走女婴在苏嬷嬷怀包，遗弃溪边。	清朝，京城富察将军府，富察将军无子嗣，三女烧香拜佛盼得一男孩。将军新纳的丫环暗成福晋也怀有身孕，如眉对福晋威胁，将身孕造成男孩。福晋与丫环偷换，暗成男孩。一日再生女孩。三个月后，福晋临盆，并愿生下女儿。偷龙转凤，福晋转记，郭嬷嬷发现弃婴，收为女儿的大溪畔。
女婴被拾收为女儿	江湖艺人白胜龄夫妇膝下无子女，这天在溪畔拾得练舞军府弃婴，甚为喜爱，收为养女，并发现弃婴肩头的梅花烙印。	江湖艺人白胜龄夫妇膝下无子女，这天在溪畔拾得练舞军府弃婴，甚为喜爱，收为养女，并发现弃婴肩头的梅花烙印。	青楼女子宋丽娘偶然听见婴儿啼哭，在溪畔拾得练歌军将弃婴，甚为喜爱，收为女儿，取名连城，并发现弃婴肩头有大块胎记。

少年展英姿	偷龙转凤所得男婴为王爷府长子，取名皓祯，晋福一的儿子，深得一家人心，是王爷唯一的骄射，少年英雄，文武双全，皓祯身手不凡，皓祯射猎大赛同获嘉奖，王爷倍感欣慰，皓祯落泪，心酸誓为母争气。	偷龙转凤所得男婴为王爷府长子，取名皓祯，晋福一的儿子，深得一家人心，是王爷唯一的骄射，少年英雄，文武双全，皓祯身手不凡，皓祯射猎大赛同获嘉奖，王爷倍感欣慰，皓祯落泪，心酸誓为母争气。	偷龙转凤所得男婴为将军府长子，取名恒泰，晋福与将军之子，深得人心，恒泰身手不凡，恒泰在军中善骑射操练，精湛，嘀射猎大赛加冕获一等，恒泰爱戴将军士兵及军女倍感欣慰，恒泰想到倍落泪，心酸誓为母长进。
英雄救美终相识请歌伴少年	多隆吟霜：亲王贝子多隆在龙源楼遭其手下欺辱，拒绝纨绔子弟调戏，皓隆被敌众，皓祯及多隆出手相救，此后多隆与皓祯做派，皓祯再看未惯未听霜吟唱曲，渐生情愫。	多隆吟霜：亲王贝子多隆在龙源楼遭其手下欺辱，拒绝纨绔子弟调戏，皓隆被敌众，皓祯及多隆出手相救，此后多隆与皓祯做派，皓祯再看未惯未听霜吟唱曲，渐生情愫。	佟家麟：连城佟众家麟迎芳阁其闺蜜冬家麟下欺辱，出手被敌众，恒泰及佟家麟出手相救，此后佟家麟与恒泰做派，恒泰不惯未听佟家麟唱曲，渐生情愫。
饮子告状亲信遭殃	王爷次子（皓祯亲弟弟）皓祥向次妃妒忌兄长皓祯，此次人护花，皓祯差人惩罚皓祯，决定王爷从皓祥处知得皓祯率人市井救人市井救	王爷次子（皓祯亲弟弟）皓祥向次妃妒忌兄长皓祯，此次人护花，皓祯差人惩罚皓祯，决定王爷从皓祥处知得皓祯率人市井救人市井救	将军次子（恒泰亲弟弟）向次从侍花护花，此次恨佟家麟，恒泰并差人惩处恒泰并侧福晋出身如眉侧福晋出身卑微，恐侍妾所生，暗处心计，决定将军知得皓祯从明轩处将率人市井救人市井救

弃女失神 荼亲劝慰	皓祯暗生一见二人情愫。无奈相思成疾。荼霜发现皓祯已萌生提醒灭悬念，对荼亲的劝慰否认皓祯面对荼亲的爱意。
恶霸强抢 荼亲身亡 弃女破庙咨身	多隆趁皓祯及手下龙源楼救起一众儿女遭遇受伤。荼霜随起反抗，备奋起反抗，备受医当场身亡。皓祯不治身亡。皓祯提及荼临终前荼拾年可依。皓祯破庙得拾年可依。
少年相助 代荼奔丧 弃女小院咨身	皓祯再度救荼霜于危难，获知荼亲身亡。皓祯代理办丧事，及荼亲贴身随从小冠子献计将皓祯安葬。其远亲家的院打点住所，皓祯终将荼家远亲的院落，荼祯终得落脚。

	美，怪罪皓祯被贴身随从小冠子侍主误主，严刑杖责，以身相护抵挡杖刑，皓祯对小冠子解难。
	皓祯暗生一见二人情愫。无奈相思成疾。荼霜发现皓祯已萌生提醒灭悬念，对荼亲的劝慰否认皓祯面对荼亲的爱意。
	多隆趁皓祯及手下龙源楼救起一众儿女遭遇受伤。荼霜随起反抗，备奋起反抗，备受医当场身亡。皓祯不治身亡。皓祯提及荼临终前荼拾年可依。皓祯破庙得拾年可依。
	皓祯再度救荼霜于危难，获知荼亲身亡。皓祯代理办丧事，及荼亲贴身随从小冠子献计将皓祯安葬。其远亲家的院打点住所，皓祯终将荼家远亲的院落，荼祯终得落脚。

剧情节点	内容	内容
钟情馈赠私定终身初见印痕	吟霜主持为吟霜打点住所，吟霜得落脚。吟霜外出为皓祯制作白狐绣屏作为礼物。皓祯见吟霜小院来人，寻屏不着，急寻吟霜。吟霜归来遇冒雨皓祯焦急之下训斥，心下感动。后皓祯知其辛苦，备礼表衷肠，私定终身。二人当日互诉衷肠，发现吟霜肩上的梅花格。	连城外出为皓祯制作衣服作为礼物，恒泰再遇连城，连城归来遇冒雨恒泰焦急之下训斥，心下感动。后恒泰知其辛苦，备礼表衷肠，私定终身。二人当日互诉衷肠中发现连城肩上的胎记。
福晋小院会弃女发觉弃女像福晋	福晋得知皓祯心仪吟霜，应赴小院会安，答婚祯，为保平安。皓祯，福晋试图拒绝，因福晋用金钱收买吟霜远离皓祯，吟霜亦可贴身认身嬷嬷约定隐瞒发觉福晋正像年轻时的福晋。	福晋得知皓祯心仪连城，应赴小院会安，答婚祯，为保平安。皓祯，福晋试图拒绝，因福晋用金钱收买连城远离皓祯，连城亦可贴身认身嬷嬷约定隐瞒发觉福晋正像年轻时的福晋。
皇上赐婚多日不圆房	皇上赐婚兰馨公主许配皓祯，阖府欢跃，皓祯得知更觉宽乐，婚后闷闷不乐。	皇上赐婚醒黛福晋配恒泰，阖府得知恒泰更觉宽乐，婚后恒泰妾闷闷不乐。

弄女入府安置福晋身边	闷不乐。婚后皓祯屡次托辞，多日不肯与公主圆房。为安抚皓祯，福晋安排吟霜吟咏入府，身份为小寇子远亲，被安置福晋身边伺候。	辞，多日不肯与公主圆房。为安抚恒泰，福晋安排连城入府，身份为郡主嬷嬷远亲，被安置福晋身边伺候。
公主发现私情折磨弄女	一日，公主在府内撞见皓祯与吟霜单独共处一室，发觉皓祯与吟霜私情暧昧。公主醋意大发，决定用手段要吟霜好看，此后即用阴狠手段于自己房中间接欺凌吟霜，公主即日常多借口打骂吟霜，并反复命吟霜翻口打骂（如，奉茶，水，泼吟霜身上）。	一日，公主在府内撞见恒泰与连城单独共处一室，发觉恒泰与连城私情暧昧。公主醋意大发，决定用手段要连城好看，此后即用阴狠手段于自己房中间接欺凌连城，公主即日常多借口打骂连城，并反复命连城翻口打骂（如，奉茶）。
纳妾	皓祯再救吟霜于危难，公主与皓祯冲突再起，皓祯趁机向全家宣布纳吟霜为妾。	恒泰再救连城于危难，公主与恒泰冲突再起，恒泰趁机向全家宣布纳连城为妾。
面圣陈情	皇上得知皓祯与公主相处不睦，特宣皓祯觐见，皓祯慨陈词，深受感动，未加责罚，规劝皓祯善待公主。	皇上得知恒泰与公主相处不睦，特宣恒泰觐见，恒泰慨陈词，深受感动，未加责罚，规劝恒泰善待公主。

福晋初见印痕	吟霜被污不洁,衣袖撕裂,争执间逃脱,梅花烙显现,认出撕裂到,恰被福晋看见,福晋多年前抛弃的生女。	连城被污不洁,争执同衣袖不慎撕裂,肩上胎记显现,认证多年前是福晋抛弃的生女。
福晋询问弃女过往誓要保护女儿	福晋认出吟霜为亲生女儿,发誓保护过往,再向吟霜打探生平,发誓要保护女儿。	福晋打探出连城生平过往,再向连城探问,发誓要保护女儿。
道士做法捉妖	公主称吟霜为狐妖,请法师来王府作法捉妖。吟霜再被施虐,备受羞辱。	公主称连城狐妖附体,请法师来将军府作法捉妖。连城再被施虐,备受羞辱。
公主求和遭误解	公主经吟霜贴身嬷嬷劝导,认同与吟霜和关系,亲自率皓祯送汤以期再次为公主行自行试吃,以证清亲自率皓祯送汤以期再次为公主行自行试吃,以证清料被害。公主羞愤之下自行试吃。	公主经皇后处身嬷嬷功导,认同与连城的关系,以期和解。以意在点以公主羞愤之下自行试吃,以证清不是下毒,将军不得。
凤还巢	福晋说破当年偷龙转凤的真相,王爷得知后并未迁怒皓祯。	福晋知破当年偷龙转凤的真相,将军知后并未迁怒。
告密	皓祯得知偷龙转凤的真相与皓祥进其母福晋翻脸,侧福晋心有不甘,告皓密。	明轩福晋知偷龙转凤的真相,心有不甘,侧福晋如偷与眉一同向公主告密。

附表：

抽象层级	《梅花烙》	相似度	《宫锁连城》	相似度
1	偷龙转凤	100%	偷龙转凤	100%
2	福晋情柔无子，为巩固地位默许偷龙转凤	67%	福晋映月无子，为稳固地位决断偷龙转凤	67%
3	福晋情柔长久无子，在侧房压力、姐姐力劝之下，为稳固地位默许偷龙转凤，在弃女身上留下印记	50%	福晋映月长久无子，在将军直接施压、丫头怀孕受封将军决断偷龙转凤决断偷龙转凤，在弃女身上留下印记	50%
4	清朝王府，福晋情柔连生三女后又孕，王爷寿宴上收房舞女翩翩，情柔恐地位不保伤心无助之际，在姐姐极力撑腰下默许偷龙转凤，情柔格下梅花烙以期再会。	14%	清朝将军府，福晋映月连生三女后又孕，丫鬟娃娃失败遭将军施压，丫头如眉仗势挑衅将军，孕受封侧福晋，映月主动坚决要求偷龙转凤，嬷嬷枷刑功不成，	14%

5	清朝王府，倩柔连生三女后又孕，大王爷宴寿献上翡翠玉如意，王爷在地恐其伤心欲绝，默许福晋偷龙转凤之助，倩柔出其不意并不在意，但其仍力撑仍存心助福晋偷龙转凤，在梅花烙下完成偷龙转凤，由姐姐弃女于溪中，任凭生死。	8%
	清朝将军府，福晋又孕，丫头娃娃栓如月映凤，福晋侧室封之下施受孕月，决定不成之后，月坚决再不助，嬷嬷女移决换不成，嬷嬷成功移送走朱砂记。三将军目睹怀望绝心伤月映凤，产女胎树下，嬷嬷后，女发现弃于花园树下，福晋发现弃女有朱砂记。	8%

附录

《影视编剧自律公约》

2008年,中国电影文学学会主办了"编剧维权大会",针对编剧权益受到侵害、稿费被拖欠等现状联名发布维权声明,并制定了《影视编剧自律公约》,80多位编剧签字,表达共同志愿。

《影视编剧自律公约》

尊重法律法规　反对违规操作
尊重深入生活　反对闭门造车
尊重传统美德　反对低俗下流
尊重剧本创新　反对抄袭剽窃
尊重诚实守信　反对违约失信
尊重合作伙伴　反对相互倾轧
尊重编剧同仁　反对相煎拆台
尊重国际公约　加强文化合作

影视创作从保护原创开始

艾克拜尔·米吉提，全国政协委员、全国政协民族宗教委员会委员、中国作家协会影视委员会副主任、中国电影文学学会常务副会长。

2015年，我国影视界有许多亮点。在商业角度，电影票房突破440亿。这是一个新起点，值得商家兴奋，也足以让影视圈振奋。但是，2015年最重大的事件，当属琼瑶诉于正案以琼瑶胜诉落下帷幕。这一案件也是我国司法实践中的一个重大事件。

2014年4月15日，琼瑶在网上发布公开信。2014年5月28日，琼瑶向北京市第三中级人民法院提起诉讼，请求判令包括于正在内的五被告立即停止侵权、消除影响、向其赔礼道歉并赔偿经济损失2000万元。2014年12月11日，139位著名编剧联名发表声明，支持琼瑶依法维权，谴责一切抄袭、剽窃、非法改编别人作品的行为，呼吁保护原创、停止侵权，维护职业尊严。2014年12月25日，北京市第三中级人民法院做出一审判决，认定于正等五名被告侵犯了琼瑶创作的《梅花烙》剧本的改编权、摄制权，判令停止复制、发行、播放，赔礼道歉，赔偿损失500万元，同时出品单位应立即停止发行传播《宫锁连城》。一审判决后，于正等五被告均不服判决，向北京市高级人民法院提起上诉。2015年4月8日，琼瑶诉于正案二审在北京市高级人民法院开庭。庭

审持续了7个小时，审判长未当庭宣判，而是宣布休庭，案件将择日宣判。2015年12月16日，北京市高级人民法院做出二审判决，驳回上诉，维持原判。历时19个月的诉讼终于尘埃落定，琼瑶激动地表示"正义胜利了"。

　　判决结果，正如琼瑶的律师王军所说，表明"知识产权胜利了！原创精神胜利了！"琼瑶坦言："我始终坚信法律会给出一个公平公正的判决。在经过将近两年的焦灼等待后，这一天终于到来。""这不仅仅是对我个人权益的维护，也是对所有原创作者的尊重。……对保护原创意义深远而伟大。"那种一度在利益的驱动下，剽窃者可以有恃无恐，出版者可以熟视无睹，播出者也可以装聋作哑——似乎形成了某种亚链条，成本低廉、风险不大，常常可以不承担任何责任的侵权状况开始有效扭转。本案在司法实践上也是一次突破，具有里程碑意义。2015年12月21日，琼瑶正式提出申请加入中国电影文学学会，已被接纳。这一侵权案的判决，将成为我国知识产权保护的分水岭，对保护创作自由，促进原创，提升影视产品质量，将发挥积极的作用。

　　2016年1月15日下午，中国电影文学学会在中国现代文学馆举办了"影视创作从依法保护开始——法官与编剧座谈琼瑶诉于正案"研讨会，邀请党的十八大代表、全国妇联兼职副主席、原北京市第三中级人民法院副院长、现北京市知识产权法院副院长、琼瑶诉于正案审判长宋鱼水，原北京市第三中级人民法院知识产权庭副厅长、现北京知识产权法院审判员、琼瑶诉于正案承办法官冯刚，原北京市第三中级人民法院知识产权庭法官、现北京知识产权法院审判员、琼瑶诉于正案合议庭成员张玲玲出席了座谈会，与部分编剧座谈。应邀出席座谈会的还有全国女律师协会副会长、全国律师协会国际业务委员会副主任、北京市政协委员金莲淑，北京紫禁城影业公司艺术总监、北京市政协委员、中国电影文学学会理事王浙滨，盈科律师事务所高级合伙人、国际知识产权协会（AIPPI）中国分会版权委员会主席、琼瑶维权诉讼代理人王军，盈科律师事务所律师、国际知识产权协会中国分会个人会员、琼瑶维权诉讼代理人王立岩，北京邮电大学法律系教授、北京市海拓律师事务所主任潘修平，掌阅科技股份有限公司首席律师王璇洁，北京天驰君泰律师事务所合伙人郑小强。

　　全国政协委员、中国电影家协会副主席、中国电影文学学会会长王兴东，

中国电影文学学会副会长兼秘书长汪海林,中国电影文学学会副会长余飞、宋方金、刘毅,中国电影文学学会副会长、"编剧帮"创始人杜红军,中国电影文学学会理事陈宝光、王力扶、王伊,中国电影文学学会理事、《文艺报》艺术评论部主任高小立,中国电影文学学会名誉理事李喆、肖燕参加了座谈会。本人也参加了此次座谈会。

也正是在这次座谈会上,形成了将琼瑶诉于正案始末编纂成集出版的共识,为建设创新型国家、保护知识产权做点实事。这便是本书的由来。相信本书的出版会引起社会的共鸣。

> 琼瑶诉于正案惊起一片水花,其判决更为维权者们打出了一条血路,但还未开拓出阳关大道。当今影视界抄袭现象仍很严重,更大面积的维权斗争才刚刚开始……

图书在版编目（CIP）数据

琼瑶诉于正案始末 / 禾田主编 . - 西安：西北大学出版社，2016.4

ISBN 978-7-5604-3856-6

Ⅰ . ①琼⋯　Ⅱ . ①禾⋯　Ⅲ . ①著作权法－案例－中国　Ⅳ . ① D923.415

中国版本图书馆 CIP 数据核字（2016）第 070199 号

出 品 人 / 马　来
整体设计 / 禾　田
责任编辑 / 易　洋　赵瑞萍
装帧设计 / 田　霁

琼瑶诉于正案始末

主　　编	禾田
出版发行	西北大学出版社
地　　址	西安市太白北路 229 号
邮　　编	710069
电　　话	029-88302590
印　　装	西安奇良海德印刷有限公司
开　　本	787mm×1092mm　1/16
印　　张	18.75
字　　数	186 千字
版　　次	2016 年 4 月第 1 版　2016 年 4 月第 1 次印刷
书　　号	ISBN 978-7-5604-3856-6
定　　价	56.00 元